广东省哲学社会科学课题成果

U0646103

新时期大学生心理健康教育
实效性研究

刘苍劲等 著

北京师范大学出版集团
BEIJING NORMAL UNIVERSITY PUBLISHING GROUP
北京师范大学出版社

图书在版编目(CIP)数据

新时期大学生心理健康教育实效性研究/刘苍劲等著. —北京：北京师范大学出版社，2017.12
ISBN 978-7-303-23064-8

Ⅰ.①新… Ⅱ.①刘… Ⅲ.①大学生－心理健康－健康教育－研究 Ⅳ.①G444

中国版本图书馆 CIP 数据核字(2017)第 289883 号

营 销 中 心 电 话 010-58805072　58807651
北师大出版社高等教育与学术著作分社　http://xueda.bnup.com

XINSHIQI DAXUESHENG XINLI JIANKANG JIAOYU
SHIXIAOXING YANJIU

出版发行：北京师范大学出版社　www.bnup.com
　　　　　北京市海淀区新街口外大街 19 号
　　　　　邮政编码：100875
印　　刷：保定市中画美凯印刷有限公司
经　　销：全国新华书店
开　　本：730 mm×980 mm　1/16
印　　张：16.5
字　　数：242 千字
版　　次：2017 年 12 月第 1 版
印　　次：2017 年 12 月第 1 次印刷
定　　价：35.00 元

策划编辑：祁传华　　　　责任编辑：周　鹏
美术编辑：王齐云　　　　装帧设计：王齐云
责任校对：陈　民　　　　责任印制：马　洁

前　言

　　近几年来，高校大学生心理健康教育一直是教育界持续讨论的热点问题，随着高校的不断扩招，这一问题引起了社会各界的关注。大学阶段是大学生身心发展的关键时期和人生发展的重要阶段，大学生面临着知识储备、潜能开发、交友恋爱、就业择业等一系列人生课题。而来自全国各地的他们由于不同的家庭环境和生活方式，以及个人心理发展情况的差异，人生阅历单一，情绪不稳定，导致在学习和生活中产生各种心理困扰，甚至出现心理障碍，严重影响了他们的正常学习和生活。同时，随着社会的飞速发展，竞争的愈加激烈，人际关系的日趋复杂，加之观念多元化的冲击，学习和就业压力不断增大，让很多大学生在择业就业时产生焦虑、迷茫等情绪。如果这些心理问题处理不当，轻则影响就业，重则诱发心理疾病，极大地影响大学生的身心发展和健康成才，也势必影响高校育人的成效。

　　良好的心理素质是成才的基础，拥有健康的身心是大学生成人、成才、成功的重要保证。重视大学生心理健康教育，优化大学生的心理素质，提高他们的心理健康水平，是全国高校素质教育的重要内容，是改进大学生思想政治教育工作的迫切需要，是高等教育适应社会主义市场经济对高素质人才需要的必然要求。

本书通过大量研究资料和数据统计表明，目前我国大学生心理健康现状不容乐观，大学生群体中有相当一部分人心理上存在不良反应和适应性障碍。心理健康教育工作离社会发展的要求和实现中国梦的战略目标还有很大的距离，教育效果并不是很理想。心理健康教育工作存在诸多问题，必然影响大学生正确世界观、人生观和价值观的确立。而心理健康教育作为一种制度化的育人活动，其特定的工作范围在心理领域，通过科学的心理健康教育，可以改善和优化大学生的认知结构，使他们正确认识自己的情绪和情感，学会情绪调整的方法，保持积极乐观的心态，提高其自我认识、自我管理、自我教育的能力，同时对大学生的人生观、世界观和价值观产生影响，促进其良好思想道德素质的形成，解决其心理发展过程中的各种矛盾。

大学生心理健康教育是一个系统的工程，同时也是一项长期而艰苦的任务。面对大学生中发现的诸多心理问题，高校应该积极采取相应的教育对策，拓宽新形势下大学生心理健康教育的新途径，要在理想信念、思想品德、行为养成、心理健康等各个层面全面展开，使思想教育与心理健康教育互相补充、互相促进。帮助大学生树立心理健康意识，优化心理品质，增强心理调适能力和社会适应能力。同时，加强大学生心理健康教育，关键在于加强实效性。新时期加强大学生心理健康教育实效性可以从以下几个方面考虑：大学生自我意识教育实效性、大学生人格教育实效性、大学生学习心理教育实效性、大学生应对压力与挫折教育实效性、大学生人际交往教育实效性、大学生婚恋心理与性心理教育实效性、大学生网络心理教育实效性、大学生求职心理教育实效性、大学生生命心理教育实效性等。正确认识高校大学生心理健康教育存在的问题及其原因，并找到解决这些问题的合理的对策和途径是本书研究的主要内容和目的。

在社会进入知识经济的时代，健康的高素质的创造性的人才培养尤为重要。本书是根据国家对心理健康教育要求的基本原则编写的，突出了针对性和实效性，编排上以心理案例等多种方式来阐述相关内容，让大学生在学习心理健康知识之余，还能从具体的事例中了解常见问题，更好地对自己的心理问题进行分析，对心理疾病进行预防，避免出现心理失衡和心理障碍，保持和促进心理健康，更好地促进自身全面发展和适应社会的需要。最后，尽管我们全体编写人员做了精心的准备和最大的努力，但书中难免存在这样或那样的不足，敬请各位读者提出宝贵意见。再次感谢北京师范大学出版社工作人员的通力合作。

2017 年 7 月

目　　录

第一章

大学生心理健康教育实效性概述

大学生心理健康教育工作是当下高等学校全面实施素质教育的重要任务，也是提升高校德育工作实效的重要途径。但是，就目前大学生心理健康教育的实际效果来看，由于各种原因，大学生心理健康教育的效果不理想，直接影响到大学生的全面发展。认清大学生心理健康教育实效性的科学内涵，了解大学生心理健康教育实效性的影响因素，能够有效地提高大学生心理健康教育的实效性。

一、大学生心理健康教育实效性的科学内涵

大学生心理健康教育是否有效，不仅关系到大学生的良好心理品质的培养及全面发展问题，而且关系到我国社会主义建设事业的长远大计。如今虽然各个高校都在按照教育部及相关部门的意见，加强大学生心理健康教育工作，且取得了一些成绩，但是在现实中，有的大学生面对新环境无法适应，有的大学生人际沟通不畅，还有的感到学习压力、情感压力、就业压力等，有的甚至发展成为心理障碍，引发不少严重问题。因此，进一步研究提高大学生心理健康教育的实效性越来越紧迫。而第一要义就是搞清楚大学生心理健康教育实效性的科学内涵到底包括哪些内容。

（一）大学生心理健康教育实效性的制度保障

制度，一般是指要求大家共同遵守的办事规程或行动准则，这里主要指的是法令、政策，即有关我国高等教育中大学生心理健康教育管理的规范性的法令、政策。这些政策是用来保障大学生心理健康教育，从而提高大学生身心健康水平、促进其全面发展的教育教学规范。但由于种种原因，特别是改革开放以来，我们都有一种把"文化大革命"耽误的时间抢回来的干劲，一切希望"多快好省"地发展，不仅是在经济建设上希望"多快好省"，在人才的培养上也希望如此。因此，近些年，我国高等教育也步入了飞速发展的快车道。为了适应我国社会主义建设和社会主义事业的发展，更快、更多地培养人才，高等教育的规模迅速扩大，但相应的教育教学条件滞后，特别是教育观念的落后，导致我国高等教育出现了一些让人痛心的事件。尤其是大学生中频频发生的严重的心理问题、精神疾病的增多，乃至自杀、他杀的悲剧案例，这更是让人痛心疾首。细究起来，我国高等学校很长时间都没有一项目标指向清晰的有关大学生心理健康教育的政策，以至于长期以来在我国高等学校，大学生心理健康教育处于一种可有可无的状态。大学生身心健康没有得到高度重视，更没有制度保障。

大学生作为青年中的优秀群体，一般来说，他们的文化层次相对比较高，发展潜能大，一向被社会认为是积极乐观、年轻有为、健康向上的群体。梁启超先生曾经说过"少年强，国家强"。事实上，青年人历来是我们社会发展的希望，是我们国家未来发展和建设的接班人。无论是国家还是社会，乃至每个家庭，都对他们寄予了深厚的希望。但是，近年来大学生犯罪事件在一些地区的某些知名或不知名的大学校园里接连发生，让人在迷惑、震惊的同时产生了深深的思考：我们的大学生究竟怎么啦？1999 年，全国第六届大学生心理健康教育与心理咨询学术交流会资料显示：患精神疾病和有严重心理障碍问题的学生占总人数的 0.7%；轻度心理失衡的占 6%～7%；有一般心理问题，如适应不良的占 10%左右。2010 年，由教育部牵头，针对全国 12.6 万名大学生的心理健康状况的调查结果显示：存在心理障碍的学生人数为总数的 21.24％。其中，存在情绪强迫症状的学生比例为 40.18％，存在人际关系沟通敏感的学生比例为 34.04％，存在忧郁情绪的学生比例为 24.46％，有敌对心理的学生比例为 24.5％。据统计，学生退学人数中 30％是由于心理健康状况不良。从一系列数据可见，大学生心理问题越来越突出的现象着实令人担忧。① 就在 2014 年 12 月，广东省高校心理健康教育与咨询专业委员会常委、华南师范大学心理咨询研究中心主任李江雪指出，广东各大高校新生有 1％的人有自杀倾向。②

我国在 20 世纪 80 年代中期开始关注大学生心理健康教育。这从时间上来看，比起西方发达国家来说，起步较晚；从关注的范围与深度来说，更是存在这样或者那样的问题。但随着社会经济的快速发展，尤其是高等教育的发展，大学生心理健康教育越来越受到关注。1994 年 8 月 31 日，《中共中央关于进一步加强和改进德育工作的若干意见》出台了，"心理健康教育"一词正式出现于官方文件，而且把心理健康教育作为德育的一部分。2004 年，教育部制定大学生心理健康量表，并规定新学期开学，教育部直属高校和北京市属高校的大学生入学后都要先进行心理测试。2004 年开始，中央部委、相关行政部门都发布了一些重要文件，从国家政策层面对大学生心理健康教育给予了足够的重视，比如，《中共中央 国务院关于进一步加强和改进大学生思想政治教育的意见》《教育部 卫生部 共青团中央关于进一步加强和改进大学生心理健康教育的意见》《教育部办公厅关于印发〈普通高等学校学生心理健康教育工作基本建设标准（试行）〉的通知》等文件。因此，在有关部门推进下，大学生心理健康教育体系已经初步建立起来了。高校为了搞好大学生心理健康教

---

① 卢爱新：《我国大学生心理健康教育发展研究》，博士学位论文，华中师范大学，2007。

② 唐学良：《广东每年有 1％高校新生有自杀倾向》，http://epaper.oeeee.com/epaper/G/html/2014-12/09/content_3357246.htm? div=-1,2017-06-23。

育与心理咨询工作，基本上按职权和管理层次建立了三级防御机制，即学校、院系和班级三个层次。学校一般设置了心理健康教育指导委员会、心理健康教育与心理咨询中心，院系设置二级心理辅导站，班级和宿舍设置心理健康委员。大学生心理健康教育与任何学校管理一样，不仅需要相应的政策文件做支撑，更要有一定的具体管理制度做保障，比如，大学生心理健康教育的师资队伍与经费保障制度、教学管理制度、学科建设与科研制度、评估与反馈制度等。

（二）大学生心理健康教育实效性的队伍保障

要搞好大学生心理健康教育，除了有力的政策支持、制度保障外，更要有一支得力的师资队伍做保障。大学生心理健康教育的教师是履行大学生心理健康教育教学职责的专业人员，承担着教书育人、培养社会主义事业建设者和接班人、提高民族素质的使命。有关部门也专门对此做了规定，比如，《广东省普通高等学校学生心理健康教育与心理咨询工作基本建设标准（试行）》的第三部分"专业人才队伍建设"指出："高校的心理健康教育工作必须贯彻全员教育的原则，心理健康教育与咨询队伍建设不应局限于少数专业人员。广义上应包括专职人员、兼职人员、校外聘请的专家和大学生朋辈辅导员等义务工作者。学校应将建设一支由专职、兼职专业人员和各级管理人员组成的职业化的队伍作为长期的任务。"而且它专门就相关人员的资质条件做出了规定。比如，心理健康教育人员的条件：第一，必须思想品德好、职业道德感强、业务熟练、心理素质好。第二，持有心理学、医学、教育学、思想政治工作等相关专业的学历。第三，已获得高校教师资格证。心理咨询专业人员的条件：第一，爱岗敬业，品行端正，自我察觉能力和心理调适能力强。第二，具有心理学、教育学、医学硕士或以上学位；或具有以上专业的中级或以上职称的教师或医务人员。第三，已获得国家心理咨询师三级或以上资格证书；或经省高校心理健康教育与咨询专业委员会组织的系统培训并获得上岗证。第四，知识与能力要求：系统学习并掌握普通心理学、发展心理学、社会心理学、健康与变态心理学、心理评估与诊断学、心理咨询学和职业道德与法律等相关知识。要求具备较好的观察能力、理解能力、学习能力、思维能力、表达能力、人际沟通能力、自我控制能力；具备撰写正规案例报告、进行摄入性谈话、评估和诊断、危机干预、心理问题咨询和精神性疾病鉴别诊断的业务能力。第五，凡未获取国家心理咨询师资格证和上岗证者，不得在高校心理咨询机构中与学生建立咨询关系，不得为学生进行个别心理咨询。不仅如此，为了保证高校心理健康教育与咨询工作的质量，防止专业人员的资源枯竭和职业倦怠，预防职业道德问题，广东省教育厅每年将组织相关专家对省内高校心理健康教育与咨询工作进行专项检查和专业督导；各校也应经常组织开展校内的专业督导活动。学校的专职心理咨询人员每年必须接受2次专业督导和不少于40学时的业务培训，积极参加省级或省级以上的继续教育学习。凡一年内未参加任何继续教育和督导活动，并未按时注册者，将取消其上岗资格。学校应有计划地组织全校教师和管理人员的心理健康专题培训，尤其是对主管学生工作的各级管理人员、辅导员、班主任、本科生和研究生导师、宿舍管理人员，对上述人员每年的专题培训不少于1次。为了保证心理健康教育队伍的可持续发展，有关部门还必须合理解决心理健康教育教师与心理咨询师的工作量考核和专业职称的评聘问题。专职教师专业技术职务评聘应纳入大学生思想政治教育教师队伍序列。设有教育学、心理学、医学等教学研究机构的学校，也可纳入相应专业序列。专、兼职教师开展心理辅导和咨询活动应计算相应工作量。心理健康教育课程应纳入学校教学计划统一管理，计算工作量，并与其他教师同工同酬。

（三）大学生心理健康教育实效性的方法保障

为了提高大学生心理健康教育的实效性，有关部门还专门指出，学校要通过各种途径和方法在全体师生中普及基本的心理健康知识，提高全体师生对心理卫生知识的知晓率和心理健康意识，避免一切走过场和形式主义的做法。这里主要是指要搞好校内各种形式的心理健康知识的宣传工作。心理健康知识的宣传工作是指通过讲座、报告会、墙报、校报、网络、广播、文娱活动等多种形式所进行的，以传播心理健康知识为目的的各种表现形式。学校必须建立的宣传形式有：在固定的场所至少设置一个心理健康知识宣传栏；至少设置一部心理咨询热线电话；编辑发行一本（份）宣传报纸；在学校广播台开办一个心理健康教育栏目；设置一个可用于交流和咨询的网站；设置一个心理咨询信箱；在世界精神卫生日、大学生心理健康教育月、新生入学期间举办心理健康知识普及讲座。《广东省普通高等学校学生心理健康教育与心理咨询工作基本建设标准（试行）》还就心理健康知识宣传的内容做出了规定，主要是有关大学生的自我意识、人际关系、学习成才、交友恋爱、职业规划、择业就业、人格塑造等具有代表性的心理健康问题和预防精神疾病方面的知识。在一些重要的节日里宣传有关心理健康的知识特别有意义。比如，2000 年，"5.25 全国大学生心理健康节"在北京师范大学拉开帷幕，健康节取"5.25"的谐音"我爱我"，意为关爱自我的心理成长和健康，活动的主题是大学生人际交往和互助问题，口号为"我爱我——走出心灵的孤岛"。此后（2004 年），教育部、团中央、全国学联办公室向全国大学生发出倡议，把每年的 5 月 25 日确定为全国大学生心理健康日，通过团队教育方法、个别心理咨询方法、各种课程传授相关知识的方法来进行大学生心理健康教育。

（四）大学生心理健康教育实效性的学科建设保障

心理健康教育的宗旨是促进大学生全面、和谐地发展，使其更好地成长、成才。心理健康教育主要是为了增进学生的心理健康，培养学生健康的心理品质，以学生的直接经验与体验为基础，在各种活动过程中融合心理教育的原理、方法与技术，以促进其心理品质的发展。心理健康教育实效性的实现应以预防和发展为工作原则，而当下的大学生心理健康工作更多的是"消防性"的、补救性的工作。发现学生出现了严重的心理问题，我们才重视此项工作，更多地把心理咨询工作者当成了消防员。而在高校出现严重的心理问题的学生，一是人数相对较少；二是此时学校的心理咨询已经解决不了问

题，只能去进行相关心理治疗了。在大学校园里，一般来说，出现
心理亚健康的学生是比较多的。《中国青年报》社会调查中心在2008
年通过腾讯网的教育频道，对7080名大学生进行的一项调查发现，
89.3％的大学生有过极度心理体验，比如，极度失望、极度愤怒、
极度孤独等。① 而学校重视个体的心理咨询，轻视团体性的教育工
作，使得心理健康教育的实效性大打折扣。所以，大学生心理健康
教育的实效性尤其需要以课程的开设为保障。

　　心理健康教育学科建设要重视其理论性、科学性，把理论研究
与实践教学结合起来，进一步提高大学生心理健康教育的实效性。
大学生心理健康教育学科的研究不仅要突出教学目的探讨，明确课
程的宗旨，还要重视课程内容的系统性、科学性与实践性的探索。
首先，要指导学生从理论上明确心理健康的标准及意义；研究如何
增强自我心理保健意识和心理危机预防意识；掌握并应用心理健康
知识；培养自我认知、人际沟通、自我调节等能力；提高心理素质；
引导大学生做好生涯规划，呵护生命，促进学生全面发展。其次，
对课程体系的范畴进行探讨，体现大学生心理健康教育的现代教育
哲学意蕴，重视教师与学生两个基本主体的存在研究，发挥教师的
主导性与重视学生的主体性，根据学生的心理发展水平、学生既有
的心理经验、学生可能达成的心理发展目标体现正确的学生观。再
次，对大学生心理健康教育进行研究，具有理论价值和实践价值。
理论价值层面，帮助大学生系统了解和掌握心理健康教育基本理论
和发展趋势，从而形成理性思维；实践价值层面，帮助大学生活用
理论和观念，激发心理情感体验并外化为心理行为。最后，大学生
心理健康教育的学科研究还必须重视课程教学原则的研究，例如，
科学性原则、发展性原则和全面性原则，等等。总之，理论与实践
要紧密结合，形成整体，两者不可分割。大学生心理健康教育既重
视过程，更追求结果，其最终目的是实现大学生的全面、健康发展。

---

①　王聪聪：《大学校园"生命教育"调查报道》，载《成才之路》，2008(34)。

一般来说，现在高校的心理健康教育仅仅是满足于给学生上课，完成有关部门的教学任务安排，根本谈不上学科建设，但这已经算不错的了。事实上，为了保证心理健康教育的实效性，一定要重视大学生心理健康教育学科建设的研究。比如，对大学生心理健康教育的目的进行研究，对大学生心理健康教育的内容进行研究，对教师心理健康和胜任力进行研究，对大学生心理健康发展的普遍规律进行综合研究，对大学生心理健康教育的教材体系进行研究，等等。

总之，要以研究大学生的成长心理做好心理问题的预防和发展，要灵活选择适应大学生心理发展的教学内容，充分运用现代信息技术，建构混合式学习模式，建设良好的校园心理健康文化，为学生成长保心理之驾，护生命之航。

（五）大学生心理健康教育实效性的评估体系保障

大学生心理健康教育是一项复杂的系统工程，要提高其实效性，除了有具体的政策支撑、师资队伍、教学管理的保障，以及教育方法的突破外，还有一个重要的内容，就是大学生心理健康教育实效性的评估体系保障。评估工作是高校心理健康教育工作的一个重要环节。它同高等教育其他学科的评估一样，是上级教育主管部门了解高校在心理健康教育方面的开展现状，以便制定下一步的工作方案与实施策略。对高校来说，评估可以积累经验和发现不足。而在评估工作中，相关人员的参与，特别是一线教师的参加，使他们获得了理论探讨的机会，促使其课程、教材、教法不断改进。同时，评估工作的集体参与过程，往往还能促进校内各部门工作人员的分工与合作，为日后工作的进一步开展打下良好的基础。对学生来说，评估不仅使他们对自己的心理健康状况有所了解，而且通过努力，可改善他们的心理健康状况，间接地为他们的日常生活、学习打下良好的心理基础，促进其全面发展。

二、影响大学生心理健康教育实效性的因素

我国大学生心理健康教育路程发展较迅速，但随着时代的发展，特别是"90后"大学生在成长过程中出现的心理特点，"90后"大学生比起"80后"、"70后"来说，除了共同的心理特点外，在智能、情绪、人格等方面成熟些，自我意识更加强化，尤其是物质生活条件的改善，他们的性生理发育更加成熟，性意识增强。因此，"90后"遭遇到的心理问题更多一些，更突出一些，甚至有些还相当严重。大学生的心理问题不时引起各种媒体的关注。比如，媒体一旦发现大学校园里发生自杀、他杀事件就争相报道，反而更影响大学生健康心理的发展。那么究竟是哪些因素导致大学生心理健康教育实效性不高呢？

(一)对大学生心理健康教育重要性的认识不够

大学生作为一个富有活力的社会群体，无论是社会还是家庭都对他们寄予了较高的期望。作为个体，他们虽然长大了，在生理上成熟了，但是心理发展尚未完全成熟。在中小学阶段，为了让他们在激烈的高考竞争中取胜，学校、家长对他们是极尽呵护，促使他们几乎是全身心投入学习，而一旦到了大学，生活上没有了父母的全面照顾，学习上大学老师没有了中学老师那般事事处处地教导，更多的是要他们学会独立学习、独立思考，学会自己的地盘自己做主了。事实上，如今的"90后"做不了主，对大学的自主学习的方式不适应，对大学里独立的人际交往不适应，有些同学很快出现各种情感压力，心理比较脆弱。大学生心理健康教育的目的就是预防或减少大学生出现心理问题，避免造成恶性事件。目前，总体上，各级部门对大学生心理健康教育的重视是不够的。虽然教育部、各省教育厅已经开始逐步加强大学生心理健康教育规划任务，但是落实工作进展相当缓慢。20世纪90年代以来，文件发了不少，但都是停留在文件的发放上，口头重视程度较高，还没形成良好的监督工作体系。这种情况产生的主要原因就是相关部门的领导对大学生心理健康标准认识不清，认为大学生出现一些心理问题是自然的，随着时间的推移、环境的熟悉能不治而愈。当然，不排除有的同学会改善，但有的同学得不到心理疏通会出现更严重的心理问题。有的学校比较重视大学生心理健康教育，但他们也是偏重于心理咨询，重在特殊学生。有的学校非常重视新生入学的心理普查，重视在排查中发现的"问题"学生，重视对这些"问题"学生的心理咨询。但是，任何事情都是有变化的，特别是大一学生随着环境的改变，越来越紧张的学习节奏，有的学生就会出现学习压力问题，还有的出现情感问题。他们出现问题后不去心理咨询，而是或者埋在心里不讲出来，父母不知道，同学更是不知晓；或者是想当然地在网络上找"度娘"（百度）解决。事实上，网络上的东西鱼目混珠，有的学生不仅没有解决问题，反而出现失眠、精神焦虑等状况。还有的大学重视大学生心理健康教育与心理咨询的硬件投入，但轻理论建设，特别轻视大学生心理健康教育的学科建设。

(二)混淆心理健康教育与德育界限，导致心理健康教育德育化

诚然，大学生心理健康教育属于高校思想政治教育工作的一部分，大学生心理健康教育与德育之间有密切联系，它们的终极目标是一致的，都是为了大学生的良好发展。大学生心理健康教育是大学生德育的基础，而德育是大学生心理发展的目标。从所属学科来看，德育工作是塑造人们灵魂的一个社会系统工程，属于社会学科，具有鲜明的阶级性。而心理健康属于心理学和生理学，心理学是介于自然科学和社会科学之间的中间学科或边缘学科。两者的理论基础和教育目标也不完全相同。德育通常是指政治思想和道德品质的教育。大学生德育工作主要以马列主义、毛泽东思想、建设有中国特色的社会主义理论体系作为指导思想，以教育学的基本原理作为理论基础，目的是使学生成为具有社会主义、共产主义思想觉悟的高尚的人。而心理健康教育是根据大学生生理、心理发展特点，运用有关心理学、教育学、生理学和医学等知识，培养大学生良好的心理素质，促进大学生身心全面发展，使其成为一个正常发展的人。德育侧重于大学生人生观、价值观和世界观的形成，而心理健康教育侧重于大学生心理素质的提高和心理健康，因此，这两项教育并行不悖，不可混为一谈。两者既不能相互替代，也不能相互排斥。

心理健康教育与德育界限混淆，往往造成心理健康教育德育化。在心理健康教育的过程中，老师通常会用思想道德的标准来教育学生，这样会使心理辅导趋向于道德教育，并且把学生的心理问题归结于思想问题和道德问题，这就失去了心理健康教育的真正意义。道德化的心理健康教育模式减弱了心理健康教育的作用，会使学生对心理健康教育产生一种畏惧感，从而使心理健康教育的实效性大打折扣。

（三）大学生心理健康教育师资队伍建设不力

目前，相当多大学的心理健康教育师资队伍建设存在严重问题，不是人数严重不足，就是素质不高。西方发达国家特别重视心理健康教育师资队伍建设，比如，美国担任心理辅导老师的人除接受心理学和教育学方面的专业培训外，至少要经过一年的实习，才能获得资格认证。美国的中小学心理辅导老师往往拥有硕士以上的学位，这些都保证了心理健康教育的专业性。[1]　而中国的大学在这方面投入的经费普遍偏少，教师接受持续性培训和指导的机会有限，处理案例的经验缺乏。此外，据美国国家学校心理辅导员协会调查，当学校中的心理辅导老师与学生的比例为 1：1000 时，往往能够大大减少学生的违纪问题和学习障碍。[2]　按现在高校的招生规模核算，假如一个高校有 30000 左右的学生人数，则需要配备 30 人左右的心理健康教育师资队伍。显然，我们大学的心理健康教育的从业人员人数是严重不足的。（就连教育部门都规定高等学校心理健康人员师生比为 1：5000，300000 左右的学生人数只有 6 名心理健康教育老师。）我们的人员不仅不够，而且人员的素质能力也不高，他们大多没有接受过专业的心理学教育，没有掌握系统的心理学知识。还有一大部分是由其他专业转过来的，导致其对心理学的相关理论和实

---

① 李钰、高耀鸿、谢凤汁：《大学生心理健康教育存在的问题及对策探讨》，载《当代教育论坛》，2014(6)。

② 刘魁：《美国心理教育面面观》，载《中小学心理健康教育》，2002(10)。

践知识与技能不了解。在心理健康教育中，他们不了解心理健康教育，不能利用心理学知识解决大学生的心理问题和困惑；认为心理健康教育就是说话、聊天，不能从根本上解决学生的心理问题，也容易使学生对心理健康教育工作者质疑，导致心理健康教育工作逐渐被冷落，心理咨询室成为摆设。

(四)大学生心理健康教育趋于课程化，教学手段单一化

大学生心理健康教育是一门针对性、实践性非常强的课程。它有别于心理学偏重于理论知识的讨论与传授，但它又不是一门只训练没有理论的课程。目前，大学的心理健康教育从一个极端走向另一个极端，有的学校根本就没有针对全体学生的心理健康教育课，只有一个针对小部分学生的心理咨询室。而有的大学，不设立心理咨询室，只开设心理健康教育课程，学校教务处把其纳入教学计划，给予课时和学分，规定老师按照传统的教学模式对学生进行心理学知识及理论的灌输，然后进行集中考试。表面上，学生通过学习拿到了分数，但事实上，这样的心理健康课程忽视了心理健康教育的实用性和针对性，并没有把心理健康教育课程作为帮助学生解决心理问题、提高心理素质的重要手段。这种形式化的心理健康教育课程不仅不能使学生朝着健康的方向发展，反而会使学生的心理负担更加沉重，与心理健康教育的目标相背离。

大学生的心理健康教育是一项系统的教育工程，它包括理论课、实践课与活动课，每一部分都是心理健康教育的重要环节，缺一不可。在心理健康教育的实际课堂中，高校过于重视对学生心理知识的传授，而忽略了最重要的实践与活动环节。尤其是信息化技术已经相当发达的今天，很多大学的心理健康教育由于资金缺乏、人员稀少，不仅在开设课程的时数上打折扣，而且在教学设施没有达到要求，因此，根本无法与时俱进。要加强大学生网络心理健康教育的研究，充分利用互联网来构建混合式的学习方式，通过各种途径来增强大学生心理健康教育的实效性。

(五)大学生心理健康教育评估体系形同虚设

大学生心理健康教育绩效评估是指对学校心理健康教育绩效信息进行观察、收集、组织、储存、提取、整合和实际评价的过程。事实上，大学生心理健康教育及其研究工作在我国开展的时间不长，只有 20 年左右。虽然近年来出现加速发展趋势，积累了许多有益经验，但是，各高校大学生心理健康教育工作的开展情况参差不齐，甚至有的学校可有可无，尤其在一些民办高校，随意性极大。有些高校对新形势下大学生心理健康教育工作的任务、特点和规律等还缺乏足够的认识和研究。有些高校心理健康教育体系不健全、不完善，对有心理问题的大学生的有效防治体系没有形成。有些高校大学生心理健康的组织机构不健全。有些学校虽然把大学生心理健康教育列入了教学计划，但心理健康教学内容不系统，教育方法单一；心理健康教育队伍专业性不强；心理健康教育保障机制不完善，经费投入不足；心理健康教育研究理论水平较低，指导实践不力，更谈不上积极参加上级主管部门对大学生心理健康教育工作的评估。

三、提高大学生心理健康教育实效性的一般对策

(一)提高对大学生心理健康教育重要性的认识，加强教育环境建设

1. 学校领导层从思想上高度重视，建构工作机制

对大学生心理健康教育，学校领导一定要提高认识。不仅要重视个别学生的心理问题的咨询治疗，更要提高对全体学生的心理素质的认识；不仅搞好心理咨询工作，更要开设全面而系统的心理健康教育课程；不仅要搞好课堂的教学教育工作，更要建设良好的校园健康心理氛围。一句话，就是要从培养人才的高度加以重视，而不是作为应付上级检查的工具之一。目前，"90 后"大学生无论在生理上还是在心理上都有一些问题，特别是面对信息时代的社会化发展，他们精神上渴望独立而生活上依赖性特别强。他们依赖现代信息工具，通过网络、手机交往，更是孤独一族。在现实生活中，

不少大学生都有人际交往的压力，尤其是情感压力，无论是生活上还是学习上，都依赖父母、老师的指导。有些甚至毕业后还不能面对社会，不愿意出去工作，出现"啃老""赖老"现象。他们虽然个性上自信、张扬，但面对陌生人又沉默寡言；思想上比较成熟，而处理问题时又显稚嫩；做事情果断、大胆，但对事情欠缺周全的考虑，承受挫折的能力较差，与人交往的能力有待提高。因此，应该突出大学生心理健康教育的位置，使大学生健康地成长。

重视大学生心理健康教育是培养大学生身心健康的基本途径。调查显示，大多数大学生在中学阶段为了考大学，一心只管念书。学校为了集中全力应对高考，几乎没有对中学生进行过较系统的心理健康方面的学习培训，所以，学生的心理健康知识参差不齐，心理调节能力也是好坏都有，甚至有的同学的人际沟通能力相当差，以至于一旦进入大学后，第一关就是无法融入大学生的宿舍生活。有的因为小小问题而酿成大问题，甚至引发刑事法律问题。所以，培养大学新生的适应能力，尤其要重视提高他们的心理调节能力，使他们保持乐观向上的健康心态，健康成长。高校的工作是培养人的工作，要从长远出发，要建立、健全心理健康教育保障机制，深刻认识新形势下大学生心理健康教育的意义和作用，积极探索大学生心理健康教育的措施和对策，把大学生心理健康教育作为影响高校人才培养质量的一个要素，纳入高校人才培养质量体系之中。坚决防止大学生心理健康教育成为学校装点门面、赶时髦的工具；杜绝大学生心理健康教育工作走过场而不落实，只做成简单的心理测量，建立心理档案，来应付上级检查的现象。一定要把大学生心理健康教育工作放到一个制高点上来重视。一个学校的学生如果心理不健康，其实什么创新、成果都没有意义了，因为作为载体的学生都出问题了。

大学生心理健康教育在各个高校一定要有一个领导工作机制来保障，这就是要有学校层面的领导机制。学校要设置心理健康教育指导委员会。学校心理健康教育指导委员会应由主管学生工作的校

级领导、学生处、心理健康教育与咨询中心、就业指导中心、研究
生处、教务处、科研处、人事处、学校医院（或医务室）、保卫处、
团委、宣传部、宿舍管理等后勤部门、各院系相关负责人和相关专
家组成。其职责就是贯彻落实上级关于心理健康教育的文件精神和
有关规定，制订学校心理健康教育的计划，统筹协调专业人力资源，
落实场地和专项经费，组织业务培训，听取和审议心理健康教育与
咨询工作汇报，领导与组织心理危机干预工作，进而建立学校的心
理健康教育三级机制——心理健康教育与心理咨询中心、院系设置
的二级心理辅导站、班级和宿舍设置的心理健康委员。

　　2. 处理好思想政治教育与心理健康之间的关系

　　大学生心理健康教育工作是搞好大学生思想教育工作的基础。
大学生只有拥有健康的心理，才能积极投入学习，才能处理好人际
关系，也才能从根本上减轻大学生的情感压力，使其毕业后能够较
好地融入社会，适应社会发展。也只有如此，他们在思想上才能真
正成熟，有责任，有担当，才能真正成长为社会需要的人才。只有
通过心理健康教育，学生的潜能才能更好地开发。思想政治教育注
重的是政治观点和辩证唯物主义等一些高层次的价值取向，即个人
的政治、思想和行为规范。高校的思想政治工作与大学生心理健康
教育是相辅相成的。大学生心理健康教育是大学生思想政治工作的
重要途径，也可以说大学生心理健康教育是大学生思想政治工作的
重要手段和方法。大学生心理健康教育主要通过对学生进行人格辅
导和生活辅导等更加贴近大学生日常生活的相关辅导，培养大学生
良好的心理素质，使其更快地适应大学生活，特别是适应社会。大
学生在学习生活的过程中认识自我、认识社会，规划自己的生涯，
确立自己的理想目标，在社会活动中发展与成长，从而提高思想政
治素质，全面发展自己。做好思想政治教育工作也可以推进大学生
心理健康教育工作，促进大学生良好心理素质的形成。首先，应帮
助大学生树立崇高的个人理想，以及正确的人生观与价值观，帮助
他们对自己与社会有一个清晰的认识，掌握自己的人生方向。其次，

积极培养大学生爱学习、敢探索的精神，使其积极投身知识的学习，并以豁达的精神面对艰难险阻，始终保持乐观向上的心态。最后，还应积极引导大学生参与各类有益的社团活动，增强其对社会的适应力。

3. 做好大学生心理健康教育工作是高等学校建设和谐校园文化的重要组成部分

人的成长与发展离不开环境。人常说"近朱者赤，近墨者黑"，由此可见环境对人的影响的重要性。和谐校园文化环境不仅包括自然(物化)环境，如教室宿舍、花草树木、运动场所等，更包括人文环境、校风校纪、学生的精神面貌。健康心理也是人文环境的重要内容。大学生良好的心理素质是他们实现全面发展的前提，因此，要贯彻实施文件精神，就要注重以生为本，从细节开始，从大学生身边的小事做起，做好心理健康方面的教育工作，为全面落实大学生素质教育工程筑牢基础，为构建和谐校园文化奠定良好的心理环境。

总之，大学生的心理健康尤其重要。领导除了从思想上重视，还要从体制上、政策的制定上给予保障，在加强校园文化的建设上，同时重视大学生心理健康教育的相关环境建设。环境对人的心理影响很大，环境优美、人文气息浓厚的校园可以使人赏心悦目。事实证明，在这种环境下，人出现心理问题的概率会相对低一些。如今有些学校领导为了降低办学成本，到处开墙破洞，校园里超市林立。还有学校异地办学，师生分离，老生、新生分开，为了丰富学生的课外活动，各种社团多如牛毛。鱼目混珠的活动使得学生无法静心学习，一天到晚应付各种社团活动，学生内心浮躁。其实，校园文化的建设始终应该是为了学生身心健康发展，创造积极、健康、高雅的人文氛围。可以适时举办一些演讲比赛、专题讲座、艺术节、体育比赛等，这有助于培养学生乐观向上的生活态度和健康愉悦的情绪。

(二)加强大学生心理健康教育师资队伍建设

要做好我国大学生心理健康教育工作，一定要加强大学生心理健康教育师资队伍的建设，做好高校专业教师的培训工作。只有提高心理健康教育工作者的素质能力，才能促进大学生心理健康水平的提高。当下各个高校在扩张，学生人数在增加，给本来数量就不足的心理健康教育人员带来了更大的压力。高校的心理健康教育工作者数量严重不足，因此，一要加强高素质人才的引进，保证引进的人才具有专业的心理健康教育证书；二要对高校内部的心理健康教育工作者加强教育和培训力度，使他们增加心理健康教育方面的知识，具有较高的能力素质，强化职业道德，增强责任感。

教育部社政司早在 2001 年，就在天津师范大学心理与行为研究中心创立了"全国高校大学生心理健康教育教师培训中心"。而各省教育厅思政处也根据自身的情况，开展了形式不同的心理健康教育师资培训工作。各个高校还可以从实际出发，自行聘请一些知名的心理健康专家，为学校的教师和学生进行讲座；也可以组织学校的教师到别的高校去学习、交流。培训不仅要提升教师的专业心理知识，更要根据大学生生活、学习的实际展开培训；不仅要按照心理咨询师的要求，严格地对相关的理论基础进行阐述，还要注重培养相关人员的实践技能。培训活动可以采用多种多样的形式来进行。

另外，不仅要对心理健康教育的专业教师进行培训，还要对学校全体教职员工进行宣传培训。这里需要提出的是，大学生心理健康教育是一个全员教育的大工程，需要学校各个部门和老师的配合与沟通，创造出一个全员育人的环境。目前，随着高等教育的急速发展，高校教育队伍人员素质参差不齐，尤其是后勤集团社会化改革，从各个方面影响到学生的成长。因此，对学校全体人员实施心理健康教育也是非常重要的。提高认识，让每一位教职员工明白，爱是教育的前提，没有爱就没有教育。大学生的阳光心态，需要我们每一位教职员工的精心呵护。有了教职员工的爱，大学生就会感觉到温暖的阳光。教职员工的爱和关心是大学生心理健康不可缺少的营养，爱是做好心理健康教育工作的前提，因此，要从每个教职员工做起，关心大学生的心理健康。

(三)构建科学、合理的心理健康教育框架

大学生心理健康教育是一个系统工程，不仅要求教务处抓好大学生心理健康教育课程的建设，而且要求学生工作部重视学生的心理咨询工作，以及学校医院的生理卫生工作。调动学校各个部门的力量，开辟各种渠道，运用各种方法，全方位、多角度地建设好校园心理健康教育的环境，构建科学、合理的心理健康教育框架。

1. 开设心理健康教育课程

心理健康教育必修课是实现大学生心理健康教育的基本途径。"90后"大学生面临急剧的社会变革，除了自身的成长困惑外，总体上，他们在思维上既有活跃的特点，又存在判断力欠缺的矛盾；既想维护权益，但本身无规则意识。有关部门的一些调查数据显示，"90后"大学生面临信息技术的包围，他们喜欢阅读，但知识零碎、不系统；他们个性张扬，但缺乏团队精神；追求进步，但重形式、轻内容。现实生活中，大学生普遍是独生子女，集万千宠爱于一身，心理脆弱，他们既想独立自我，但又有严重的依赖性；面对多元的世界，常常出现选择的困难，在信息的海洋中迷失自我。现在不少成年人都逃不掉电脑、手机游戏的诱惑，更何况"90后"大学生。他们不少是"低头一族"。有的大学生在学习上、生活上都有不同程度的问题，比如，只想索取，不愿付出，讲求安逸，追求享受等。因此，要加强系统的心理健康理论教育，掌握并应用心理健康知识，增强自我心理保健意识和心理危机预防意识，培养自我认知、人际沟通、自我调节等能力，提高心理素质，促进自身全面发展。

根据《教育部办公厅关于印发〈普通高等学校学生心理健康教育工作基本建设标准(试行)〉的通知》等文件的精神，各高校要根据学生心理健康教育的需要，结合本校实际，制订科学、系统的教学大纲，组织实施相应的教育教学活动，保证学生在校期间普遍接受心理健康课程教育。在大学生心理健康教育教学中要有重点地对全体学生进行较系统的心理学知识的传授，让他们有一定的相关理论基础；明确心理健康教育原则，以提高大学生心理素质为主，注重理

论与实践的结合，突出对大学新生适应新环境能力的培养、人际交往能力的提高。到了大学，大学生要有积极、健康的心态来调整自己的学习态度。要纠正一些错误观念，比如，有的大学生对待学习，认为"60分万岁""分不在高，管用就好；学不在好，抄好就灵"。

在大学生心理健康教育中，要明确心理健康教育是素质教育，而不是后发的治疗。学校不可能像医院的心理治疗一样具有很明确的个体性，而是面向全体学生。要调动学生的积极性，使其自主参与其中，在潜移默化中获得提高与改进。选择好心理健康教育内容，依据大学生心理特点，增强心理素质，提升心理疾病预防能力，注重对大学生自身各种潜能的挖掘，结合政治思想教育，帮助他们树立积极、正确的人生观的同时，掌握相应的心理疾病防控与治疗手段，做到一定程度的自我预防与自我治疗。

2. 重视大学生心理咨询工作

学校在抓好大学生心理健康教育课的同时，还要重视大学生的个别心理辅导，体现需求，实施干预。毕竟，每个学生生活、成长的环境不一样，他们的心理特点也不一样。要根据大学新生的心理排查，不放弃每一个学生。积极引导大学生取掉对"心理咨询"的"有色眼镜"，改变"心理咨询中心就是为心理疾病患者设立"的陈旧观念，主动接受心理咨询。学校有关部门真正重视心理咨询，让心理咨询的老师主动关心学生、发现问题，以预防为主，做好心理咨询，抚慰心灵，助人成长。

3. 建设校园心理健康教育的大环境

要重视信息化下的校园文化建设。现在由于网络技术的发展，特别是手机的广泛使用，有些学生越来越依赖于电脑、手机处理一切事务，甚至连到食堂吃饭都懒得去，通过手机软件等在网上叫外卖，对学校组织的校园活动更是懒得理睬。事实上，校园环境，特别是校园文化环境，是对大学生进行心理健康教育的重要载体。实践证明，校园文化活动对大学生的心理健康有着不可估量的潜移默化作用。学工部、院团委、体育部等可以通过组织各种健体益智的校园文化活动，将其作为心理健康教育的一个平台，吸引大学生参加活动，远离电脑、手机的被动生活，在现实活动中加强学生们的人际交往，提升彼此感情上的交流与沟通。这不仅有利于大学生个体良好心理品质的形成，而且有助于增强团队意识和协作精神。这些活动很多，包括各种竞技比赛，如篮球、足球、羽毛球、乒乓球等比赛，还有各种演讲比赛、书法大赛等。它们可以充实大学生的课余时间，调整大学生的心理状态，磨炼意志、品质，陶冶高尚情操。这些活动的开展也让大学生有了展示自己才艺的机会，满足了他们的成功动机。其他活动形式包括：通过校园网络平台举办心理讲座，为学生指明航向，少走弯路。开展心理沙龙，碰撞思想，提高认识。在各个班，组织大学生编好心理小报，发表言论，解答疑惑。利用校园里面各种建筑，办好心理橱窗，传递信息，增进了解。也可以写好心理展板，展开心灵对话。重视媒体宣传，激励大学生相互学习。

(四)构建大学生心理健康教育混合模式

加强和改进大学生心理健康教育是全面落实《国家中长期教育改革和发展规划纲要(2010—2020年)》、促进学生健康成长、培养高级专门人才的重要途径，是全面贯彻党的教育方针、建设人力资源强国的重要举措，是全面提高高等教育质量、加强和改进大学生思想政治教育的重要任务。大学生心理健康教育实效性的研究要求构建一个高效的教学模式。大学生心理健康教育课程是集知识传授、心理体验与行为训练为一体的公共课程。它的基本形式有知识传授、心理体验、行为训练，包括的基本要素是职业心理、学习心理、情绪管理、人际交往、性心理及恋爱心理、压力管理。它必须面向所有学生。为此，《教育部 卫生部 共青团中央关于进一步加强和改进大学生心理健康教育的意见》《教育部办公厅关于印发〈普通高等学校学生心理健康教育工作基本建设标准(试行)〉的通知》等文件出台了。但是由于大学生心理健康教育在中国起步比较晚，教师队伍人数不够，素质不高，尤其是有些教育管理者的功利性办学观念的存在，导致目前国内关于大学生心理健康教育的实效性不够理想。而在当下，面临大数据时代，充分利用现代信息技术，构建混合式学习模式是提高大学生心理健康教育实效性的重要课题。

随着科学技术的发展，国家在教育上资金投入增加，网络及网络课程在高等学校的普及极大地促进了教育教学的发展。尤其是心理健康教育，面向全体学生，现实课堂上课的时数非常少，而教学的内容比较多，每个学生个性特点不同，网络就成了高校心理健康教育与咨询的老师和大学生交流的一个重要平台。网络以其新颖、灵活、及时、快速、自主、自助、平等、双向、虚拟、隐蔽等特点和优势，为高校心理健康教育宣传提供了更加广阔的空间。尤其是学校心理健康教育与咨询，可以通过网络建立交流平台，大量传递心理健康及心理咨询知识。通过网络，心理健康教育工作者可以快捷地对学生进行网上心理咨询，把握他们的心理动态，及时地做好大学生心理健康教育工作。

在网络上构建虚拟课堂，把现实课堂延伸到网络平台，建立混合学习模式，即指多种学习方式的结合，引导学生把传统学习方式和网络化学习结合起来的学习方式。它既重视教师的主导作用，又重视学生的积极性、主动性和创造性。其主要思想是把面对面教学和在线学习两种模式有机整合，强调教师的主导作用和学生的主体作用；对媒体适度地选择和组合，既降低成本，又提高效益。心理健康教育与咨询的老师可以事先针对大学生的心理特点设置多个栏目，比如，在网络课程里设置以下几个板块：①教学公告。随教学进度发布有关的通知，或者公布网站的最近更新内容，公布课堂笔记情况、作业批改后的总结等。②认识老师。教学是一个师生真诚交流的过程，在这里可以介绍任课教师的基本情况、教学理念等。③课程目标。把课程有关的教学大纲、教学计划、教学进度、考试方式等呈现给学生。④课件。把上课的课件放到网站，供学生课后下载学习。⑤教学内容。这里放置任课教师自己编写的教案，学生可以全面、系统地看到课程的内容。⑥精彩视频。发布课程有关视频。⑦课程作业。把课程学习的作业公布于此。⑧心理网站。给学生推荐心理学学习的相关网站。⑨推荐书目。向学生推荐心理学学习的有关书籍。⑩心理健康大家谈。利用这个讨论板块，师生间展开有关心理问题的深入交流。网络的虚拟性使得有些学生可以大胆地向老师提问，敞开心扉与老师交流，解决心理问题。⑪心灵鸡汤。把有关人生哲理、为人处世的箴言课件与学生分享。观看这样的课件，可以使人紧张的心理得到舒缓，提高其心理健康水平。

　　为了建设好混合学习模式，提高大学生心理健康教育的实效性，这里必须再次强调关注基于网络信息技术平台的教师培训工作。这不仅要增加教师对心理健康教育的理论知识，还要提高教师的网络技术水平。随着网络信息技术的普及，目前教师的信息技术素养应该是有较大水平的提高，但真正进入混合学习模式的教学环节，对教师的要求是非常高的，如何针对当下学生的心理特点，调动其学习的积极性就是一个大难题。学生对网络学习的兴趣并不是非常高，他们用网络最多的是来玩游戏、聊天，但如何提升他们的聊天内容质量，不仅是理论问题，更是技术层面的把控问题。为了解学生，掌握他们的学习内容及效果，教师要了解网络环境下混合学习理论的应用。目前，教师的网络教学技术不过关，开发网络课程耗费大量精力，没有开展网络教学的经验，思想上也没有做好充分的准备，因此，从根本上说，基于高校混合学习平台的混合学习模式应用实效如何，在很大程度上取决于教师对混合学习有效性的认可和接受程度，以及开展混合学习所需要的技术准备。只有教师开始从观念、思想上认可和接受这种新教学模式，并具备相应的理论知识和相关的网络技术，才有可能在教学过程中有效应用。因此，必须在混合学习观念、思想、理论、实施措施，特别是技术应用等层面，对教师进行全方位的培训，确保高校混合学习工作的顺利开展。及时提供网络学习辅导与技术支持，能有效地提高混合学习的效果。混合学习中部分面对面的学习时间被网络学习代替，在网络环境下进行的网络学习，主要由学生自我监督和自我激励来完成，因此，它对学生的学习自觉性和学习积极性的要求也很高。目前，我们的学生是在传统课堂中过来的，习惯了被动学习。在非课堂学习中，学生由于不熟悉网络学习情境下的自主学习而感到非常具有挑战性，也会面临比较多的困难，致使学生的网络学习积极性和主动性难以调动起来。为了让学生从这种灵活的(包括学习时间、学习地点、学习内容、学习步调)学习中获益，在实行混合学习模式时，教师需要通过更多的手段介入混合学习中的在线学习阶段来提升学生的能动性。例如，为学习者提供与学习目标相匹配的学习材料和学习方法，为小组协作任务提供辅导支持，协调学习者之间的沟通。当涉及具体的知识点或学习专题如何学习的问题时，教师为学习者提供学习策略指导。当学习者在网络学习的过程中遇到技术问题或困难时，教师要提供技术帮助等。从大学生心理健康教育课程混合学习实践研究中可以看到，如果教师及网络技术平台在这个方面投入多，学习的效果就好，但往往由于学校的上网条件限制，很多学生会找到理由不学习，从而影响学习的效果。有部分学生是不到万不得已就不会上去学习的，只是到期末，教师要给分数了，他们才不得不去看看。

总之，在混合学习模式中，不仅学生的心理健康得到了很大提高，在与学生的网上交流过程中，教师自身也得到了成长。教师在与学生交流的过程中，接触到学生真实的心理，会发现学生身上的许多闪光点，使教师更深入地钻研学科的深度，逐步完善自己的人格，促进教师的教学反思。而学生是最大的获益者，学生在成长过程中出现的一些心理问题能够得到及时解决，提高自己的幸福指数。

(五)健全大学生心理健康教育评估体系

大学生心理健康教育的评估是学校心理健康教育工作中十分重要的一环。要搞好大学生心理健康教育并取得一定的实效，必须健全大学生心理健康教育的评估体系。

首先，要把握心理健康教育评估的基本原则，如客观性原则、动态原则和封闭原则。客观性原则主要是要求各个学校从客观实际出发，拟订评估计划，设定客观的评估标准与明确的评估步骤来客观评价心理教育工作的成效。动态原则主要反映大学生心理健康教育的动态性，不同时间、不同年级、不同对象都可以反映出学校心理健康教育工作绩效在变化、在发展。所以，评估指标应当随着时间和环境的转移有所调整。封闭原则不是说对外面的封闭，而主要是指评估的过程和措施必须构成一个连续封闭的回路，使评估自如地通过反馈、总结、调整、改进，达到评估的目的。

其次，要遵循"提出问题—实施—验证反馈"的问题解决模式，也就是要设计一个合理、科学的评估指标体系。心理健康教育绩效评估方式，有的可能采用学校内部自我评估，有的选择校际相互评估，有的接受教育部门组织的评估。无论是哪种评估，都要事先经过学校动员，明确评估的目的和意义，让全员教育在此继续深入。接着，有关评估委员会要公布评估指标体系、评估方法、具体评估的程序，这样，让接受评估的相关人员及组织心中有数。评估前的准备，包括依据评估指标体系编制评估表，通过听取汇报、实地观察、会谈、问卷调查、测验及查阅有关资料等方法收集资料。最后是进行评估，并对评估结果进行整理。

尤其要重视对绩效评估的结果进行定量分析和定性分析。只有这样，才可以比较全面、准确地反映学校心理教育的工作绩效。也正是通过这样的评估反馈过程，相关部门和人员可以了解自己对学生心理健康教育工作的状况及大学生心理健康的发展情况。大家一起讨论今后的发展目标，确定下一个评估期限的目标，指出相关人员在绩效评估中反映出的问题和不足，帮助评估对象解决问题，同时对相关人员在工作中的突出表现加以表扬，以激励他们的进取心。学校心理健康教育绩效评估委员会还应将对学生的评估结果归入其本人的心理档案，作为今后对他们进行更有效的心理健康教育的依据，从而达到绩效评估的最终目的。

总之，大学生心理健康教育实效性的提高，不仅要求我们有科学的内涵，更要针对当下各个高校心理健康教育存在的问题，提高大学生对心理健康教育重要性的认识，从制度上保障大学生心理健康教育实效性的提升，有的放矢地建构一套科学、完整的大学生心理健康教育体系，发展、壮大一支以学生为本、关心学生成长、培养学生健康心理的师资队伍。

第二章

大学生自我意识教育的实效性

古希腊德尔斐神庙上有这样一句箴言："人啊，认识你自己。"它警示世人：认识自己是人生之旅的出发点，是实现自己价值的基础。但认识自己是世上最困难的事情。因此，西方有一个寓言故事，就是非常著名的斯芬克斯之谜。有一个人面狮身的怪物斯芬克斯，她每天在高高的悬崖上问过往的路人一个谜语："有一种动物，早上是四条腿，中午是两条腿，晚上是三条腿，腿越多时越无用。这种动物是什么？"路人回答不出就会被吃掉。有一个过路人叫俄狄浦斯，他非常聪明，猜出谜底是"人"。怪物最后因此羞愤自杀。这个故事也告诉世人：人啊，最难的是认识自己。大学生在成长过程中会遇到各种困惑和思考。"我是谁"是大学生首先要思考和解决的难题。这个问题在心理学中就是自我意识问题。

一、大学生自我意识及其教育存在的问题

自我意识就是对自己存在的觉察，即对自己，以及自己与周围世界关系的认识、体验、评价。自我意识是意识的核心部分。

大学生由于所处的生存环境和知识背景与同年龄段的青年不同，其自我意识的发展有许多不同的特点。这有积极的一面，即关心自

身的发展，自我评价能力趋向客观，自我体验丰富而复杂，自我控制能力提高，但也存在着不少问题。

（一）自我意识的矛盾

大学生自我意识的矛盾主要表现在以下几个方面。

第一，主观我和客观我的矛盾。由于大学生大部分时间生活在相对比较单纯的大学校园中，交往多限于老师、同学、父母，人际关系相对简单、直接，因此，大学生对自我的认识参照点少，局限性大。再加上社会对大学生期望很高，大学生对自我有较高的积极评价，但现实生活中的自己很平凡，和想象中的自己仍有较大差距，这种差距容易使大学生产生失落感。另外，社会对当今大学生"重理论、轻实践，重专业、轻基础，重科学、轻人文"的评价，以及"本科不专、硕士不研、博士不博"的看法，使大学生褪去了心中的骄傲。随着高等教育大众化进程的推进，适龄青年接受高等教育的机会增加，使社会对大学生的评价更趋客观。大学生回归本位，身上光环的消失也容易使他们产生失落感。

第二，理想我与现实我的矛盾。理想我与现实我发生冲突，这是大学生自我意识最突出、最集中的表现。理想我是指个人想要达到的完美的形象，是个人追求的目标，它引导个体实现理想中的个人自我。现实我是个人从自己的立场出发，对现实中自我的各种特征的认识。

大学生富有理想，抱负水平高，成就欲望强，一般都有一个比较完美的"理想我"。但他们刚进大学时，现实与理想不一致，于是，理想的自我与不满现实的自我构成冲突。理想我与现实我总是存在着一定差距的。合理的差距能够激发大学生不断进步，奋发有为。但是，如果差距过大，则有可能引起自我分裂，容易导致大学生出现一系列心理问题，甚至自暴自弃，变得平庸无为，没有动力。

第三，自立与依附心理的冲突。大学生生理与心理逐渐成熟，于是往往渴望独立，独立面对生活、学习与工作中遇到的问题，独立处理有关事情，但由于长期生活在比较单纯的校园里，缺乏应有的社会阅历，因此，他们处理事情缺乏经验。当遇到紧急情况时，他们希望亲人、老师、同学能够帮忙。大学生心理上的独立与经济上的不独立也构成了一定的冲突。他们迫切希望摆脱约束、追求自立，却因为没有经济来源，不得不依靠家长的支持。特别是对某些独生子女来说，由于长期受父母的溺爱，这种独立与依赖的矛盾就表现得非常突出。

大学生如果出现过分的依附心理，往往会导致缺乏主见，妨碍思考和解决问题能力的提高；如果过分地独立，又会错误地以为"不需要社会支持""凡事都要靠自己"，导致我行我素、清高、孤傲，但在遭遇挫折时又不知如何寻求帮助。

第四，交往需要与自我闭锁的冲突。大学生在这个阶段非常渴望爱和友谊，渴望交往与分享，渴望探讨人生的真谛，寻找人生的知己，希望成为群体中受尊敬与受欢迎的人。然而，有些大学生认为"大学交往不如中学那么自如、真诚"，存在着戒备心理，将自己的心门关闭，与同学有意无意地保持着一定距离。

自我意识的矛盾是大学生心理发展过程中的正常现象，是大学生自我意识迅速走向成熟而又未完全真正成熟的集中表现。自我意识的矛盾使大学生在心理和行为上出现某些不适应，感到苦恼、焦虑、痛苦不安，也可能影响其心理发展和心理健康。但这都是迈向成熟的必需的一步，是个体逐步获得自我内在力量的必要丧失。

(二)自我意识的偏差

从大学生自我意识发展的规律来看，大学生自我意识发展迅速，但尚未成熟，此时的大学生内心斗争激烈，因而容易出现自我意识发展偏差，影响大学生心理健康。

第一，过度追求完美。过度追求完美就是指不能客观认识和评价自我，对自我苛求并超越自身能力地追求完美。每个人都希望自己是完美的，也都在追求完美，这是人类健康向上的本能力量。但过于追求完美，就容易带来心理上的不适。

过度追求完美在大学生身上常常体现为两个方面：一是对自己

持过高的要求，期望自己完美无缺，脱离自己的实际情况，而过高的要求增加了适应的困难。比如，有些大学生对自己要求过高，尽心尽力做每一件事，希望事事争第一，一旦遭受挫折，就无法接受，从而造成心理上的痛苦、不适。二是对自我十分苛求，只接受自己理想中"完美"的自我，不肯接纳现实中平凡的、有缺点的自我。他们不能容忍自己"不完美"的表现，对自己"不完美"的地方过分看重，甚至把人人都会出现的、人人都会遇到的问题看成是自己"不完美"的表现，总对自己不满意，从而严重影响了自己的情绪和自信心。

过于追求完美的原因往往是不真正了解自己，或过分受他人期望的影响等。过分追求完美的人，往往塑造出一个完美的自我，但这个理想我与现实我显然有着很大的差距。完美主义者一旦发现这个差距，就会产生挫折感和失败感，认为自己无能，从而陷入悲观、消极之中，不能容忍、接受这样的自我。比如，有些大学生对自己要求很高，努力学习，尽心做每件事情，事事都要争个第一，遗憾的是，一不小心遭到了挫折，就近乎崩溃，无法接受自己，认为自己做得还不够好，甚至有了轻生的情绪。

过分追求完美的男生

【案例描述】2002 年 1 月 16 日，当某大学本科生黄某在家中跳楼自杀的消息传到学校，几乎所有认识黄某的同学都感到震惊和难以置信。黄某性格外向，与同学相处融洽，学习成绩在班里也名列前茅，连续两年都获得了一等奖学金。自杀前不久，黄某还曾向班主任咨询过报考研究生的有关事宜，并表示去中山大学读研将是自己未来规划的重要一步。"太突然了，我想象不出这样一个人有什么自杀的理由。"然而，在黄某自信、开朗的外表下，由过度好强而导致的焦虑和脆弱一直隐隐存在。有同学反映，黄某对自己要求很高，个性十分要强，从来不把自己的困难对别人说，有什么事都自己承担，即使在产生巨大压力时，也不愿接受社会的支持与帮助。第七学期末，黄某所在班级在 1 月 9 日至 1 月 14 日要考 6 门功课，这使下定决心英语六级一定要考优秀的黄某压力陡增。在遗书中，他提到自己已连续 7 天失眠，自以为英语六级和另一门课程考得不好，担心要重修，并因此而压力更大。1 月 16 日，黄某在割脉自杀不成后，从楼上跳下，死时手上还留有先前缝针的痕迹。

【案例分析】这是一个过分追求完美的实例。大学生都对自己未来的生活和工作充满着美好的希望，力图塑造完美的自我，但理想我与现实我显然是存在差距的。如果不能正确地看待这种差距，遇到一点挫折和失败，便认为自己"无能"，认为自己是个失败者，而不能客观地看待自己，那么就会使自己陷入悲观的消极状态之中。这个案例中，黄某在理想我与现实我发生冲突，无法达到目标时，对自我产生怀疑、否定等心理，又无法舒缓焦虑情绪，最终走上了轻生之路。

生活中我们不是超人，不可能做到十全十美。实际上，我们都是平常人，人人都有缺点，人人都会犯错误。"爱美之心，人皆有之。"追求完美是人的一种精神追求和信仰，并不是什么错误的行为。但是如果不量力而行，对自己和他人要求过高，超出本身所能达到的目标，就会变成一种不健康的心理状态，所以，超出能力极限的苛求必将有损身心健康。

第二，过度自卑。自卑心理是指由不适当的自我评价和自我认识所引起的自我否定、自我拒绝的心理状态。自卑是对自己轻视和否定的情感体验。自卑并不是指客观上看来自己不如别人，而是人主观上认为自己不如别人。

不少大学生不同程度地存在自卑心理。他们对自我认识不客观，往往只看到自己的缺点而忽略了自己的长处，对自己评价过低，不喜欢自己，看不到自己的价值，或夸大自己的缺点，轻视甚至看不起自己，感到自己什么都不如他人，处处低人一等。比如，有些大学生经常叹息自己不够好，别人都比自己好；很多事情想做，但是又害怕去做，因为害怕自己做不好。他们常常伴随着一些特殊的情绪体验，比如，害羞、不安、内疚、忧伤、失望、怨恨等，并出现逃避、退缩心理，否定、抱怨、苛责自己，丧失信心，严重的还有可能自我厌恶，甚至放弃自己，走向自我毁灭。

自卑的男生

【案例描述】张某，男，某重点大学二年级学生。自进入大学后，他一直很自卑，因为他父母都是农民，他家境贫寒。以前因为在中学时成绩拔尖，他深受老师和同学的器重，自己也因此似乎忽视了家庭的贫困和普通。为了他上大学，家里负债累累。进了大学后，他又借了不少钱，以掩饰自己的贫困和普通。原以为到了大城市，会有很多机会，可以通过打工来补贴自己，但实际上很难。他曾想了许多办法来提升自己的素质(如参加社团、看书、参观展览会、考证书等)，但实施之后，往往都是半途而废，他因而感到自己脱离不了贫穷，走不出社会底层，自己不会有好的前途，不可能光宗耀祖，甚至找女朋友在城市成家都很困难。

【案例分析】张某的问题属于适应障碍伴随的自卑。他上大学之前因为成绩拔尖，一直受到关注和重视，得到了充分的心理满足，从而忽视了家境本身的贫困和普通。而进入大学后，他不再如过去那样受关注，失去了原来心理满足的基础，导致他第一次认识到了自己家庭的贫穷，以及与周围其他人之间的差距，对自我认识产生消极态度，从而夸大地看待了这种落差，妄图以借钱的方式来掩饰自己的贫困。同时，他之前对在大城市的生存带有错误的估计，换了一个新环境后，发觉并不能如自己预期的通过打工补贴生活那么理想化，这造成他的适应障碍，导致了一种挫折感。另外，他对贫穷和成功的关系亦不能做到正确认知，使得他以偏概全地看待自我和看待未来，意志力下降，形成自卑心理。

自卑产生的原因主要是对自己的认识不足。每个人总是以他人为镜来认识自己，如果他人对自己的评价过低，特别是来自较有权威的人的评价，就会影响自己对自己的认识，从而过低评价自己，产生自卑心理。另外，大学生一踏进大学的校门，便从天之骄子变成"沧海一粟"。大学校园里面，人人都很优秀，人人都是高中时候的尖子生。高中时候老师和父母都强调学习，其他所有的能力都放在了学习的后面，好不容易从高中的学习中得到一些自信，一进大学，这种自信就没有了，这容易导致大学生对自己能力的怀疑。进入大学后的优越感降低，甚至没有了，觉得自己没有赢得别人尊重的本钱，于是产生了极强的失落感，原有的优越感一下子就成自卑感。另外，家庭经济因素、成长经历、性格特点、相貌等因素也会导致自卑心理的形成。

事实上，生活中充满了竞争，因为能力、成绩、特长、身体、容貌、家世、地位等条件限制，没有一个人能永远处在优胜地位。每个人在不同层面上都有他自己的成败经验，己不如人的失败感，人皆有之，只是程度不同而已。心理学家阿德勒认为每个人都有"自卑"情结，适度的"自卑"可以促使我们不断努力，不断进步，不断向上。但过度自卑则会影响我们的心理健康和人格发展，阻碍我们的生活、学习和工作，导致我们不敢迈步，停滞不前。这种心理状态很容易使大学生产生孤独、压抑的情感，给大学生的情绪和学习带来严重的影响，更甚者会产生消极、悲观态度，从而对前途失去信心。

第三，过度自信。自信是一种健康的心理状态，相信自己，肯定自己，认可自己。而过度自信则是自负，自负就是过高地估计自己，是个体自以为是、自命不凡的一种情感体验和情绪表现。

过度自信主要表现为过高地估计自己，对自己的评价往往有过之而无不及。过度自信的人一般表现为：一是自视过高，认为自己非常了不起，别人都不行，很少关心别人，与他人关系疏远。二是看不起别人，总认为自己比别人强很多。这种人固执己见，唯我独尊，总是将自己的观点强加于人，在明知别人正确时，也不愿意改变自己的态度或接受别人的观点，总爱抬高自己，贬低别人，把别人看得一无是处。他们的人际交往模式是"我好，你不好""我行，你不行"。三是过度防卫，有明显的嫉妒心。这种人有很强的自尊心，当别人取得一些成绩时，其嫉妒之心油然而生，极力去打击别人，排斥别人。同时，在别人成功时，这种人常用"酸葡萄心理"来维持自己的心理平衡。

过度自信心理的危害性主要是使自己不能正确地评价自我，削弱了对周围环境的洞察力，从而降低分析和判断问题的能力，以至于与本来很适合自己个性发展的理想环境对立。过于自负的人容易产生自恋人格，因此，这也叫水仙花症。

大学生过度自信的形成与不当的家庭教育、片面的自我认识和过于顺利的生活经历等因素有关。而不当的家庭教育，如父母的过分娇宠，常常是孩子形成自负心理的温床。

自负的女生

【案例描述】陈某，女，21岁，大学二年级学生，1.65米，自认为长得非常漂亮、才能超群。参加活动积极、踊跃，喜欢表现自己，认为自己什么都行。穿着鲜艳、时尚，常常对同学不屑一顾，看不起周围同学，认为女生穿衣没品位，男生就知道献殷勤。担任班级文娱委员，什么工作都喜欢插一手，喜欢指使、支配别人做事，而对别人提的意见总不能接受，认为自己做的都是对的、好的，别人没有资格评论。陈某虽然人长得漂亮，但是极无涵养，平时总是有一种高高在上的优越感，与人相处时总是以教训的口气说话，令人难以接受，而且稍有不如别人的地方，便会妒性大发，常常把别人说得一文不值。许多同学对她敬而远之，不喜欢和她交往，她没有好朋友，平时独来独往。

【案例分析】陈某表现出的是一种典型的自负心理。过高地估计了自己的个性品质，与人交往的模式是"我行，你不行"，只顾自己，忽视别人的存在，具有过分自信、高傲、势利、难于相处等性格特征，导致同学关系很糟糕。自负的人同时也容易出现自我中心，所以最终导致人际关系非常不和谐，容易遭受挫折。

第四，自我中心。大学生强烈关注自我，往往从自我的角度和按自我的标准去认知、评价、行动，容易出现自我中心倾向。过度地以自我为中心会扭曲自我，导致自我意识出现偏差。

自我中心的人凡事从自我出发，只希望满足自己的欲望，要求人人为我，却置别人的需求于度外，不能设身处地地进行客观思考；不愿为别人做半点牺牲，要求所有的人都以自己为中心，只关心自己，遇事先替自己打算，不顾及他人的感受和需要。过度自我中心的人强烈希望别人尊重自己，却不知道自己也得尊重别人，心目中充满了自我，唯独没有他人，信奉的是"人不为己，天诛地灭"。他们往往颐指气使，盛气凌人，处事总认为自己对、别人错，好把自己意志强加于人。自我中心主要表现在几个方面：一是很少关心别人，与他人关系疏远。由于这种人时时、事事都从自己的利益出发，不顾别人，有事才登三宝殿，不求人时，则对人没有丝毫热情，似乎人人都应该为他服务。实际上，人类的交往是互惠的，"人人为我，我为人人"，对这种自我中心的人，任何人都不愿以大的代价去获得小的收益。二是固执己见，唯我独尊。自我中心的人总是要求别人与自己一样的意见，即使明知别人正确，也不愿意改变自己的意见。三是自尊心过强，过度防卫，有明显的嫉妒心。

大学生之所以容易出现自我中心倾向，是因为大学阶段既是自我意识发展最强烈的阶段，也是思想、意识及心理发展不成熟的阶段。这种自我倾向同个人主义、自私自利的思想、过度的自尊自信等结合时，就会表现出过分的、扭曲的自我中心。

过度自我中心的人往往不易赢得他人的好感和信任，人际关系多不和谐，行为难得他人帮助，易遭挫折。

第五，自我拒绝。这是个体对自身，以及自身所具特征做出的消极态度和消极评价，看不到自己的优点和长处，夸大自己的缺点和不足，甚至否认自己存在的价值。与之相联系的是自卑的自我体验。自我拒绝的人不喜欢自己，不能容忍自己的缺点和不足，否定、指责、抱怨、苛求自己。小小的不足或失误就会使人丧失自信，缺乏积极性和竞争意识，限制其正常能力的发挥，影响心理健康，严重的会自暴自弃，丧失生活兴趣和信心。

自我接纳实际上是对自己的一种肯定、自信。自我意识尚未确立的青年人，其自我肯定与自信往往来自于周围他人的态度和反应。对大学生而言，与他们关系比较亲密、对他们产生较大影响的人，往往是父母、老师、同学、朋友，因此，大学生对自我的认识，对自我的接纳，往往与这些人有密切的关系。

自我拒绝的原因主要有两点。

一是受他人过高期待的影响。一般来说，在民主、宽松氛围中长大，与父母、老师、朋友相处融洽的人，自我接纳程度比较高。相反，在精神压抑氛围中长大的人，自我接纳程度会降低。这种精神压抑往往来自他人的过高期望。许多自我接纳程度比较低的大学生有一个共同的经历，就是在他们成长的过程中，父母、老师、同学、朋友总是对他们一味地挑剔，过于苛责。中国的家长喜欢拿自己的孩子跟别人家的孩子做对比，比哪家的孩子聪明，哪家的孩子长得高，哪家的孩子成绩好，哪家的孩子考了好学校等，总是把所有孩子的优点拿来跟自家孩子比，并得出"自家孩子不如别人"的结论，致使很多孩子从小就认为自己只有具备某种条件，比如，比别人更漂亮的外表、更优秀的学习成绩等，才能够获得被他人接纳的资格。而学校的老师也总是盯住学生的成绩，学习成绩优异的学生往往得到表扬，成绩差的学生则常常受到批评。在人成长的过程中，适当的批评能起到一定的教育效果，但过分地挑剔，一味地纠正和否定，会在多方面毁灭一个人的人格，会让人失去信心。有位大学生曾说："我母亲是个十分严厉的人。我至今不能忘记，我小学五年级时数学考了 96 分，母亲对我说'怎么只考了 96 分？看小丽每次都是 100 分'。我因为粗心总是考不到 100 分，后来我总觉得自己不如人。"

二是以往挫折、失败经历的影响。成长的路上，成功和失败的经历，以及对此的看法、体验和行为上的反应，是影响自我接纳的一个重要因素。成功总让人喜悦、自信，失败总让人沮丧、自卑，这是每一个人都有过的体验。孟子说："天将降大任于斯人也，必先苦其心志，劳其筋骨，饿其体肤，空乏其身，行拂乱其所为也，所以动心忍性，增益其所不能。"这是说挫折能锻炼人的意志，使人变得强大。但现代社会是一个竞争激烈的社会，一个人总是失败的话，会让人对自己产生怀疑，从而影响对自己的接纳。有时候生活中一两件特别的事，就会伤害到大学生的自信心，让人一下子无法接纳自己。有一位大二女生这样描述她的烦恼："我很烦恼，我很想去做整容手术，可是我没那么多钱。我的鼻子不高，看起来很丑。以前我没有认识到，直到高三那一年，我喜欢上班里的一位男生，他是我们班的班长，长得很帅气，成绩好，待人也好。我是班里的学习委员，因为班级工作的事，平时我们打交道很多。我们工作配合得很好，说话合得来，常常一起吃饭。我一直以为我们会成为一对，但是有一天他告诉我，他喜欢班上另一位女生。那位女生各方面都很平常，只有鼻子比较高。我想一定是我的鼻子不好看，所以他才不喜欢我的。"

面对挫折、失败、痛苦，斗志消沉、情绪低落都是正常的反应，有些人很快便从负面情绪中走出来，但有的人从此消沉，怀疑自己，不能接纳自己。

从以上分析，我们可以看到，大学生自我意识发展过程中出现的错误、偏差，是心理还不成熟的表现。这是由其身心发展状况和成长背景决定的，是普遍的、正常的，但也是必须调整的。只有认识到这一点，才有可能去正视它、解决它，以达到自我真正的统一。

二、提高大学生自我意识教育实效性的对策

（一）教育大学生正确认识自我

1. 教育大学生正确认识自我意识的内容

自我意识是个体的一种心理体验，是作为主体的我对自己存在的认识、感知及调控。静态地分析其结构，它包括自我认知、自我体验和自我控制三种成分。

自我认知是自我意识的认知成分，主要包括自我感觉、自我观察、自我分析、自我评价等内容，涉及"我是一个什么样的人""我有什么个性""我是不是一个受欢迎的人"等问题。自我认知是自我意识的核心，是自我体验和自我控制的基础。

自我体验是自我意识的情感成分，是个体在自我认识、评价的基础上产生的一些内心体验，包括自尊、自爱、自信、自卑、自负、自责等情感体验，涉及"我是不是满意自己""我是不是接受自己""我是不是悦纳自己"等问题。

自我控制是自我意识的意志成分。个体在自我认知的指导和自我体验的推动下，对自己的行为、活动、态度自觉有目的地调控，包括自主、自强、自律、自制、自立、激励等，涉及"我怎样才能变得坚强""我可以如何选择""我怎样成为我理想的那种人"等问题。

从另一个角度看，自我意识一般包括三项内容。

一是生理的自我。个体对自身生理状态的认识和评价，包括对身高、体重、容貌、外形、身体健康状态等的意识。比如，我个子矮、皮肤黑、长得胖，所以我很自卑；我个子矮、皮肤黑、长得胖，但没关系，外表不重要，内秀才重要，所以我不自卑。

二是社会的自我。个体对自己与社会关系的认识和评价，包括个体对自己在各种社会关系中的角色、地位、权利、义务，以及与他人相互关系等方面的意识。比如，我不善于与人沟通，我没有朋友，我感到很孤独；我是班长，大家说我很热情，人缘很好，虽然每天忙碌，但我很享受。

三是心理的自我。个体对自身心理状态的认识和评价，包括对自己的知识、能力、兴趣、爱好、情绪、性格等的意识。比如，我脾气不好，情绪变化大，自制力差，所以我对自己很不满意；我智商不算高，但我情商很高，所以我相信自己能找到一个好工作。

动态地考察一个人的成长过程可知，自我意识是不断发生、发展的。美国心理学家奥尔波特（Gordon W. Allport）把人的自我意识的发展分为三个阶段，即生理自我时期、社会自我时期、心理自我时期。下面进行简单介绍。

第一，生理自我时期。人刚生下来时没有自我意识，不能区分自己和他人。心理学家通过婴儿点红实验发现，七八个月大的婴儿开始出现自我意识的萌芽，当他看到镜中的自己时，虽然没有一个准确的认识，但对镜中的自己很亲切，他会拍拍手，露出微笑。2岁的儿童，在有无自我意识问题上发生质的飞跃，这时在点红实验中，他能明确意识到自己鼻子上的红点并立刻用手去摸，这标志着儿童真正的自我意识的出现。这时的儿童会说"我""我的""我不""我要"等，能把自己和别人区分开来。3岁左右的儿童开始出现羞耻感、占有心，要求"我自己来"，自我意识有了新的发展。这时，儿童的行为是以自我为中心，即以自己的身体为中心，以自己的想法和感情来解释外部世界，认为外界是因他而存在、以他为中心。因此，这一时期的自我意识称为生理自我时期，也称为"自我中心期"。

第二，社会自我时期。从3岁到青春期（3～14岁）个体自我意识的发展时期称为社会自我时期，也称为"客观化"时期。这段时期个体显著地受到社会文化的影响，是角色学习的最重要时期。角色意识的建立，标志着社会自我观念趋于形成。少年儿童在生活和学校教育中通过学习、游戏、劳动等活动逐渐懂得社会规范，形成各种角色观念，比如，男女性别角色、家庭成员角色、学校同伴角色、师生领导角色等。这时，他们社会意识增强，认识到自己是社会的一员，道德心在发展，并能有意识地调节、控制自己的行为，尽量使自己的行为符合社会的标准，对自己的认识往往服从于权威或同伴的评价。

第三，心理自我时期。从青春期开始到成年初期大约十年的时间，是心理自我时期，也称"主观化"时期。这是自我意识发展的关键时期。这个时期，个体对自身的关注从外在转为了内在的关注，开始清晰地意识到自己的内心世界，喜欢用自己的眼光和观点去认识和评价外部世界，开始有明确的价值探索和追求，强烈要求独立，产生了自我塑造、自我教育的紧迫感和实现自我目标的驱动力。世界观、人生观、价值观在这一时期形成，这是心理自我成熟的标志。

大学生正处在自我意识发展的第三阶段，也是自我意识发展的关键时期，因此，他们需要注意培养自己的知识、能力、情绪、兴趣、性格、气质等，从而很好地认识自我、肯定自我、发展自我、完善自我。

2. 教育大学生正确认识自我意识的分化

一是主体我和客体我的分化。美国心理学家詹姆斯是最早对自我进行系统研究的心理学家。他认为自我就是自己所知觉、体验和思想到的自己，包括主体自我（the self as subject）和客体自我（the self as object）。前者为纯粹自我，后者为经验自我。詹姆斯进一步将经验自我分为物质自我、社会自我和精神自我。其中，社会自我高于物质自我，精神自我又高于社会自我。纯粹自我是作为认识者的自我，即认识主体的自我，有一定的功能，例如，控制冲动，计划未来，监控并评价自己的进步，控制自我表现的方式。与此相对应的经验自我是作为被认识者的自我，是被观察和感知的"客体我"。

二是前台我和后台我的分化。美国著名社会学家戈夫曼（Goffman）在其经典著作《日常生活中的自我呈现》提出前台后台理论。戈夫曼将生活比喻为一舞台，每个人只是舞台上的一个演员，每个人既是表演者又是观众。人们在这舞台上为不同的社会观众表演，为此，人们需要将自己作为受欢迎的人呈现给他人。这会促使行动者管理他们的行为，以向他人呈现令人喜爱的和适当的印象。戈夫曼提出，所谓前台，是一个人在社会活动中固定的，为观众特定的情境部分。这一部分是可以被观众看到，并且使观众能从中获得一定意义的部分。后台则是指不让观众看到的，限制观众与局外人进入舞台的部分。在后台，表演者可以不必像在前台那样关注自身形象，不受布景的限制，表演者所做的一切都是自然、真实的。在戈夫曼看来，前台与后台之间是相对的，它们之间可以相互转化，而转化的前提是每个人对自己所面对的互动对象的情境界定。

三是现实我、投射我与理想我的分化。按自我存在的方式，自我可分为现实我、投射我与理想我。现实我就是个体从自己的立场出发，对自己当前总体实际状况的基本看法。比如，"我是一名大一女生，我五官端正，皮肤白皙，学习成绩优异，是班上的学习委员"。投射我也称镜中我，是个体想象自己在他人心目中的形象或他人对自己的基本看法。比如，"我长得胖，他们一定认为我很丑，他们一定很讨厌我，不愿意和我说话"。理想我则是指个体想要达到的比较完美的形象。比如，"我想成为银行行长""我以后要出国留学"等。投射我是个体想象他人对自己的看法，与现实我不一定一致，当彼此差距非常大的时候，个人会产生自己不能被人理解的痛苦。而理想我是个人对自己未来的设想、目标，对个体有激励作用。但理想我与现实我差距很大的时候，也会让个体产生痛苦，对个体的自我认知、情绪等产生不良影响。

美国心理学家约瑟夫·勒夫特（Joseph Luft）和哈林顿·英厄姆（Harrington Ingham）提出了关于自我认知的窗口理论，它又被称为乔韩窗口理论。乔韩窗口理论认为人对自己的认识是一个不断探索的过程，因为每个人的自我都有四个部分：公开的我、盲目的我、秘密的我、未知的我。见表2-1。通过与他人分享秘密的自我，通过他人的反馈减少盲目的自我，人对自己的了解就会更多、更客观。

表 2-1   乔韩窗口理论

维度 1	维度 2
公开的我：自己和他人都知道	盲目的我：别人知道，自己不知道
秘密的我：自己知道，别人不知道	未知的我：自己和别人都不知道

3. 教育大学生正确认识自我的途径

全面地认识自己，既要认识自己的身高、体重等生理特点，又要认识自己在社会生活中的关系与地位，以及个人气质、性格、兴趣、意志等心理品质。基于乔韩窗口理论，我们可以通过以下途径来认识自己。

第一，通过他人认识自己。我们可以通过分析他人对自己的评价和态度来认识自己。人总要与他人发生联系，如果与世隔绝、离群索居，他就不是一个完整的、完善的人，甚至不能生存下去。人不能没有他人或离开他人。苏轼诗中写道："不识庐山真面目，只缘身在此山中。"一般来说，当局者迷，旁观者清。人在社会，人与人交往，他人就是反映自我的镜子。与他人交往，是个人获得自我认识的重要来源。但对他人的评价和态度，我们要注意两点：一是"兼听则明，偏信则暗"。意思是说多方面听取意见，才能明辨是非；单听信某方面的话，就愚昧不明。我们要注意分析与辨别，因为他人的评价不一定是完全正确的。我们不妨多从不同的人那里得到关于自己的信息并加以分析。二是"忠言逆耳"。逆耳的忠言往往会使人产生抵触情绪，让人难以接受。有时候他人的评价可能带有指责、批评的情绪，用词可能不好听，容易激发自己的对抗情绪，使自己不能心平气和地接受。"闻过则喜""从善如流"并不那么容易做到、做好，因而要求我们放开心胸，虚心接受他人的意见和批评并加以分析，从而更好地认识自己。

第二，通过比较认识自己。比较是认识自己、了解他人的重要方法。"有比较才能鉴别。"有比较才能知长短，认清优越和不足，从而取长补短。比较可以从两个方面进行。

一是通过与别人比较来认识自我。唐太宗李世民说"以人为鉴，可以知得失"。他人是反映自己的一面镜子，我们往往通过与他人比较来认识自己。大学生在认识与评价自己的能力、品德及人格特征时，常常通过与他人比较来实现，但和谁比较、比较什么，比较时应注意参照体系和立足点。与周边普通的人比较，能让我们认识自己的实际水平和在群体中的地位；与周边先进分子比较，能认识自己的差距，明白努力的方向；而如果总喜欢与周边不如自己的人比较，则可能沾沾自喜、盲目自大。比较内容方面，大学生更应多在学习成绩、工作能力、良好生活习惯、品德、意志行为等方面与人比较，而不是去比容貌、出身。因为前者是大学生可以通过自己的努力不断完善和提升的，是大学生自身所拥有的素质和风貌；而后者是大学生不可以通过努力改变的。和他人比较时，不能"以己之长比人之短"，也不能"以己之短比人之长"。

二是通过与自己比较来认识自我。我们还可以通过与自己比较来认识自我。与过去的我比较，可以发现自己是否有进步。进步了，说明努力有了成效，能提高自信；退步了，则可以提醒自己去找原因。与理想的我进行比较，可以发现自己的差距在哪里，从而明确努力的方向。

第三，通过内省认识自己。孔子说"吾日三省吾身"。一个人最好的认识自己的方法之一就是反省。大学生要学会反省。早上反省：这一天有哪些事情要做？哪件事最重要？要怎么安排？白天反省一下：哪些任务完成了？还有哪些事情没做？要注意些什么？晚上要静下心来思考：这一天做了些什么？自己的行为和动机是否正确？行为过程有什么不足？行为结果是否满意？有哪些经验？又有哪些缺陷？以后怎样能做得更好？接下来一段时间应做些什么？以后努力的方向是什么？等等。大学生通过反省自己对事物应对的情况，反省自己的言行、能力、性格等，不断地认识自己，完善自己。

第四，通过实践活动认识自己。实践活动可以让大学生得到锻炼，也能让大学生更好地认识自己。通过实践活动，大学生可以获得关于自己能力、兴趣、人际关系、社会角色地位、意志品质等方面的信息，从而认识自己。因此，大学生应积极参与各项活动，比如，勤工助学、志愿者服务、社会调查、学生社团、各种文体活动等。任何活动都是一种学习。成功的经历，能让大学生认识自己的能力，发现自我的价值，激发自信；而失败的经历，则可以使大学生发现自身的缺点，锻炼意志力。

（二）教育大学生积极地悦纳自我

自我接纳，也有人称为自我认可，或自我悦纳。自我接纳（self-acceptance）的概念最早是由美国心理学家奥尔波特提出的。他将自我接纳界定为一种自我客观化的能力；是一种洞察力，也是健全人格的主要条件。自我接纳意味着一个人能将自己的素养与他人相比较，也能接纳别人对他的意见，作为充实、修正自己的参考。自我接纳是人健康成长的前提，是自尊概念中的重要组成部分，是在情感上、态度上对实际自我的悦纳。

我国学者钱铭怡教授曾提出，心理健康的首要标准是"学会悦纳自我"。这一观点得到了其他心理学家的认同，并得到了诸多实证研究的支持。"我"是重要的，我们可以想象，一个不喜欢自己的人会是怎样的心情呢？了解自己而又不喜欢自己的人，每天面对着自己，必然会焦虑和痛苦。大量的心理潜能得不到充分的发掘，使他们无法对生活表现出充分的热情，甚至无法应付日常生活，阻碍其人格的进一步完善。实际上，悦纳自我是发展健全自我的核心和关键。

具体说来，积极地悦纳自我要注意以下几点。

1. 无条件地自我接纳

理性情绪疗法的创始人爱丽斯提出了"无条件地自我接纳"的概念，认为"个体要完全地和无条件地接纳自己，无论他的行为表现是不是明智的、正确的或适当的，以及无论他人是否赞成、尊重或爱他"①。也就是无条件地接受自己的一切，好的、坏的，成功的、失败的，缺点、优点。在这里，自我接纳是一种心理资源，直接影响着个体的心理健康。

2. 喜欢自己，肯定自己

思维决定行为，行为反映思维。个体对自己有积极的观念和情感，有价值感、自豪感、愉快感、满足感。这种强烈的自信能让个体更积极努力地去激发潜能，促进个体的成功，而成功后的愉悦又会让个体更自信，进一步肯定自己，从而形成良性循环。

20世纪60年代，美国外科整容医生马克斯威尔·马尔兹在工作中发现了"自我意象"的作用，并创造了一门"自我意象心理学"。自

---

① Lundh L G，"Perfectionism and Acceptance"，*Journal of Rational-Emotive and Cognitive-Behavior Therapy*，2004(4)，pp. 255-265.

我意象就是"我属于哪种人"的自我观念。马克斯威尔·马尔兹认为，一个人能不能成功，关键在于他是否有积极的自我意象。他说："你把自己想象为怎样一种人，你就会怎样行动。"在他那里，潜意识就是一部"服务机制"，是一个有目标的电脑系统。而人的自我意象就有如电脑程序，直接影响这一机制运作的结果。比如，如果一个人把自己想象成一个失败的人，他就会不断地在自己内心的"荧光屏"上看到一个垂头丧气、难当大任的自我，听到"我是没出息的、没有长进的"等负面的信息，然后感受到沮丧、自卑、无奈与无能。这样一来，在现实生活中便会"注定"失败。相反，如果一个人把自己想象成一个成功人士，他就会不断地在自己内心的"荧光屏"上见到一个志气昂扬、不断进取、敢于经受挫折和承受强大压力的自我，听到"我做得很好，而我以后还会做得更好"之类的鼓舞信息，然后感受到喜悦、自尊、快慰与卓越。这样，他在现实生活中便会不断努力，最后取得成功。①

3. 接纳自己的不完善和失败

接纳自己的不完善和失败是自信的表现，也是完善自我的起点。成功固然让人喜悦、自信，但失败时也不要沮丧、自卑、耿耿于怀。每个人在家庭、外表、身材、能力、个性方面都有一定的限制，因此，"人生逆境十之八九"。特别是在一个重视竞争的社会中，并不是每个人天天都能够成功，失败、挫折是每个人都会经历的体验。面对自身不能克服或改变的缺点，排斥和忽视都不能真正地消除，最好的方法就是接纳它们。当你完全无条件地接纳和正视它们的时候，你才能冷静地观察自己，修正自己。

美国的心理学家詹姆斯·彭尼贝克（James W. Pennebaker）曾做过这样一个试验：让受试者连续 5 天，每天都花 15 分钟或 20 分钟写出"一生中最痛苦的经历"，或当时最让人心烦意乱的事情。受试

---

① ［美］马克斯威尔·马尔兹：《你的潜能》，晏樵译，2 页，北京，工人出版社，1987。

者写出东西后，若想自己保留，则悉听尊便。这个自我表白的效果惊人。写作之后，当问到试验对象的感觉时，他们普遍感到轻松，并能够更全面地看到自己与自己的生活。这个实验说明，人能够全面地认识到自己那些不管是悲伤还是喜悦、不管是消极还是积极、不管是别人接受还是不接受的情感体验时，会放下不良情绪，心理也会更健康。

4. 珍惜自己的独特性

遗传进化学家舍菲尔德说："在整个世界史中，没有任何别的人会和你一模一样，在将来到未来的全部无限的时间中，也绝不会有像你一样的另一个人。"每个人生来就是与众不同的，都具有自己的特点。我们有什么理由排斥自己，不接受自己呢？接纳自己，就是我们爱自己的开始。卡耐基也说："发现你自己，你就是你。记住，地球上没有和你一样的人……在这个世界上，你是一种独特的存在。你只能以自己的方式歌唱，你只能以自己的方式绘画。你是你的经验、你的环境、你的遗传造就的你。不论好坏与否，你只能耕耘自己的小园地；不论好坏与否，你只能在生命的乐章中奏出自己的音符。"实现不了完美的"自我"，那么就做一个独特的我，实现一个独特的我。做人一生，唯求成为自己。

(三)教育大学生努力完善自我

自我意识在大学生人格的形成和人格结构中占有重要地位。人的认知、情感、意志都受到自我意识的影响，因此，健全的自我意识是大学生发展的重要途径，也是心理健康的标志。什么是健全的自我意识呢？衡量大学生自我意识是否健全很难，但可以从以下几个方面来参考：自我意识健全的人，应该是一个有自知之明的人；是一个能自我肯定的人；是一个自我认知、体验、协调一致的人；还应是一个理想我和现实我统一的、有积极的目标意识和内省意识，积极进取，追求永无止境的人。大学生应认识自我意识发展的规律，克服自我意识的偏差，积极悦纳自己，有效控制自己，不断超越自我，积极完善自我，逐渐提高自身心理健康的水平。

1. 了解大学生自我意识发展的规律

大学生的自我意识在大学阶段迅速发展，在经历了分化—冲突—统一的过程后，自我认识、自我体验、自我控制逐步协调一致，自我意识逐步成熟。

大学生自我意识的发展是从明显的自我分化开始的。自我意识的分化，也正是自我意识开始成熟的标志。

儿童、少年时期的自我意识内容主要停留在对自己外部行为和自己与周围关系的外部特征上。进入青年期，自我意识开始分化，大学生们开始关注自己的内心世界和行为，原来完整、笼统的"我"被打破了，出现了两个自我：主观自我(I)和客观自我(me)，即作为观察者的我(I)和作为被观察者的我(me)。随着主观自我和客观自我的分化，主观自我(I)通过分析社会要求，在头脑中塑造出一个"理想我"，而同时主观自我(I)还观察到一个现实生活中的自我形象(me)，即"现实我"。

大学生自我意识的明显分化，让大学生对自己有了新的认识、新的体验。这个时期，大学生的自我分析、自我反省明显增加，由此带来的种种激动、焦虑、不安、喜悦也明显增加。大学生开始认真、理性地思考"我应该怎么做""我不应该怎么做""我能做什么"等问题。

自我意识的矛盾给大学生带来不安和痛苦，它可能会影响到大学生心理健康的发展，但也会促使大学生想办法解决矛盾，从而实现自我意识的统一，即实现自我同一性。自我同一，主要指主观我与客观我的统一、自我与客观环境的统一、理想我与现实我的统一，也表现为自我认识、自我体验、自我监督的和谐统一。

大学生消除矛盾，获得自我统一的途径有三条：努力改善现实我，使之逐渐接近理想我；修正理想我中某些不切实际的过高标准，使之与现实我趋近；放弃理想我而迁就现实我。

按照心理健康的标准，不管哪种途径达到自我意识的统一，只要统一后的自我是完整的、协调的、充实的、有力的，就是积极和健康的自我意识的统一。

2. 调适大学生自我意识的偏差

大学生自我意识发展过程中出现的失误、偏差是大学生心理还不成熟的表现，是由大学生身心发展的特点和规律决定的，并不是某个人所特有的缺点，而是整个年龄阶段的特征，是所有大学生或多或少会亲自经历的，因而是普遍的、正常的。但我们必须认识到，大学生应积极、及时调整自我意识偏差，这样才能让大学生的自我意识得到科学发展，实现自我真正的统一、强大和健康。

(1) 调适大学生自我意识偏差的基本途径

第一，树立正确的认知观念。可以看到所有的自我意识偏差的产生，都与认知观念相关。树立正确的认知观念，既要正确认识自己，也要正确认识他人。人不可能十全十美，每个人有自己的优点、缺点，也都会遇到成功和失败。首先，要正确认识自己，肯定自己的价值，善于发现自己的优点，同时也要看到自己的不足，不忌讳自己的缺点，既不要自以为是，也不要妄自菲薄。其次，要多看看别人的长处，欣赏他人的独特性，不贬低他人，尊重他人。

第二，建立合理的评价参照系和立足点。人的价值本来是相对的，只有在相互比较下才能看出高低、好坏。与不同的对象进行比较，可以激发或者压抑人的积极性。以弱者为参照会自大，以强者为参照则自卑。因此，人应选择合适的标准，更重要的是以自己为标准，按照自己的条件评定自己的价值。人应该立足自己的长处，接受并尽力弥补自己的不足。成功时多反省自己的缺点，不骄傲；失败时多想自己的优点和成绩，不气馁。

第三，确立合理、恰当的目标定位。有了明确的目标，我们才有努力的方向。过低的目标容易成功，但起不到激励作用，甚至让人自大；过高的目标会让人苛求自我，从而有损身体健康，且容易失败，让人心情沮丧，产生自卑。要制定符合自己实际能力的目标，不苛求自己，不被他人的要求左右。对大学生来说，必须明确自己的期待是什么，以及这种期待是来自自我本身的能力和需要，而不是为了满足他人的期待和需要。目标确立后要一步一步实现，不要一下子就想吞掉一条大鱼。

第四，培养积极的心态和健康的性格品质。消极的心理让人不相信自己，容易导致消极行为；积极的心态让人自信，会带来积极的行动。每个人的智力相差并不是很大，我们要用积极的心态告诉自己"别人能做的，我也一定能做好"，始终相信自己"我能行""我也能够做好"。成功了，自信心得到加强；失败了，也不应气馁，告诉自己，"胜败乃兵家常事"。此外，自我意识和性格有很大的关系。健全的自我意识的形成，需要有健全的人格做支撑。个性良好的人，表现出开朗、热情、大方、勇敢、谦虚、乐于助人等特点，能够正确认识自己与评价自己，对自己充满自信；能够正确认识他人，相信他人，友好对待他人。大学阶段也是性格塑造时期。矫正不良性格，培养良好的性格品质，是大学生自我意识逐步成熟的标志。

（2）几种自我意识偏差的调适

第一，过分追求完美的调适。

一是要树立正确的认知观念。人不可能十全十美，每个人都有优点和缺点，也都会遇到成功和失败。一个人应该接纳自己，并肯定自己的价值，不自以为是，也不妄自菲薄。

二是要正确认识自我，接受自我，按照自身能力的实际情况设置目标，以良好的心态接受不完美，以实际行动不断自我完善。首先，要认识到绝对完美是不存在的，追求是无止境的。追求完美有其积极的一面，使个体不断进取，如果这种进取不是在焦虑、压抑的情绪下，而是在快乐中追求，将是最理想的。其次，要正确认识客观条件，并在此基础上设置对自我价值的目标定位。人们要想得到胜利，即得到预想的结果，一定要使自己的思想符合客观规律。如果不符合，就会在实践中失败。

三是目标定位要合理、恰当。在充分了解自己的基础上，对自己有恰当的目标和要求，目标要符合自己的实际能力，不苛求自己，不被他人的要求左右。真正地认清自己，规划自己的发展方向，最终建立独立的自我。

　　四是接纳自己和别人的不完美。尺有所短，寸有所长。每个人都是独特的，与众不同的，我们应该欣赏自己和别人的独特性，不断自我激励。

　　第二，过度自卑的自我调适。

　　一是改变认知。有自卑心理的人，首先要正确认识自己，改变对自己的看法，肯定自己的价值，提高自我评价，要善于发现自己的优点，肯定成绩，以此激发自己的自信心，不要由于某些缺点的存在而把自己看得一无是处。常言道："金无足赤，人无完人。"每个人都有自己的缺点和优点，我们应该坦然地接受自己的优点，但也不忌讳自己的缺点，这样才能正确地与人比较。在看到自己不如人之处时，也能看到自己如人之处或过人之处，不能因为一次失败而以偏概全，认为自己什么都干不了。

　　二是学会积极地思考问题。在做事遇到挫折时，想一想事情的积极方面，就算是失败了，也有失败的价值。比如，一次考试失利了，不意味着自己没用、自己能力不如别人，而且考试失利能够帮助自己看清哪些知识是自己的盲点，以后需要做些什么有针对性的复习，正所谓"失败是成功之母"。

　　三是运用积极的心理暗示法。心理暗示法就是个人通过积极的自我暗示、自我鼓励进行自助的方法。人的自我评价实际上就是人对自我的一种暗示作用，它与人的行为之间有很大的关系。消极的自我暗示导致消极的行为，而积极的暗示带来积极的行动。我们在做事的时候应暗示自己，别人能做的，我也一定能做好，始终坚信"我能行""我也能够做好"。

　　四是确立一个符合自己的目标。制定目标的时候要符合自己的实际情况，不要一下子就想吞掉一个大鱼，要一步一步地来。要与自己做比较，不一定要与别人做比较。

　　五是进行外在训练。外表和行为的一些练习，可以让我们从外在给别人一种自信的感觉，进而增强自信。比如，行走时抬头、挺胸，步子迈得有弹性；抬起双眼，目视前方，眼神要正视别人，抓住当众发言的机会锻炼自己。

第三，过度自信的调适。

正确认识自己，多看自己的不足，承认自己也有许多不如别人的地方。多看别人的长处，欣赏他人的独特性，与人交往过程中以开放的心态尊重和认真对待他人的反馈意见。

第四，自我中心的调适。

摆正自己的位置，既重视自己，也不贬低他人，自觉地把自己和他人、集体结合起来，走出自己的小天地。实事求是、恰如其分地评估自己，既不骄傲自大，也不妄自菲薄。学会移情，多设身处地地从他人的角度思考问题，尊重他人的感受，关心他人。人际交往都讲求互惠原则，希望别人对自己好，那么自己也应该有相应的付出。

第三章

大学生人格教育的实效性

　　大学生是我们这个社会的中坚力量，大多数人的人格是顺利、健康地发展的，但不乏一些大学生的人格乃至人格教育是存在问题的。处于大数据时代的"90后"大学生既有以往大学生在成长过程中的同样的人格困惑，更有不同时代的挑战；既要应对成长过程中的心理迷茫，又要处理新背景中的新机会。大学生的人格发展历来是高等教育关注的一个重要问题。而今大学生的人格问题频频出现，大学生的人格教育问题实效性就显得尤为重要，是高等教育中的一项重要工作。

一、大学生人格及其教育存在的问题

　　一般来说，人格包括气质、性格、能力、兴趣、爱好、需要、理想、信念等内容，涉及自主性、能动性、独特性、创造性四个方面。我国著名教育家蔡元培先生在《普通教育和职业教育》中曾说过，健全的人格分四育，即体育、智育、德育、美育。美国心理学家、人格特质理论的创始人奥尔波特曾提出了有关健全人格的六个标准：①自我扩展能力。②与他人热情交往的能力。③情绪上有安全感和自我接纳能力。④具有现实性知觉，能真实地看待各种事物。⑤自我客观化，能够实话实说，客观地了解自己，洞察自己的能力和不足，能看出生活中的荒唐但不为其吓倒，还有幽默感，笑看自己的过错，而不以伪装来欺骗。⑥有一致的人生哲学。人的全面发展主要是健康人格的发展。大学生是社会发展的希望，是祖国的未来。我们当然要注重他们健全人格的发展。如今，在经济全球化的发展中，大学生面临前所未有的挑战，他们有的经受住了考验，大部分是健康发展，但有的大学生表现出这样或那样不理想的状况，主要反映在人格缺陷上，可以说是不健康的人格。比如，有的大学生面临各种困难，缺乏自信而自卑，以至于缺失理想，失去对美好未来的坚定信念；有的大学生在人格上常常表现出情绪缺陷，没有稳定的情绪，思维碎片化，意志不坚定。这些都对我们的心理健康教育提出了较高要求。这些状况出现的主要原因如下。

(一)对自卑心理缺乏理想教育

自卑是自我评价过低的一种心理体验，在心理学上又称为自我否定意识。一般表现为对自己的能力、学识、品质等自身因素评价过低，心理承受能力脆弱，经不起较强的刺激，谨小慎微，多愁善感，常产生猜疑心理，行为畏缩、瞻前顾后，以至于对自己的前途、理想没有一种希望和追求。

理想就是与人们的向往目标相联系并为之奋斗的信念和追求，是人们的世界观、价值观和人生观在奋斗目标上的集中体现。理想是我们对未来目标的设计与追求，是我们对未来美好生活的展望与奋斗。它反映出我们对世界、对人生的看法与追寻。理想总是体现个人的愿望，并且指向未来的。理想的目标总是建立在对客观规律的认识基础上的，符合客观现实发展规律的，并且带有浓厚、强烈和肯定的情绪色彩，激励人们以坚强的意志为实现理想而奋斗。所以，不管在什么时候，我们都不能失去理想。

按理想的主体划分，我们一般把理想分为个人理想和社会理想。个人理想是关于个人未来的理想，而社会理想是关于未来社会发展的理想。从理想的内容来划分，理想有社会理想、道德理想、职业理想和生活理想四种。从理想的时间来划分，理想有近期理想、中期理想和远期理想。个人理想和社会理想是密切相关的：社会理想是最高层次的理想，并制约着个人理想；个人理想又是社会理想的具体表现。各个时代、各个社会的人都会提出自己的社会理想，社会的发展进步正是一代又一代人不断提出社会理想并为之奋斗的结果。

当下有的学生从中学考上大学后，就以为"革命"到头了，该享受生活了，缺乏自己的学业规划和人生规划，失去了继续努力学习的干劲，喊出了"60分万岁""分不在高，管用就好"的口号，对自己要求不高。有的提出要把在中学阶段失去的玩乐时间补回来，该学习的时候沉迷于网络游戏或者网络聊天。有些女学生就当"淘宝女"，一天到晚在网上疯狂购物。有的学生提出人何必有什么理想。有的学生口头上经常是"我没有理想，不需要理想"，或者干脆说"理想是无用的，没有理想，一样生活得潇洒"。有的学生说"理想理想，有钱就想；前途前途，有钱就图"，完全是一副实惠论的腔调。尤其是在一些财经院校，他们打着实践的招牌，在学校四处兜售商品赚钱，而赚来的钱不用于学习补助，有的大吃大喝，追求高消费，养成大手大脚、不懂节约的不良习惯。有的学生连正常的上课都不去，就跑到校外打工赚钱，考试时才临阵磨枪，补考就在所难免了。还有的学生把理想与现实割裂开来，认为理想是明天，现实是今天，今天就该玩玩，该吃吃，何必想那么远的事情，还把萨特的存在主义抬出来，对"凡是存在的都是合理的"断章取义，只相信眼前的、现实的东西，不相信理想。当然，也有的学生对社会理想根本就不关心，所谓事不关己，高高挂起。而有些学生不敢正视现实社会生活的竞争，面对他人缺乏自信，表现出较严重的自卑倾向，认为自己什么都不如人，对自己没有一个正确的认识和评估。

对大学生自卑心理方面的教育，我们往往过于重视对待自卑心理知识的传授，而对联系理想教育，特别是积极的理想教育，认为是思想道德方面的问题而忽视了。其实，两者是有紧密联系的，自卑心理就是缺乏对自己的积极认知，表现出没有人生理想，没有追求。而只有树立远大的理想，规划好我们的人生，我们才更加积极而避免自卑。

（二）对情绪缺陷引导教育不够

情绪是指对客观事物的心理体验及相应的行为反应。它是以个体的愿望和需要为中介的一种心理活动。情绪具有较大的情境性、激动性和暂时性。情绪往往随着情境的改变和需要的满足而减弱或消失。比如，我们对一种美食，吃到一定程度，就会感觉需要得到满足，就不会再吃了。情绪还明显具有冲动性表现。比如，我们高兴时手舞足蹈，愤怒时暴跳如雷，甚至有时候情绪还难以控制。情绪是情感领域中最活跃也是研究最多的方面，它与其他心理现象相比，概括起来具有一些重要的特性：情绪的生理特性、情绪的外显特性、情绪的情境性和情绪的两极性。情绪的生理特性、外显特性和情境性都比较好理解，而情绪的两极性主要是反映情绪存在的两极状态。从极性来说，情绪有正情绪和负情绪之分。正情绪就是肯定情绪，如兴趣、满意、高兴和快乐等；负情绪就是否定情绪，如厌恶、愤怒、烦恼和悲伤等。从性质上来划分，就是积极情绪和消极情绪。积极情绪与社会利益相符，有利于个性发展；消极情绪与社会利益相违背，有碍个性发展。当然，要注意区分的是极性情绪和积极情绪、消极情绪是有联系的，不一定负情绪就是消极的。比如，愤怒是属于负情绪，但它既可以是积极情绪，也可以是消极情绪，这要看它的对象，对敌人愤怒就是积极情绪，而对朋友就要认真对待了。还有，老师对待学生动辄发怒，同学之间经常产生这种情绪，就值得商榷了。有些情绪如果不好好把握也可以发生变化，比如，正情绪可以变成负情绪，如高兴过度、乐极生悲。

从大学生的成长发展来看，他们逐渐走向社会，走向独立自主，对事物的感知都有较强的好奇心和求知欲。他们特别敏感，在情绪的反应上，在心理学家看来是"疾风暴雨"。他们对待人和事的情感表达是外显的，往往不会深思熟虑，显得冲动；思想负担比较少，常常是率性而为，甚至是感情用事，悲情结尾。发生在大学生宿舍里的一些事故往往是由于话不投机半句多引起的冲动打架、吵架。或者有些大学生遇到高兴的事情，抑制不住内心激动，急于找人倾诉而不顾时间、场合引起纠纷。还有的大学生不表达出来，隐藏起来，不愿意与人交流，压抑自己，这样一遇到更多、更大的事情，情绪上往往更加不能自已，所以，大学生中最流行的语言是"郁闷""烦死了""抓狂"。面临考试，有些大学生情绪反应就更强烈，如焦虑、紧张甚至恐惧；而在与人沟通中，更是问题层出不穷，他们缺少朋友，甚至有大学生读了几年书，根本就没有朋友，害怕与人交往。贵州大学校长郑强教授就非常严肃地指出，很多理工科学生没有情感，这是很恐怖的。[①]　事实上，在一些理工科大学，因为情感淡漠而造成人际交往障碍的大学生比较多。

如今，一些大学生在情绪上的不稳定、敏感、冲动、焦虑、紧张、恐惧等现象，往往被认为是个人的事情，因而不被学校重视，缺乏教育的针对性，以至于大学生没有一定的自控能力，遭遇事情的时候，无法控制自己的情绪而导致严重后果。

(三)对思维碎片化的系统教育不全

思维是主体(人)对客观事物本质特征和规律性联系的间接的、概括的反映。它是人类认识的理性阶段，能更深刻、更正确、更完整地反映客观事物。人类的思维从不同角度可以划分为不同的类型。以思维的凭借物为维度，思维可以分为动作思维、形象思维和抽象思维。以思维探索问题答案的方向划分，思维可以分为聚合思维和发散思维。以思维的创造性维度划分，思维可分为再造性思维和创造性思维。以思维的目的来划分，思维可分为上升性思维、求解性思维和决策性思维。无论怎么划分思维的分类，都不影响思维的品质。思维的品质主要包括思维的深刻性和广阔性、独立性和批判性、

---

① 黄小星：《考上大学的孩子 85％近视　这个危害不亚于雾霾》，http://qjwb.zjol.com.cn/html/2015-03/07/content_2983083.htm？div＝－1，2017-06-23。

灵活性和敏捷性，但思维的逻辑性是思维品质的中心环节，是所有思维品质的集中体现。

　　大学生的思维发展特点应该是抽象思维逐渐占优势，并由经验型向理论型过渡。大学生对概念的掌握和分类的能力都比较强；辩证逻辑思维迅速发展，但仍明显滞后于形式逻辑思维；对问题情境的思维发展非常快；有了元认知现象；创造性思维发展进入关键时期。一些大学生的创造能力得到了发展，取得了不俗的成绩。例如，从东南大学举办的大学生创新创业成果展示会的历史来看，该学校从 2004 年第一届伊始，至今已经走过十余个年头，由最初的一校展示，发展到邀请省内高校、长三角高校共同参展，展示会已经成为高校科技创新作品同台展出和相互交流，激发大学生创新和创业灵感的平台。2013 年 12 月，东南大学在九龙湖校区举办"第八届大学生创新创业成果展示会"，有 400 余件科研作品及项目成果集中亮相。

　　但是，大学生在思维发展的过程中也出现了一些值得商榷的现象，即思维发展的片面化。有些大学生对待问题的处理表现出思维混乱，偏重形象思维，或者说思维碎片化现象。碎片化，英文为 fragmentation，原意为完整的东西破成诸多零块。碎片化本来指的是由传统社会向现代社会转型的过渡期的一个基本特征，即传统的社会关系、市场结构及社会观念的整一性，从精神家园到信用体系，从话语方式到消费模式瓦解了，代之以一个一个利益族群和"文化部落"的差异化诉求，以及社会成分的碎片化分割。现在，碎片化多是对我们的社会传播语境的一种形象性说法。随着社会阶层的碎片化，为了满足各个阶层的各种消费者的消费行为、品牌选择、媒介接触等需求，各种媒体展开了激烈的竞争，报纸版面无限扩张，专业杂志层出不穷，电视频道日益增多，广播媒体开始复兴，互联网的发展速度更是一日千里。如此迅速而声势浩大的媒介竞争将消费者原有的媒介接触时间、接触习惯完全打破。一个非常突出的问题就是网络新闻为追求时效性进行的频繁更新，这容易造成新闻的"瞬时化"和"碎片化"。一些新闻只能支离破碎地展示新闻事件的各个片断，很难全面深入地体现新闻事件的本质。而这里的思维碎片化，也常常表现为：缺乏归纳能力；强调经验而不是专业；散乱性，无论在学习上还是在各种活动中，不知道各项工作之间的内在联系，不能用简单的方法来把各项工作串起来，只知道一个点一个点地去解决问题，而且没有重点。有些大学生还会思维简单化，出现"当下即是"思维，割裂历史，弱化民族优秀文化。这些问题都给我们系统的思维教育提出了严峻的考验。事实上，我们如今的思维教育是缺乏实效性的。

(四)对意志薄弱者的教育乏力

意志是主体在实现自己预定目的的时候，对克服困难的活动和行为的自觉组织与自我调节。它通常是指主体决定达到某种目的而产生的心理状态，即有意识、有目的、有计划地调节和支配自己行为的心理过程。无意识的本能活动、盲目的冲动或一些习惯性动作都不含有或很少有意志的成分。意志是人的意识能动性的集中表现，是人类特有的心理现象。有些高等动物活动时仿佛有某种带目的性的行为，但是从根本上说，动物的行为是不能达到自觉意识的水平的。尽管它的动作可能十分精巧，但它不可能意识到自己行为的目的和后果。只有人才能有目的地、自觉地行动，在行动中坚定自己的行为。因为人的目的是主观的、观念的东西。动物是没有意志的，它只能消极地顺应周围环境，成为自然的奴隶。人有意志，不仅能够适应外部世界，还可以改变外部世界，成为现实的主人。

意志对行为执行往往有着激励和抑制的功能。当我们对一件事情有着坚定的意志的时候，意志就推动我们达到预定的目的，调动我们的情绪积极去行动。抑制功能是制止不符合预定目的的行动。当我们积极面对一件事情，想要实现目的的时候，肯定面临一些干扰因素，比如，我们想锻炼身体，去学冬泳，我们会坚定自己的决心，推动我们积极去尝试坚持，但又抑制那些可能干扰我们学好冬泳的其他活动。意志不仅组织、调节外部动作，还可以组织、调节人的心理状态。比如，一个人在危险的情境中，克服内心的恐惧和慌乱，强使自己保持镇定，这就表现出了意志对情绪状态的组织和调节。由此可见，意志具有一些重要的特征：意志是有目的性的；意志行动是与克服困难相联系的；意志行动以随意动作为基础，有了随意动作，人们就可以根据目的，组织、支配和调节一系列动作，实现预定的目的。随意动作是意志行动的必要组成部分，是意志行动的基础。

在心理学中，意志往往与认识和情感密不可分。首先，意志与认识是密切联系的，人的意志活动是不能离开认识的，因为人的任何目的都不是人头脑中固有的，也不是主观自生的，它总是人过去和现在的认识活动的产物。目的虽然是主观的东西，但它的来源是客观世界。人的行动目的不是任意提出的，它是受着客观规律的制约的。另外，意志也给人的认识活动过程以巨大的影响。人在认识外部世界的时候有目的、有计划，但往往是伴随着困难而行的，要克服困难，就需要意志相伴。人对客观世界的认识，是在变革事物的过程中完成，而一切变革现实的实践活动都是有意志的行动，都必须受意志的支配和调节。没有意志，就不会有比较深入的、完全的认识活动。其次，情感和意志也是密不可分的。情感、认知和意志是人的三种基本心理活动。从广义角度来看，知、情、意都是一种认知活动，只是各自侧重不同的角度。情感侧重从意义的角度进行认知，意志侧重从行为效应的角度进行认知。情感事实上是一种特殊的认知，情感最初是从认知中逐渐分离出来的，它又反过来促进认知的发展。情感既可以成为意志的动力，又可以成为意志的阻力。人对自己所从事的活动是愿意的、开心的，就会想方设法去做，去实现自己的目的，这个时候的情绪是积极的，是正情绪。而人对自己不愿意从事的活动，就会产生抵触的、消极的体验，是一种负情绪。这会阻碍自己想办法克服困难，甚至因为外部的困难还会夸大困难，产生困惑、焦虑、彷徨乃至痛苦的情绪，动摇和销蚀人的意志。

从意志品质的独立性、果断性、坚韧性和自制力来看，当代大学生都存在着一些必须引起重视的问题。有些大学生遇事缺乏独立性，人云亦云，尤其是在学习上，缺乏自己的独立性，依赖性比较强，遇到困难更是知难而退。一些大学新生在生活上缺乏独立性。现在的学生基本上是在"421"家庭中长大的，在家是万千宠爱集一身，除了学习外，家长们是一包到底，真正的是饭来张口、衣来伸手。到大学后，什么事情都需要自己处理了，他们就感到非常困难，束手无策。一些高校甚至出现因生活无法自理而不得不请保姆帮助，或者退学的大学生。有些大学生面对学习上的困难，不想办法解决，而是逃避学习，最后不得不退学。有的是经不起各种各样的诱惑，缺乏自制力，沉迷于网络世界，患上网瘾。这些都是意志薄弱的表现。如今的大学生心理健康教育在针对意志薄弱这个心理品质的教育方面也是缺乏实战的教育，更多的是隔空喊话，隔靴搔痒，缺乏实效性。

二、大学生人格及其教育存在的问题的原因

导致大学生人格及其教育出现问题的原因是多方面的，也不是一朝一夕形成的。正视造成大学生人格及其教育问题的原因，培养大学生健全人格，引导大学生全面发展，不仅对大学生本人有着重要的意义，而且对整个国家的发展都有着举足轻重的意义。

(一)互联网对大学生人格的影响消解了现实教育的作用

当今时代，由于信息技术的飞速发展，网络的虚拟性、匿名性、自由平等性、开放性、创造性等特点，不仅改变了政治、军事、经济，也改变着语言、传媒方式，更改变着人们的生活方式，也直接影响到当代大学生人格心理的发展。如今大学生网民究竟有多少？准确地说，有多少大学生就有多少大学生网民。因为随着互联网技术的发展，已经没有大学生离得了网络，无论是学校、家庭还是社会，基本上是"无处不网，无时不网，无人不网"。

大学生网民在互联网的影响下逐渐形成了自己的特点，比如，

充分利用互联网学习，这也是大部分学生上网的主要动机。大学生在关注网络新闻、使用搜索引擎来查找学习资料、进行专业学习等方面的时间是越来越多，尤其是高等院校网络课程的发展，以及网络辅助平台、网络视频课程、网络公开课的开设，使得利用网络来学习成为一种重要的学习方式。网络海量的新闻、信息，为学生的学习提供了巨大的空间。

网络的虚拟性、平等性、选择的自由性和空间的超越性，使得有些平时面对具体的人不善于沟通的害羞的学生在网上也大大地发展了自己的情感，扩大了交友圈。但也正是由于网络的虚拟性、身份的隐匿性和网络世界的伸缩性，他们在网上到处交"朋友"，四处有"客"。这一方面助长了他们对现实交友的恐惧感，面对真实的人更难开口；另一方面，由于依赖网络来寻找自己的所谓朋友，却不见得能找到真正的朋友，且既耽误了学习的时间，又遭受不良朋友的影响。他们的认知更加困难，情感发展更加困惑，甚至有的大学生价值观错位。有的大学生逐渐不愿意与现实中的人接触、沟通，而是愿意在网上结交自己认可的知心朋友，遇到什么事情，不愿意相信自己身边的同学和老师，更愿意接受互联网上的一些人给出的所谓事实真相，不愿意相信或者根本不相信官方的报道观点。久而久之，他们表现为猜疑、不信任身边的人，并进而出现现实人际交往困难症状，造成人格上的种种问题。

由于网络游戏的发展，有的大学生的自制力比较差，沉迷于网络游戏，影响到学业的完成，学期末"挂科"无数。有的大学生发展到被学校劝退。而有的大学生由于长期游荡于网络游戏中，从生理到心理都出现了问题，意志力越来越薄弱。有的经受不住网络游戏的诱惑，没有金钱购买所谓装备了，就铤而走险，去偷盗同学的、学校的财物，走上犯罪的道路。

由于网络的隐匿性、信息的海量性，而大学生毕竟阅历少，人生观还在发展中，价值观也在逐渐形成中，面对一些信息的影响，特别是别有用心的一些信息，他们越来越缺乏自信，失去理想。

（二）社会转型期的伦理困境对大学生人格及其教育的影响

当下大学生人格及其教育问题出现的原因，除了传统社会文化中的不健康因素影响外，还受到社会转型中一些伦理困惑的影响。随着当今中国社会的转型发展，特别是由长期的计划经济转向市场经济，人们不可避免地会产生许多观念上的困惑，而这些观念上的困惑直接影响到大学生人格的健康发展。

现代意义上的市场经济不仅是凸显多样性的经济，而且主要是利益导向的经济。市场经济提倡尊重经济主体的为己性，追求最大化利益，要求人们凡事有"经济头脑"，不做赔本的买卖。因此，社会上容易形成普遍化的功利取向和功利追求，产生实利主义价值观念。其实，市场经济还是一种特别强调社会生活公共性的经济，要求有良好的公共生活秩序，要求社会成员都有一种公共责任意识。追求最大化利益，直接或间接地对成长中的大学生产生了较大的影响，使他们在对待个人与他人、个体与社会都没有一种清晰的正确认识，以至于成了一种精致的利己主义者。他们有可能在人与人的交往中不相信他人，唯利是图，一切以利为重。所谓"前途前途，有钱就图"。而公共责任意识需要社会成员有较高的道德人格，既要重视个人的利益，又不能为了一己私利侵犯他人利益和破坏社会公共秩序。

市场经济本身是充满了矛盾的，一方面，它催生公共生活；另一方面，它又破坏公共生活。它要求公共生活的有序性，但又强调私人生活的隐私性，对私人领域极端重视。事实上，由利益导向规定的利益主体的为己取向、实利主义观念、利益多元主义和对待社会的工具化态度，有可能使利益主体忽视，甚至不顾社会生活的公共性，破坏公共生活秩序。因此，蕴含于其中的伦理观念发生着巨大的变化。在市场经济发展中，人们在经济领域的价值观念有了比较明显的变化。利与义的矛盾，公与私的冲突，个人与社会的纠结等，直接影响到每一个社会成员。当然，作为社会发展的未来希望的大学生尤其受影响，他们本身由于阅历、认知的问题，对很多问题还没有一个正确的判断，就面临如此困难的选择。比如，有的大学生只看到了市场经济对利的追逐，没有看到市场经济还是一个讲究诚信的经济，表现在人格上就只看到眼前利益而缺乏远大理想，只重视金钱而忘记了金钱以外的美好的精神追求。有些人为了个人利益不择手段，在完成自己的学业过程中，只求捷径，不想付出汗水，甚至弄虚作假、学术不端；在与人相处的过程中，也不以诚相待。

(三)家庭不良教育对大学生人格及其教育的影响

　　家庭是社会的最小细胞，是教育的起点。我们常说父母是孩子的第一任老师，父母的言行举止直接影响到孩子的成长。比如，我们常这样评价一个孩子：这个孩子像他爸爸，雄心勃勃，有男人气魄；这个女孩像她妈妈，心灵手巧，有女人味。这里不仅包括父母的性格、气质、心态，也包括父母的教育。虽然大学生已经在生理上断乳了，但他们的心理还是需要父母的帮助、教育的，特别在中国目前的教育体制下，家庭教育不当往往严重影响到大学生的人格特点。在中国，虽然法律上年满 18 周岁就是完全民事行为能力人了，但事实上，中国的大学生在经济上是不独立的，而经济是基础，所以其他很多方面都谈不上独立。比如，当下大学生面临就业压力，学生受到的家庭影响是非常大的。在选择专业的时候，有不少学生就不喜欢自己的专业，问其原因，多半是父母帮助选的，甚至是父母直接选定的，而父母在选专业的时候，更多的是根据自己的意愿，或当下经济的发展情况，或未来就业的前景，而没有考虑孩子的兴趣爱好。这种选择是充满了功利性的，再一次剥夺了孩子自己的选择权和独立人格，消解了孩子对所学专业的兴趣，乃至于放弃自己的理想，为了父母而学，为了饭碗而学。本来他们到了大学是想自己的地盘自己做主，结果，不仅做不了主，还逐渐影响到他们的兴趣爱好的发展，影响到对科学知识的追求。有的学生只是混日子，荒废人生，导致人格发展问题越来越多。

　　当今社会发展可以说什么都求快，很多人都在不断追新奇、寻刺激，大学生在感情的发展问题上也受到影响，尤其是家长不良教育的影响。社会上普遍存在"男孩要穷养，女孩要富养"的思想，但就是不重视修养。有的父母在对待大学生的感情问题上，一味要求孩子到了学校"两耳不闻窗外事，一心只读圣贤书"，压抑自己的感情正常发展，一旦知道孩子恋爱了，如临大敌。而有的家长生怕自己的孩子当了"剩男剩女"，过于关心他们的感情，甚至干扰他们的感情，没有原则地鼓励、放纵。其实，大学生对恋爱的事情应该有正确的认知了，但是面对家长的影响，他们不得不掩饰，或者放任自己的感情，影响自己的全面发展。

总之，在大学生的人格问题上，由于家庭教育的方法、观念的不当，不少父母受中国传统宗法思想和纲常思想的影响，一方面，对孩子表面上民主，事实上专制，不尊重孩子的愿望和人格；另一方面，对孩子过分宠爱，缺乏正确的引导教育，一味地迁就、溺爱，不重视培养孩子的责任感，造成孩子在人格形成过程中要么暴躁自大，要么自卑胆怯，情绪不稳定。

(四)学校教育的失误

目前，我们经常会看到"当下中国最大的失误是教育的失误"的相关报道或者文章，特别是每年的"两会"(中华人民共和国全国人民代表大会和中国人民政治协商会议的统称)召开，如果没有谈论教育的提案就被认为是失败的或者不完整的会议。事实上，学校教育在改革开放三十多年来是取得了很多成就，当然，不排除学校教育的失误，而这些失误的确严重，影响到学生的人格发展。蔡元培先生的健全人格教育，认为须有"体育""智育""德育"和"美育"，我们当下的学校教育表面功夫是做足了，但事实上是出现了不小的失误。有人调侃当今高校的某些现象是"所谓大学：管理放牛化，素质流氓化，kiss(接吻)公开化，消费白领化，上课梦境化，逃课普遍化，寝室网吧化，补考专业化，学费贵族化，论文百度化，近视全面化，食堂饲料化，求职梦想化，毕业失业化，就业民工化"。一句话，我们的学校教育从根本上来说，在教育内容的选择和对教育的本质的认识上都出现了不小的失误。

1. 教育内容选择的失误

自中国改革开放以来，我们打开国门，勇于开放，我们积极学习西方的科技、管理乃至各种领域里的发达思想，但是很多时候，我们采用的是全盘吸收，没有选择地学习，当然也受到了西方一些不利于我们发展的思想价值观的干扰，再加上西方有些发达国家别有用心的宣传，使得我们在很多方面丢掉了自己优良的传统教育，我们的教育有时候成了无源之水、无本之木。诚然，我们要有开放的精神，我们要敢于学习一切有利于我们的东西，但是，我们老祖宗的好东西不能忘记了、丢掉了。如今在学校教育中有一种声音："外来的和尚好念经。""一切西方的东西都是好东西。"这是值得探讨的。事实上，中华民族五千年的历史中有着大量优秀文化传统，特别在学校教育方面内容丰富。优秀文化传统内容主要包括以下几方面。

一是重视道德教育的良好传统。中华民族历来有重道义、轻私利的良好风尚，有不以贫贱为耻的"颜回精神"。中国人历来把修身立德作为安身立命、成人为仁的根本。《论语·季氏》中有"不学诗，无以言""不学礼，无以立"，《荀子·劝学》中有"始乎诵经，终乎读礼"。汉代兴办太学和地方学校，大力推广经学教育，也是提倡修身为重，尤其以经学教育为主。隋唐的科举制度基本上就是以经取士了。当然，这里有的东西需要辩证地认识，强调道德修身很重要，人生在世，不仅要有知识，尤其要有道德。一个有高尚道德情操的人，才能干出一番事业，从而有利于自己、家庭和国家，所谓"修身齐家治国平天下"。但是，要注意什么东西都不可过，就如古代哲学中大力提倡的中庸思想一样。中国古代文化思想不仅高度重视道德的价值，而且重视用道德来调节人们之间的关系，使人与人和睦相处。因此，在中国，人情味浓，人际关系融洽。长期以来，由于重视道德的价值，中国社会形成了一种注重个人道德修养的风尚。长期的道德修养能使人本身保持一种浩然正气，胜不骄、败不馁，保持独立人格，并能自觉地正确处理个人与自然、个人与他人之间的关系，使人格逐步达到完善。

二是不崇尚来世，重人文、轻鬼神。孔子常说"不语怪、力、乱、神""敬鬼神而远之"。孔子将鬼神和人事予以明确区分，积极引导人们把关注的视域聚焦于人事。在孔子看来，鬼神属于"天道"的问题，与"人道"相关的人事才是人们在有限生命中应该关注的中心问题。他常说："未能事人，焉能事鬼?""未知生，焉知死?"在他及其后来的思想家、教育家的影响下，中国人尽管也讲"老天爷"，但对上帝、神的崇拜观念非常淡薄。人们更关注人世、社会、宗亲，不盲从天命，不用某种神秘的狂热来服从理性的权威，而是主张用冷静、现实、合理的态度来观察人间实事，把注意力集中于政治伦理和人生修养。尤其是"孔子执信人生不可离开现实和现实的人伦关系，坚持把理想的殿堂建立在现实的人伦世界之中，从而影响了中国文化教育传统，使中国文化具有浓厚的人文色彩，学校教育中一直无宗教的地位"①。就如林语堂先生后来在评价孔子的"中庸之道"思想的时候指出的，正是这个中庸之道，以其"无所不包"的思想内容和追求合乎情理的生活态度，淡化了所有的宗教理论，进而形成了中华民族的非宗教传统。

三是中国古代伦理道德思想积极提倡的刚健、自强的精神。《周易》中所说的"天行健，君子以自强不息""地势坤，君子以厚德载物"是中国古代伦理道德精神的精华。它体现了中华民族的精神，铸造了中华民族的性格。中华民族凭着这种精神自立于世界民族之林。这种自强不息的精神不是随便产生的，而是随着历史的发展形成的。尤其是从地理环境来看，中华民族起源于黄河流域，地理环境确实险恶。如果我们从中心向四周、从北向南来看，它就是一个典型的封闭地形。中间地带本来是中华文化的核心地带，这里虽然幅员辽

---

① 于建福：《孔子的中庸教育哲学》，166 页，北京，中央编译出版社，2004。

阔，但是从来就自然灾害频繁。北方兵荒马乱，向北是难以逾越的蒙古戈壁，更北的是更加难以逾越的西伯利亚原始森林。西北西域地带过去只有少数行商，以及逃亡者和肩负政治、军事使命的朝廷使臣通过。西南的青藏高原是世界上最高大、最险峻的地带，人迹罕至。东边的太平洋对古人来说，是难以想象的恐惧之地。由此看来，地理环境对以黄河流域为中心的中华文化形成了一种隔绝机制。这种特定的自然地理环境，"形成了一种内向的、求稳定的文化类型"①。而逐渐形成的自给自足的小农经济的生产方式，造就了中华民族勇敢、顽强、吃苦耐劳、适应性强的坚强性格。这种自强不息的精神，在我们祖国的建设和发展中做出了巨大的贡献。面对改革开放，我们也要继续发扬这种自强不息的精神。

2. 对教育本质认识的失误

古人云："学校者，造就人才之地，治天下之本也。"一直以来，学校在人们的心目中是一方净土，是传授知识、学习文化、培养人才的神圣殿堂。著名哲学家雅斯贝尔斯在他的《什么是教育》中写道："教育的本质意味着：一棵树摇动一棵树，一朵云推动一朵云，一个灵魂唤醒一个灵魂。"作者用诗意的语言来说明教育是什么。事实上，教育就是要教育者不仅教会学生知识，教会学生锻炼身体，更重要的是教会学生如何做人。做一个什么样的人？就是要做一个适应社会的人，对社会有意义的人。俄国著名教育家乌申斯基说："在教育中一切都应以教育者的人格为基础，因为只有人格才能影响人格，只有人格才能形成人格。"就连17世纪英国资产阶级思想家洛克都提倡一个体、德、智三育兼顾的教育体系。洛克提出，有了健康的体魄后，其次一个主要问题就是要使绅士的一举一动都合乎一个理性动物的高贵、美、善的身份。这其实就是一个德育问题，一个重视人的灵魂教育问题。他还说，一个绅士，如果没有德行，就不会被

---

① 赵亚丹：《浅谈中西伦理思想之比较》，载《内蒙古工业大学学报（社会科学版）》，2001(2)。

人尊重，今生、来世都得不到幸福。教育传授知识固然重要，但培养一个会接受知识、掌握知识并真正运用好知识的具有真、善、美的人更重要。我国著名教育家陶行知先生就曾经说过，德是做人的根本。根本一坏，纵然你有一些学问的本领，也无甚用处。并且，没有道德的人，学问和本领越大，为非作恶的概率也越大。

由于社会的飞速发展，社会的务实功利成为普遍：国家的发展看GDP，各行各业的发展以利益的最大化来评估。教育部门，尤其高等学校的各种考核都以数据来说话。比如，考核教师的业绩以完成哪一级的课题、发表多少论文为准；学生以分数为宝，连人的进步成长都以各种证书来做参考了！现在的大学生为了做好就业的准备，人人都在忙着考试，考取各种各样的资格证。据不完全统计，现有可选择的各类资格证书达300种以上，并且每年出现50种以上新的证书，其中，大多数行业证书是由一些行业主管机构设定的。有的大学生为了毕业后能够找到一份心仪的工作，不顾一切去考试，甚至为了考证不顾自己的基础课学习；有的大学生到了大四，基本上就是去考证了。毕业的大学生手里一般都有计算机等级证书、普通话等级证书、英语证书、第二外语证书、财务类证书及本专业资格证书等。如今，在就业压力越来越大的情况下，各种打着"高、精、尖"旗号的洋证书甫一"入关"便备受关注，微软系列工程师资格认证、加拿大的CGA（注册会计师协会）证书、英国的AIA（国际会计师公会）证书等一系列高级职业资格证书，其过硬的品牌背景让很多求职者趋之若鹜，也逐渐成为人才市场的"硬通货"。"外来的和尚会念经。"洋证书价格也不菲，尤其是一些IT业证书，一般是4000～5000元人民币的考试费，有的甚至更高。当然，对这种考证，我们要辩证地看，但也不要忘记了教育的本质——培养全面发展的人才。有的人手里证书不少，但心里越来越空虚了。证书到手，精神失守，人格的魅力越来越远离自己，教育也就失去了当初的意义。教育越来越成为工厂式的流水生产线，没有了因材施教的教学，一切都是为了市场；更没有和风细雨的教育，一切都是为了就业。学校要拼命应对上级行政部门多如牛毛的检查评估，教师要为了自己的职称工作量而加班加点。而职称评审要与所谓课题挂钩，那就要为了课题而课题，使得研究人发展人的教育科研成为评审职称的敲门砖；评审职称中的托人、走关系、送礼等腐败现象也被不断曝光。而为了发表论文，频频发生的学术不端现象也越来越严重，因为一切以数量为准。学生在这种学术氛围中，有的也开始了走捷径，没有钻研精神，自己的论文也是应付了事，甚至剽窃他人成果为自己的研究成果。

总之，由于教育本质认识的失误，教育的内容、教育的方法、教育的手段甚至教育的途径都已经越来越背弃人的个性心理特征，使得大学生的人格问题也越来越严重。轻者混混学业，重者游戏人生，更严重的就是放弃生命，大学生轻视生命的个案报道已经不是少数了。其实在大学里，学校教育首先就是要老师帮助学生们做好四件事情：①认清自己是谁；②树立正确的观念；③规划自己的成长路线，设定自己的目标；④实施必要的监督。

三、提高大学生人格教育实效性的对策

当下大学生人格发展总体上是正常的，有些大学生出现一些人格及其教育问题也是发展中的正常现象。只要我们不回避，重视大学生人格及其教育问题，那教育一定是有成效的。面对当代大学生在成长中的人格及其教育问题，除了我们的学校、政府、社会乃至家庭积极面对，寻求教育的办法外，更重要的是大学生自我教育的问题。我们要充分重视大学生个体的主体性，引导他们积极正视问题，加强个性修养，尤其是重视道德人格的修养。因为道德是做人的根本，个人的人格与其思想品德密切联系，互相影响，互相制约，而且相互包含。一些良好的人格特征同样也是良好的思想品质。塑造健全人格的过程，也是培养良好思想品质的过程，两者相辅相成，互相促进。

（一）加强个人修养，完善道德人格

苏联著名教育家苏霍姆林斯基曾说过："只有能够激发学生去进行自我教育的教育，才是真正的教育。"所以，注重大学生自信、诚实、谦逊、责任、自律和宽容等道德品格的教育是非常重要的。

第一，自信。自信是一个心理学名词，简言之，就是自己相信自己，相信自己能做到某件事情，能够达到某个目标，也就是个人对自己所做的各种准备的一种积极、肯定的感性评估。它是一种坚定的信念，一种积极的态度。自信是发自内心的自我肯定与相信。自信无论是在人际交往上、事业上还是在工作上都非常重要。只有自己相信自己，他人才会相信你。所以，我们常说自信是闯关的阶梯。要取得成功就得有这样的阶梯，因为信心是事业的大门，没有信心将一事无成。相信自己行，才能大胆尝试，接受挑战。正如季羡林老先生在接受中央电视台主持人白岩松的一次采访时回答的那样，他说："我已经如此老了，但我的道路前方仍有百合花的影子。人生的前方要永远有希望、有温暖才行。"因此，我们要有希望，要有对美好未来的一种自信，努力去实现自己的人生理想。

在现实生活中，我们可以从小事锻炼自己的自信。比如，我们可以练习正视别人的眼睛。眼睛是心灵的窗户，一个人的眼神可以透露出许多有关他的信息。不敢正视别人通常意味着：在你旁边，我感到很自卑；我感到不如你；我怕你。躲避别人的眼神意味着：我有罪恶感；我做了或想到什么我不希望你知道的事；我怕一接触你的眼神，你就会看穿我。这都是一些不好的信息。所以，正视别人等于告诉对方：我很诚实，而且光明正大；我相信我告诉你的话是真的，毫不心虚。在现实生活中，无论坐车还是开会都尽量坐前排去。喜欢坐在后面的人大概都有一种心理——怕"太显眼"。而这种怕，恰恰是缺乏信心的表现。记住，有关成功的一切都是显眼的。所以，坐在前面能建立信心。练习当众发言，提高自己步行的速度，开怀大笑，做自己能做的事情等，这些都有助于提高我们的自信心。

第二，诚实。诚者，真诚、真实；信者，诚实、不欺。诚信者，

诚实而守信也。在中华民族几千年的文明史中，诚实、守信始终作为一种"善德"为社会各阶层所推崇。诚信之光始终普照着人类从蒙昧走向文明，从农耕文明走向商业文明。作为一种道德规范，现代诚信既是对传统诚信的传承，又是对传统诚信的发展和超越。我们在前面说了信心是事业的大门，而诚实就是所有事业成功的基础。诚信是做人的基本准则，是基本的交友之道，是经济活动和商业经营中的基本行为规范，更是保证社会稳定发展的为政之道。要提高我们的人格魅力，诚实最重要。在现实生活中，我们要提高自己的诚实度，一定要学会尊重别人，信守承诺，尽量去了解、帮助别人，宽待他人，培养耐心，守时等。

第三，谦逊。谦逊就是不自大，不虚夸，谦虚，不高傲，认为自己所做的或者所达到的水平与别人比还是很一般的。谦逊是一种美德。人们称谦逊为一切美德的皇冠，因为它将自觉的纪律、天职、义务及意志的自由和谐地融合到一起。古希腊哲学家苏格拉底曾说，谦逊是藏于土中甜美的根，所有崇高的美德由此发芽成长。一个人懂得谦逊就是懂得人生无止境，事业无止境，知识无止境。谦逊意味着我们要对自我有清醒和实在的认识。谦逊的人能够承认自己的优点和能力，能够接受赞扬而不忘乎所以，发自内心地尊重他人，真心诚意地想要为他人服务。谦逊使我们有信心来接受和承认我们犯下的错误，去道歉，去倾听，去对我们生活中的美好心怀感激，去宽恕身边的人不可避免地会犯的错误。谦逊不是自卑、自怜或羞怯的证明，更不是软弱。谦逊的人对自己的能力和成就采取诚实的态度，不需要依靠外人的评价来抬高自己。谦虚待人，是事业获得成功的法宝。①

第四，责任。一般来说，责任就是指应尽的义务；分内应做的事。或者说，责任是对过失应承担的后果。在现实生活中，我们强

---

① 谭德礼：《论人的全面发展与健全人格教育》，载《贵州教育学院学报（社会科学）》，2005(6)。

调的责任是一种系统，它包括责任意识、责任能力、责任行为、责任制度和责任成果。也就是说，有责任表现出"想干事""能干事""真干事""可干事"和"干成事"。台湾著名国学大师耕云先生在台北和北京多所大学里讲演时反复强调的一句话就是"活在责任和义务里"。他一再告诫学子们：每个人都是社会的一分子，要尽到对社会的责任和义务；每一个人同时又是家庭的一分子，也要尽到对家庭的责任和义务。他说，如果我们每个人都能对社会和家庭尽到应尽的责任和义务，那么我们这个社会就少了许多纷争和掠夺，少了许多奸险和罪恶，而多一些安定和祥和。①

第五，自律。自律是指在没有人现场监督的情况下，通过自己要求自己，变被动为主动，自觉地遵循法律制度和道德规范，拿它来约束自己的一言一行。自律是自己告诉自己该怎么做，按什么规范来做，具有充分的主动性特点。孔子曾说："见贤思齐焉，见不贤而内自省也。"看到德才高的人要主动向人家学习，争取赶上他；遇到不贤良的人和过失的行为，要自觉对照检查自己，看是否存在类似的缺点，有则改之，无则勉之。自律可以使我们在面对损害别人的自由和权利以满足私利的诱惑时做到坚定不移，不为所动。我们通过自律养成好习惯。面对诱惑，我们不会迷失自我，不会偏离正轨，因为自律就是以自制来告诉我们生活中孰轻孰重，并在冲突的欲望中，以富有洞察力的，没有偏颇的方式来做出正确选择。"黄金定律"哲学的创始人奥格·诺狄曼曾说过："一个人除非能够控制自己，否则无法控制别人。拒绝或忽视自制力的人，实际上是把机会送掉，最糟糕的是，他们并不知道错过了这些机会。"② 所以，我们要把自律当成一种目标，自己向自己的借口开战。做任何事情，我们把眼光放远一点，尽可能地想到结果，追求结果，坚持下去。

---

① 殷涵：《人生的五项修炼》，123 页，北京，中国民航出版社，2003。

② ［美］奥格·诺狄曼：《砺炼完美人格》，周文华译，240 页，西安，陕西师范大学出版社，2002。

第六，宽容。宽容是一种良好的心理品质。即允许别人自由行动或判断；耐心而毫无偏见地容忍与自己的观点或公认的观点不一致的意见；宽大，有气量，不计较或不追究。"宽容这种美德让我们不要非将自己的观点强加在别人身上或不公正地限制他们的自由……宽容的第二个方面是欣赏人类丰富的差异，欣赏来自于各种背景、人种、宗教、国家和文化的人们的许多正面的品质和贡献。"①宽容是人性中最美丽的花朵，宽容是心理养生的调节阀。在现实生活中，人与人的交往总会遇到被误解、受委屈的事，面对这些，最明智的选择就是学会宽容。宽容是一种非凡的气度、宽广的胸怀；宽容是一种高贵的品质、崇高的境界。它不仅包含着理解和原谅，更显示着气质和胸襟、坚强和力量。一个不会宽容、只知苛求别人的人，其心理往往处于紧张状态，从而导致神经兴奋、血管收缩、血压升高，使心理、生理进入恶性循环。

塑造健全的人格，除了自信、诚实、谦逊、责任、自律、宽容等要素外，还有智慧、创新等美好品德的培养。当代大学生要实现人的个性自由和全面发展，必须坚持自觉的人格健全教育。只有拥有健全的人格，人才可能获得全面发展的理想空间。

(二)重视心理健康，培养健全人格

大学生人格问题教育除了从道德修养、培养良好的道德人格方面入手外，从心理健康教育的角度，加强心理健康教育也是非常重要的。而加强心理健康教育也要注意有效性。

1. 提升自我意识，完善自我认知

自我意识是对自己存在的觉察，也就是自己对自己，以及自己对周围世界关系的认识、体验和评价。自我意识对大学生的成长和发展具有重要作用。我们说一个人要面对现实，认清自己，确定自己的奋斗目标，建立合适的理想自我，事实上就是在建构自己理想

---

① ［美］米歇尔·博芭：《如何培养孩子的德商（MQ）——教孩子正确行事的七大美德》，顾大僖译，211 页，北京，中国发展出版社，2002。

的人格。所以，认识自我、评判自我，就是在悦纳自己、接受自己，乃至控制自己和超越自己。处于青春期的大学生在自我评价中总有不撞南墙不回头的固执、走极端的现象，或者有的在遇到什么问题没有解决好的时候又会全盘否定自己，看不到自己的长处。所以，我们提倡大学生面对这样的困境要建立多元的自我概念，全面认识自己，不能以一时一事论成败；要学会比较，建立合理的比较体系，主动与自己以前比，与他人比；或者让别人做出评价。经常自我反省，也是非常重要的自我体验。大学生还可以在具体的活动中来评判自我，认识自我，在活动开始、过程和结束时都做分析，从自己每一次行为的动机、态度、表现、结果来分析自己。

2. 完善人格品质，优化人格整合

实现心理健康的根本目的就是要培养健全的人格，增进自我力量。人格包括气质、性格、能力、动机、兴趣、信念、理想和人生观等内容。人格反映了一个人总的心理面貌，是相对稳定的具有独特倾向性的心理特征的总和。要培养良好的人格品质，一般来说，就要优化人格结构和努力学习科学文化知识，防止人格发展中的"过犹不及"，也就是我们一再提到的要有中庸思想。要做到：理智而不冷漠，多情而不滥情，活泼而不轻浮，豪放而不粗鲁，坚定而不固执，勇敢而不鲁莽，稳重而不寡断，谨慎而不胆怯，忠厚而不愚蠢，干练而不世故，自信而不自负，自谦而不自卑，自尊而不自傲，自爱而不自恋，果断而不冒失。

3. 注重人际交往，营造良好关系

人际交往也称人际沟通，是指个体通过一定的语言、文字或肢体动作、表情等表达手段将某种信息传递给其他个体的过程。人际关系是人与人在相互交往过程中所形成的关系。人与人的交往关系包括亲属关系、朋友关系、学友（同学）关系、师生关系、雇佣关系、战友关系、同事关系等。人际交往是人际关系实现的根本前提和基础，也是人际关系形成的途径；而人际关系则是人际交往的表现和结果。只有通过成功的人际交往才能建立良好的人际关系。大学生建立良好的人际关系对其学业进步、人格完善有重要意义，所以，大学生要积极调适自己的人际关系，学会积极的人际交往。"己所不欲，勿施于人"的宽恕感是人际交往的最高原则。"仁、义、礼、智、信"的具体交往标准虽然是古人的价值理念，但是，在现代社会中，同样只有遵循相互尊重、彼此真诚、适时宽容、合作双赢、互相理解、平等相处、信用共事的交往原则，才能建立良好的人际关系。克服社会认知偏差，比如，首因效应、近因效应、刻板效应、定式效应等错误的认知偏差，尽力客观地、实事求是地评价他人和事物。当然，要与人相处融洽，还要处理情感上的一些障碍，比如，克服自负心理和自卑心理，克服嫉妒心与戒备心理，学会控制自己的情绪。

大学生的人际交往还要有一些技巧，除有积极、自信的良好个性外，还要学会：尽可能地满足他人自尊的需要，学会记住别人的名字和一些私人信息，以表示重视对方；讨论对方感兴趣的话题，以尊重对方，做个好听众；加强与他人的密切关系，学会给对方一些"特殊待遇"，适度地自我暴露，请求对方帮个小忙。这些都是非常重要的使人际关系密切的方法。

总之，大学生自己要学会心理调节，促进全面发展。在成长的过程中出现一些心理问题是非常正常的，就如我们平时会感冒生病一样。我们要学会有效地自我调适，培养良好的兴趣和爱好，坚定自己的理想，健全自己的思维，发展自己的情感，锻炼自己的意志，必要时还可进行一些专业心理咨询和治疗，把自己交给社会，参加社会活动，与同学们和谐相处，保持良好的人际关系，积极地寻求社会支持与帮助，快乐成长。

(三)在自我评析中锻炼积极的认知能力

如今，我们要在具体的教学实践中针对大学生在成长中的人格及其教育问题，引导大学生不仅学习相关理论知识，更重要的是结合相关心理健康知识，对照自己的情况进行体验式分析，帮助他们学会自我认知，克服相关问题。我们知道，大学生中出现严重人格问题的毕竟是少数，但绝对是不容忽视的。即使感觉自己一点问题也没有，仍要有预防意识。如果自己觉得自己有问题的，鼓励他们或私下小范围交流，或公开谈论，由大学生来分析，这样，他们感觉收获很多。有的大学生还主动写成小论文来分享，然后老师点评。这里附上三篇小论文。

我为什么抑郁

董××（广东××大学 2014 级经济学 3 班）

【案例描述】良好的学习环境，衣食无忧，可"郁闷"始终成为我的口头禅。我时常会思考"我为什么郁闷"，所以借此次作业机会，我想对自己来一次剖析。

1. 由于环境的改变，自己出现了矛盾、困惑心理

从高中进入自主学习的大学，这其中有个适应过程。在这个适应过程中，我出现了"水土不服"，没有规划好自己的生活，没有让自己尽快确定学习目标和树立远大理想。高中时教师为了激励我们刻苦学习，总爱把大学描绘成一个"人间天堂"，学生也将考大学作为唯一的和最终的目标来激励自己在高中埋头苦读。但我进入大学校园后，突然发现事实并非如此，这种心理上的落差难免会使我产生对现实的失落感。

2. 没有把握好"自由"的度

相信很多大学生像我一样，在高中时受够了严厉的管制，总认为学校和老师侵犯了我们的自由权利。我们真正有了自由时，却发现一下子从中学的严格管教中"松了绑"，又不知如何安排学习，以致心中忧郁、焦虑。这就出现了逃课、网络依赖、熬夜等不利于我们健康成长的现象。

3. 陷入"期末考试"现象的旋涡

"临阵磨枪，不快也光。"学习效率最高的时期非期末复习备考莫属。期末考试前临时抱佛脚，在校园里已形成一种风气，也是我备考的不二法门。因为我平时或玩乐，或忙于各类社团活动，花在学

习上的时间确实很少，所以基本上是等到期末考试前才开始匆忙准备复习的。考前压力大，心理恐慌，严重时整夜失眠。所以我认为，将平时成绩所占总评成绩的比例提高一些，会使临时抱佛脚的备考方式有所改变。学生平时的到课情况、听讲情况、课堂反馈情况、作业情况、思考情况等都是衡量标准。这样可以淡化应试目的。

4. 人际交往困难：想要交往又怕交往

我在与他人交往的过程中，发生一些摩擦、冲突和情感损伤时，会引起我的孤独感，从而产生压抑和焦虑。因为我的语言表达能力较差，害怕与他人沟通思想感情，我把自己的内心情感世界封闭起来，所以，经常处于一种要求交往而又害怕交往的矛盾之中，这很容易导致我孤独、抑郁或自卑。

5. 自我意识的模糊与困惑：我怎么处处不如人

我对如何发挥自己的优点和克服缺点感到迷茫。看到班上有些多才多艺、能力较强的同学，觉得自己一无是处，事事不如人，产生自卑心理。我知道自己的不足，但又不知道如何突破自己。我并没有形成关于自己的稳固形象，自我意识还不够稳定，看问题往往片面、主观，加上心理的易损性，一旦遇上暂时的挫折和失败，往往灰心丧气、怯懦、自卑。而且我对周围人给予的评价非常敏感和关注，哪怕一句随便的评价，都会引起内心很大的情绪波动和应激反应，以致对自我评价发生动摇。

6. 太特立独行，不懂团结协作，责任心不够

家庭背景等因素造就了我做事情喜欢单干的性格特点。我总以为很多事情要经由自己的手才放心，不轻易相信别人，所以我一直信奉陶行知的"滴自己的汗，吃自己的饭，自己的事情自己干。靠人靠天靠祖宗，不算真好汉"。这种做法虽然高效，但往往容易导致决策失误。所以，只有懂得团结协作，才能把事情真正做好，同时也能搞好人际关系。在人际交往中，很多时候，我并不是不够能力做某一件事，而是不愿意这些事占用自己太多的时间和精力。

7. 在与异性的交往中始终难以踏出第一步

相信很多人和我一样有同样的问题：在与异性的交往中始终难以踏出第一步。我认为造成这个问题的原因有很多，例如，男女授受不亲的传统观念，学校严抓男女生交往过密，人们不敢表达自己的真实情感等。但不管怎样，正是这些不健康的观念阻碍了男女生的正常交往。在我看来，与异性的交往须建立在"自然"与"适度"两个原则的基础上，还应具备真诚的交往态度。在交往过程中，应做到坦荡无私，以诚相待。有位作家曾经说过：友谊最怕的是什么？友谊最怕不真诚。有了真诚不一定就有友谊，但没有了真诚就一定会丢掉友谊。相互信任是建立异性之间真诚友谊的基础，因此，与异性交流必须真诚，不能靠欺骗和隐瞒的手段去获得友谊。那样的话，即使获得了友谊，也是不能长久的。

8. 与异性交往有来自父母的压力

记得我父母在我上大学前千方百计地阻挠我早恋，当发现我有早恋的苗头时，父母表现得惊慌失措，如临大敌，仿佛一旦我早恋，成绩就会下降，就会考不上大学。因此，他们经常叮嘱我要以学习为主，不要考虑其他影响学习的事。然而，当我真正踏入大学校园时，我父母关注的点仿佛来了个大转弯，时不时地问我有没有女朋友，甚至列出谈恋爱的种种好处。例如，恋爱可以成为学习的调剂和促进两个人进步的动力；两个人一起商量考研；大学的恋爱很浪漫，没有金钱困扰，没有世俗的虚伪，是比较真挚的、单纯的，工作之后谈恋爱就少了很多单纯，多了很多物质考虑；恋爱是人与人的密切相处，这种相处会暴露出一个人的缺点，还有对方的缺点，在相处中会让彼此学会修正自己，包容别人，会促进两个人的成长；甚至说出"穷人的孩子早当家"的惊人言论，大有逼婚之势。

大学就是人真正走上社会的过渡期，也有人称之为"小社会"。我相信，对自身的心理问题的剖析能让我知道自己的不足，让我在大学期间通过自己的努力扬长避短。只有这样，我才能在社会上真正立足！就像孟子所说："故天将降大任于斯人也，必先苦其心志，劳其筋骨，饿其体肤，空乏其身，行拂乱其所为，所以动心忍性，曾益其所不能。"毕竟，在尊重客观规律的前提下，也要充分发挥人的主观能动性。

【案例分析】该同学的自我分析是比较全面的，虽然文笔较嫩，没有那么多深奥的理论知识，但态度真诚，认识比较深刻；虽然看起来只是在谈情绪"抑郁"，事实上对大学生人格的困惑问题——新生适应问题，包括大学生的自我意识问题、人际交往问题和情感恋爱问题，进行了栩栩如生的描述和分析，让人看到了当代大学生敢于正视自己在发展中遭遇的心理问题，而且是可以解决的积极态度。就如作者说的那样，通过对自身心理问题的剖析，知道了自己的不足，在以后的日子中扬长避短，才能在以后的社会中真正立足，迎接"天降大任"。

挥别迷茫，梦想不坠落

朱××（广东××大学 2014 级经济学 3 班）

【案例描述】经历了黑色六月的洗礼，我终于迈进了期待已久的大学殿堂。大学的确是一片崭新的天空，这里的生活有着与高中时代截然不同的自由自在，多姿多彩，但这并不是事实的全部。这里是知识的圣殿，却非梦想的乐园；这里机会与挑战并存；这里希望与困难同在。摆在我们大学新生面前的，是一个新生活的适应期。这是走进大学校园要上好的"第一课"。

挥别大学新生活的迷茫，调整好心态，这是我必须面临的挑战。我很幸运，在解决这个问题的过程中，我遇到了很多人。或许他们没有直接地引导我，但他们平时表现出来的对生活的积极、乐观的态度，在课堂上传授给我们的观点、经验，深深地影响了我，其中也包括我的心理健康课老师谭老师。

1. 我的迷茫与失落

与千千万万的大学新生一样，刚好 18 岁的我在还未踏进大学这方圣土之前，心中有着无限的豪情壮志。在我的想象中，大学应该是最接近梦想的地方。我想好好珍惜并规划好这四年的时间；我想学有所成，可以回报父母，回报老师，回报社会；我感觉我自己充满了无限的生机活力，"堕落""迷茫"这些词不会在我的世界中存在。

可是，来了学校之后发现，我的踌躇满志全都败给了现实。我无法很好地适应新生活，为此经常迷茫和失落。

第一，生活环境的不适应。在我的想象中，大学应该是有布置有序的石桌石凳、明亮的多媒体教室、笑声朗朗的宿舍、学识渊博的教授、多才多艺的同学、振奋人心的讲座、丰富多彩的业余生活等。可是真正来到大学的时候，我觉得大学生活不过就是宿舍、食堂、教室、图书馆四点一线的单调生活，而且学校硬件设施也没有我想象中的那么好，食堂伙食质量低下。这让我有很大的心理落差，觉得大学生活没有那么美好。

第二，学习方式的不适应。在大学，每天固定的上课时间减少了，更多的是自由安排的时间。而且，大学的老师不像高中的老师一样时时监督我们学习。于是，我变得懒散了，对学习的热情也不高了，或者说，我找不到目标，不知道该怎么学。我也知道这样不对，可是又无力改变，为此更加烦躁和失落。

第三，人际交往上的不适应。在没进大学之前，我在学校的表现一直很好，成绩也很突出，老师、同学也一直很喜欢我。那个时候，我感觉自己有很大的存在感。可是来大学后发现，这里的人都是那么优秀，甚至很多都比我优秀，大家都是闪光点，我突然觉得自己很渺小，很自卑。为此，我开始没自信，不知道怎么与他们交往。我加入了两个社团，有时挺忙挺充实，也学到了很多东西。可是，由于我本性比较内向，所以平时话也不多，大家玩游戏的时候，我感觉无法融入他们。

2. 直面问题，挥别迷茫

尽管面对着如此多的不适应和迷茫，我还是想拥有一个有意义的大学生活。同时，我很幸运，在解决问题的过程中，我遇到了很多愿意帮助我的人，我也找到了解决之道。

首先，正确认识自我，进行自我调适。在辅导员的引导下，我明白了大学新生一方面要明确大学教育的培养目标；另一方面要重新认识自己和周围的人，调整自己的心态，确立自己在班级、学校的新角色、新位置。要摆脱以自我为中心的思维方式，学会相互宽容、相互尊重，逐渐学会设身处地为他人着想，坚持公正、坦诚地对待他人。只有这样，才能建立起良好的人际关系，才能使我们真正社会化，才能在以后的社交中做到如鱼得水。

其次，师兄、师姐、老师、同学对我也有很大的帮助。师兄、师姐们会主动来与我聊天，跟我分享他们的经验。他们每一个人都有自己的经历，所以或多或少都会有他们的见解和建议，毕竟是过来人。因此，我也感染了他们的那股斗志，开始重拾希望。在曾老师的大学生职业生涯规划课上，我印象最深刻的就是他说我们一定要拥有一个好的心态，而且他言传身教。这又很激励我，好的态度真的很重要。而第一次上谭老师的课的时候，我像是看到了荒漠中的一泓甘泉。老师很有活力，上课很有激情，为人也很好，而且传授的东西对我们大学新生有很大的引导作用。我很感谢他们，他们让我重新找到目标。

最后，书籍给我做了精神洗礼。在高考前、高考后至现在，我最喜欢的就是韩国一位作家的一本书——《因为痛，所以叫青春》。这本书是面向韩国迷茫的青年写的，但我觉得他对中国青年也适用。它讲述了很多我们在现实生活中会遇到的问题，也很好地指引了我们如何去面对、抉择。每看一次，我都会感觉被注入了新的战斗力。

这是我的亲身经历，可能在表述上没有那么完美，所以还请老师见谅。大学是人生中最美好的时光，同时也是对今后人生发展影响最大的一段特殊时期。我想好好适应新生活，挥别迷茫，实现我的梦想，不让它坠落。我想，我一定可以拥有一个理想的、有意义的大学生活。

【案例分析】该同学应用有关大学生心理健康教育的知识分析自我成长中的迷茫问题，事实上也谈到了大学生面对新环境如何认知自我，调整自己的心态，为自己树立新的目标，也就是要有人生新规划的问题。一般来说，刚刚进入大学的学生都有一个重新定位的问题，而这个问题解决不好，往往直接影响到他们人格的发展，有可能导致他们出现人格问题，不知道自己是谁，以后的方向是什么，如何学习，怎么认识社会，树立正确的观念等，在与过去、与他人的比较中渐渐产生自卑感、迷茫，久而久之就会紧张、恐惧，甚至失眠。该同学及时认识到了自己的问题，积极寻求辅导员、师兄、师姐、老师的帮助，尤其是主动学习相关知识对自己进行自我认知，了解自己，为自己树立奋斗目标，告别迷茫，重新起航。所以，高校学校新生教育再一次让我们对教育的本质有深刻的认识，也让我们意识到一定要在成长的路上，对学生做好四件事情：①引导学生认识自我，为自己树立奋斗目标。因为理想是灯塔，没有灯塔，人是迷茫的。②引导学生学习、研究问题。③大胆让学生观察他人和社会，树立正确的价值观。④引导学生学会与人相处。人是群居性动物，一定要学会沟通。

从自卑中走出来

张×（广东××大学 2014 级经济学 3 班）

【案例描述】我来自广东省外的偏远山区，初到广东××大学的前两周，我产生了强烈的自卑感，且害怕与人交往。因为我对电脑一点也不懂，目前也没有电脑，但发现好多地方都需要用到电脑，而且其他同学都会电脑，包括少数几个没有电脑的同学。只要一涉及电脑，我就感觉自己像个白痴。还有，我的英语口语、听力比其他同学差很多，这让我觉得很失落，觉得差距太大了。我发现自己需要学习的东西太多了，大学并不像高中想象的那么轻松，也并不是考上大学就万事大吉了。加上家里经济不好，这里的消费明显比高中高出很多，让我觉得很对不起父母，花了那么多钱来上大学却什么都不懂、都不会。我更害怕学习不好，害怕"挂科"让父母伤心，所以，我产生了强烈的自卑感。刚来学校的前两周，我每天都很少说话，闷闷不乐，喜欢一个人待着，害怕与人交往，怕别人笑话我对电脑一点也不懂、英语又差。直到第三周，以前的好友对我说："你打算四年都这么度过吗?"她的话惊醒了我，让我明白我不能再自卑下去。同时，通过那次对她的倾诉，她还让我知道要善于与人交往。她说："到了越大的地方，感觉差距大是正常的，但要缩小差距，只有靠自己努力。不要把自己封闭起来，不懂的就问，同学、老师都不会笑话你的。"那之后，我开始多和同学交流，选择相信他们，不懂的就问同学、问老师。他们也确实很善良、热情，不但没有笑话我，还愿意帮助我。现在的我，已不再是入学前两周自卑、不敢与人交往的我，因为我知道自卑是不能解决问题的。大学就是一个不断发现自身不足、不断完善自我的地方，我应该正视自己，接受自己。同时，我也开始摸索适合自己的学习方法并给自己制定了目标，这样我就不会迷茫了。而且，我也相信自己，只要我努力学习，总会缩小与他人的差距，有所收获;我相信，只要我热情、真诚地与大家交往，就会和大家成为好同学、好朋友的。所以，现在的我已经摆脱了自卑，再也不害怕与人交往。

1. 自卑的原因

我们经济上很难独立，掌握的只有无法转换成金钱的理论知识。学习生活环境的剧烈变化，理想与现实的冲突，家庭的殷切希望，贫困的干扰，让我产生了自卑心理，同时不愿与人交往。

2. 解决方法

第一，完善人格。良好的人格品质首先应该正确认识自我，培养悦纳自我的态度，扬长避短，不断完善自己，采取理智的应对方法，化消极因素为积极因素。第二，加强交流。交流是双方的交流时，不仅可以把自己想倾诉的告诉他人，同时也能从他人那里吸取经验和教训，或者消除彼此间的误会、矛盾等不安定因素。第三，确立目标，规划未来。人生，需要启明灯。没有目标，没有规划，极易走弯路，造成不必要的损失。树立目标、做好职业规划是避免迷茫、颓废的良策。第四，培养自信，克服羞怯与自卑。自信是成功的基石，在人际交往中，自信不可或缺。充满自信的人才能在交往中游刃有余，人际交往成功且有效。要克服自卑，就要学会坦然地面对人际交往，不怕失败，不怕被人讥笑。要重视第一次成功的社交经验，以此增强对自己社交能力的信心，从而走上良好的人际交往循环之路。第五，信任。在人际交往中，信任就是信任他人的真诚，从积极的角度去理解他人的动机和言行，而不是胡乱猜疑、相互设防。信任他人必须真心实意，而不是口是心非。第六，热情。在人际交往中，热情能给人温暖，能促进人的相互理解，能融化冷漠的心灵。因此，待人热情是沟通人的情感、促进人际交往的重要心理品质。

【案例分析】大学生的自卑原因不管有多少，但最终一定要引导他们积极面对，尤其是当今社会虽然经济发展了，但贫富分化是不能不引起重视的问题。高校新生中有不少来自贫困家庭的，他们上学靠贷款或者亲戚朋友的帮助。老师要引导他们树立自信心，让他们认识到贫困不是自身的原因，更不是自卑的理由；引导他们积极寻求社会、学校相关部门的帮助，树立理想，健全情感发展，培养自己的坚强意志，克服经济上的困难，更要克服精神上的困难，阳光生活，不怕别人笑话。学生自己也要真诚待人，相信困难是暂时的，努力必将改变一切。

该同学在比较短的时间内就能从自卑中走出，是值得肯定的。因为她能够主动求助，这也是我们心理健康教育中一个重要的原则：遭遇问题，要主动寻求社会、他人的帮助。而且，她能够结合心理健康的相关知识进行自我认知，运用相关知识为自己处理好人际交往中的困惑，克服自卑情绪。我们还要祝愿她在以后的学习生活中更加坚强，克服困难，实现自己的奋斗目标。

第四章

大学生学习心理教育的实效性

学习心理主要是指学习者在学习过程中产生的心理现象及其规律等。大学生学习心理是大学生在完成大学学习过程中产生的种种心理现象及其规律。如今，随着信息技术的飞速发展，社会竞争的加剧，大学生的学习面临更多的挑战和机遇，表现出各种各样的心理现象，有的是值得发展的，但有些就必须加强教育、引导，使他们更好地完成学业，进一步创造性地学习，全面发展。

一、大学生学习心理及其教育存在的问题

传统观点认为，智商高的学生能取得好成绩，智商低的学生很难取得好的成绩，但事实往往并非如此。在日常教学中，我们往往会发现一个很奇怪的现象：一些学生明明智商很高，但是每次考试的成绩都不是很理想；一些学生智商不高，甚至给人愚钝的感觉，但是每次考试成绩出乎意料的好。究其原因，就在于学生对大学的学习方法能否接受，以及能否保持健康心理，这跟个人智商的高低并无太大关联。就如我国著名的心理卫生学家陈家诗教授所说："心理健康的学生，成绩优于心理不健康者；心理健康的成人，其工作效率必胜于心理不健康者。"良好的心理，健康的情绪，有利于提高

大学生学习的效率，促进大学生潜能的激发。相反，不健康的心理则会弱化学生的学习效率，抑制其潜能激发，甚至会进一步影响到生活的各个方面。[①]　大学生的学习心理及其教育的问题主要有以下几个方面。

(一)教育的非普遍性与厌学心理的存在

厌学是一种典型的心理疲倦反应，是学生对学习感到厌倦的心理现象。目前，厌学现象在大学生中较普遍，其主要表现是：对学习没有兴趣，课前不认真预习，课后又不及时复习，对老师布置的作业敷衍了事；注意力不集中，上课经常开小差；视学习为负担，把学习作为一件痛苦的事情，经常逃课或者旷课。这样导致学习的效率越来越低，考试成绩也越来越差。

特别要注意的是，我们通常会有个误区，认为只有成绩差的学生才可能厌学，但是在现实中，也有部分"尖子生"，大家公认的学习楷模，也会有厌学的心理产生。由于长时间的学习压力，加上不会放松和调节自己的情绪，一些学生慢慢发现自己的学习越来越吃力了，需要付出越来越多才能稳住，最不能接受的是自己的学习成绩有慢慢下滑的风险。于是，他们会想尽一切办法来提升自己的学习成绩，但是他们发现自己上课时的注意力越来越不能集中，在教室就是一种煎熬，慢慢地，只要一想到学校，他们就会难受，他们便开始讨厌学校，讨厌学习。

(二)教育的无助性与自卑心理的存在

自卑是一种消极的自我评价或自我意识，是一个人对自己的智力、学习能力及学习水平做出了偏低的评价，认为自己不如别人，带有悲观、失望的情绪，是一种缺乏自信心的行为表现。

学习自卑心理现象在后进生中普遍存在，这类学生有的本身学习成绩太差，又不肯努力学习，结果长期在班级排名垫底，久而久

---

①　杨利民：《高职学生学习心理特点分析及教育策略》，载《宿州学院学报》，2005(3)。

之，也就没有学习的动力。另外，有一部分学生虽然平时看似努力学习，但是由于学习方法不当等因素，成绩总是提不起来，最终，他们也丧失了进取心。还有大量学生，面对社会上用工单位普遍存在的重学历、轻能力的现象，往往一张学历证书就难倒了他们，使得学校教育非常乏力。一些学生由于考上的是本科三批院校，在当今激烈的就业竞争市场中，绝大多数用人单位都要求本科以上学历，对名牌院校毕业的大学生更是青睐，这也造成这些学生在学习过程中产生自卑心理，总觉得即使学习再好也是低人一等，对自己的能力缺乏自信，因此，他们放松学习，严重的还导致不能毕业。

(三)教育的短视性与懒惰心理的存在

从心理学的角度来看，一个人之所以懒惰，是因为缺乏目标。我们现在的教育缺乏终身教育的目标，往往是为了升学考试而教育，不是为了一个人的全面发展而终身教育、终身学习。很多大学生从小学开始，就一直为了升学目标而努力学习：小学时为了考上好的中学而努力；中学时为了考上好的高中而努力；上了高中之后，更加努力学习，为的就是能考上理想的大学。上了大学之后，他们突然发现没有了升学的压力，瞬间失去了目标。大学宽松的学习环境让他们放松了警惕，再加上大学多姿多彩的日常生活、社团活动，也容易使他们迷失自我。目的不明确，学习动机不高，使他们变得越来越懒散。

(四)教育的积极引导不足与焦虑心理

焦虑是指一个人的行为遇到实际或臆想的挫折而产生消极不安的情绪体验。它是由多种感受交织而成的。焦虑可以分为低度焦虑、适度焦虑和高度焦虑。心理学研究表明，适度焦虑在学生学习的过程中能起到有利的促进作用，而低度焦虑和高度焦虑不利于学习。焦虑过度会使学生感到惶恐、紧张、内疚及失落，而焦虑不足可能会使学生止步不前、颓废、低迷、垂头丧气。造成焦虑的因素有很多，可能是由于自尊心受到伤害，可能是经历了挫折与失败，也有可能是心理受到了虐待，不安、紧张、忧愁、烦躁、恐惧等情绪混杂在一起，最终形成焦虑状态。

(五)教育的不当与逆反心理

逆反心理是指行为主体按照特定标准或社会规范对人们进行引导和控制时，客体产生的反向心理活动。通俗来讲，就是一种"你叫我向东，我偏向西"的对着干的心理。大部分学生在进入大学前受父母、教师的管教和约束，在进入大学后，他们意识到自己的独立愿望终于实现。他们强烈地要求改变以往被束缚的状态，独立地安排自己的学习和生活，因此，他们对学校和老师采取的许多教育措施无动于衷，对老师传授的知识也毫无兴趣，对同学的热心帮助不予理睬，对家长的教诲加以排斥。另外，教师对待后进生与优等生的双重教学标准、教学方法的单一等因素，也是学生逆反心理产生的主要原因。学生逆反心理一旦生成，就会对学生的学习成绩及自身综合发展产生不良影响。

(六)教育情感的缺位与情感困惑心理

在初中、高中阶段，迫于学习的压力，家长、学校的阻挠，以及同学们异样的眼光，大部分学生会把学习作为第一目标，把对异性的情感封锁起来。而在大学中，由于大学生大多是成年人，父母和老师不再阻挠学生谈恋爱，部分家长甚至鼓励学生寻找对象，这使得大学生追求异性的情感瞬间得到释放。虽然大学生已经是成年人，但一时难以脱离中学时的稚气，缺乏承受挫折的能力，特别是在谈恋爱受到挫折时，容易出现悲观的心理问题。此外，部分女大学生在接触社会的过程中受到一些畸形的风气和价值观的影响，形成了扭曲的价值观，导致她们上学期间不思进取，追求奢侈、糜烂的生活，沉迷于化妆打扮、吸引异性。在当前大学中，谈恋爱已经成了在校学生日常生活的重要组成部分。但与此同时，也出现了一些问题，影响着大学生的学习生活。在这个方面，学校教育和家庭教育往往是表面化的，甚至是缺失的。

(七)社会不良风气造就读书无用心理

富兰克林说过："倾囊求知，无人能夺；投资知识，得益最多。"

富兰克林的话无非就是想告诉我们"知识即财富",但目前的形势偏偏让"知识"与"财富"不成正比。"知识"在大幅度地贬值,贬得让那些本想通过读书改变命运的家庭泄了气。特别是对那些农村大学生家庭来说,更是如此。试想,父母是纯从土地刨食的农民,几年下来,这几万元的培养费可砸出了债务的大坑。"望子成龙""望女成凤"的愿望在残酷的就业形势面前化为泡影,多读书与少读书没了多大区别,还不如少读点书。由于社会不正之风的存在,现实生活中出现的一些升职加薪靠后门、靠背景的现象,更成了"读书无用论"的有力佐证。此外,家长,甚至个别教师本身的认识也存在局限性,不能给学生正确的引导,这些都影响着大学生的学习。

二、大学生学习心理及其教育存在的问题的原因

导致大学生出现学习心理问题及教育不力的原因有很多,一方面,大学的授课内容、授课方式较中学有很大的不同。首先,在环境上,大学授课相对于中学来讲,更为宽松和自由。其次,内容不同,中学教材的内容比较宽泛,而大学教材的内容比较专业化。另一方面,大学生虽然算是成年人,但是刚脱离中学生活不久,其心智还不够成熟。对新的环境变化的不适应,对周围人际关系的生疏,以及远离父母带来的情绪上的不安和波动,都容易影响大学生的学习状态。但最主要的原因有以下几点。

(一)内部原因

1. 缺乏正确的学习动机

动机是学习的动力,是学生在学习活动中的一种自觉能动性、积极的心理状态。它主要是由某种需要引起的有意识的行动倾向,激励或推动人去行动,以达到一定目标的内在动因。当前部分大学生学习动机出现消极化,缺乏远大理想、宏伟目标,带有浓厚的功利色彩,学习态度敷衍化、庸俗化。

随着高考的改革和社会的变化,很多学生只重视知识的实用性,而忽视一些基础知识的功用,在学习动机上多急功近利,主观色彩

浓厚，出现了重视专业课而忽视其他课程的现象。对自己感兴趣的或者认为对自己今后发展有用的课程，就态度认真、学习刻苦；而对一些公共课或自己认为没有实用价值的课程，如一些思想政治理论课程，大多数学生很轻视，但为了应付考勤、考试又要偶尔去听课，去了也是写专业课的作业或者玩手机，考试时，按照教师画的重点复习，作答尽可能地多写，从而得高分。在很多情况下，教师上课也就成了一种形式，失去了原有的意图，导致一些大学生学得比较肤浅，大学生的理论知识修养受到一定的质疑，进一步影响到大学生全面发展的质量。

大学学习方式毕竟不同于中学，大学老师讲课的风格也与中学老师截然不同。很多学生在进入大学以后，仍然沿袭着中学时的学习方法与听课方式，不能及时掌握新的学习方法，改进已有的学习方法。这样很容易使学生的学习过程陷入被动，在遇到挫折之后容易自暴自弃，最终导致越学越没信心，学习效率越来越低。此外，还有一些学生受社会不良风气的影响，轻视学习，无视知识的重要性，厌学情绪严重，经常旷课。即使到了课堂，他们也是心不在焉，不是睡觉就是玩手机。课后把主要时间花在玩游戏、逛街和聚会等与学习无关的事情上。对学习成绩的好坏，他们显得毫不在意。

2. 丧失学习兴趣

学生的学习兴趣对学习效果的影响是巨大的。学生对学习有了兴趣，就会自觉地、主动地学习、思考和钻研问题，加强基础理论知识的积累，不断提高自身的学习能力。相反，如果学生对学习丧失兴趣，就会缺乏学习的欲望，注意力很难集中，学习效果差，学习效率低，严重的甚至产生厌学情绪。可见，学习兴趣对学习的效果、智力的发展、能力的培养和未来创造能力都有重要的影响。

造成大学生丧失学习兴趣的原因有很多，对自身专业不感兴趣就是其中一个因素。很多大学生在选择志愿时，或者懵懂无知，随性而选，或者是受到家人、朋友的影响选择的，或者是受到分数的限制而不得已选择的。等到上大学时，他们才发现选择的专业并不适合自己，对自己要学什么感到茫然无措，自然没有什么学习兴趣。还有一部分学生，自控力不强，学习方式还是沿袭中学的那种赶鸭子方式，不能适应大学宽松的教学方式，不知道如何主动学习，从而慢慢地养成惰性，最终对学习彻底失去兴趣。有一些大学生，本身学习基础比较差，对课堂教学内容的把握常常感到力不从心，觉得学习压力大。面对压力，许多学生没有采取正确的学习态度、学习方法去克服，反而采取消极的、逃避的应对方式，结果只会使学习状况持续恶化，变得越来越怕学习。此外，缺乏学习目标，特别是缺乏一个长期的学习规划，也影响着大学生的学习兴趣。很多大学生缺乏对自己人生的长远规划，没有想好毕业后要从事什么行业，应该具备哪些专业知识和技能，也不清楚自身所学专业适合怎样的工作岗位，不能及早地制订一个学习计划，对未来充满迷茫。

3. 自身认知偏差

当代大学生大多是独生子女，父母视孩子为掌上明珠，百般宠溺、娇纵，使孩子自理能力差，具有较强的依赖性，意志力薄弱，遇到挫折时首先是怀疑自己的能力，不加分析就轻易放弃，做事虎头蛇尾。少数独生子女性格高傲，不尊重老师，看不起同学；在学习上缺乏刻苦钻研的精神，不肯动脑思考，也不愿意向同学、老师请教，我行我素，对学习成绩的好坏无动于衷。有不少学生是家里骄傲的象征，父母对其的期望很高。虽然父母对孩子的高要求有利于刺激孩子奋发进取，不断探索，从而取得更好的学习成绩，但是过高的期望往往使孩子倍感压力，当孩子无法达到父母期望时，内心的愧疚势必给孩子造成巨大的心理负担，以至于产生各种畏难情绪，甚至对学习产生恐惧心理。

大学生对自身的认知评价往往高于实际情况。大学生普遍存在强烈的成才意识，因此，自身会设置一个较高的学习目标，而理想跟现实始终是存在差距的。大学生刚脱离中学生活，其心智仍然不够成熟，一旦遇到挫折就会产生消极的否定心理，多次挫折之后甚至会怀疑自身的学习能力，产生自卑心理。

(二)外部原因

1. 学校环境的影响

目前，国内许多高校在文化建设方面的投入明显不足，教师自身素质、执教内容及执教方式的缺陷给在校大学生的心理状态带来了一些不利影响。

从学校文化建设方面来看，学生学习的积极性和投入情况与校园的文化环境及文化氛围息息相关。良好的文化环境与文化氛围能够营造一种优良的学习气氛，有利于培养同学之间团结互助的精神，拉近师生之间的距离，提高教师教学的积极性和学生参与学习、实践的主动性。但是，当今大多数高等院校只是强调教学工作，忽视学校的文化建设，致使学校缺乏良好的学习环境和学习氛围。学生长期处于这样的环境下，很容易丧失学习的积极主动性，严重的甚至产生消极怠学、厌恶学习的心理。

从教师和学生之间的互动关系来看，良好的师生交流关系有利于强化学生的学习动力和学习积极性，而恶劣或冷漠的师生关系会打击学生参与学习、实践的积极性。教师的态度好坏、自身素质的高低，以及执教能力的强弱，都直接影响着学生的学习效能。不管是在优秀的学校，还是在一般的院校，都会有优等生和后进生的存在。对这两类学生，大部分教师能够做到平等对待，但还是有部分教师由于自身素质不高，采取区别对待的态度，对优等生显得很热情，对后进生显得很冷漠，甚至在后进生遇到挫折和困难的时候，非但没有及时给予帮助和安慰，反而对学生冷嘲热讽。这无疑不利于师生关系的有效建立。① 另外，部分教师的授课手法单调、枯燥、千篇一律，没有从学生的实际情况出发，只是把授课当作工作任务，进行"灌输式"传输，课堂极度缺乏活力。教师教学内容的单一，教学方式的古板，以及师生间关系的不和谐，都直接影响大学生参与

---

① 梁灿兴：《大学生信息素养与心理调适的关系初探——一个来源于实践的"本土"特色问题》，载《图书馆界》，2010(1)。

学习、实践活动的积极性。

2. 家庭成长环境的影响

学生的学习状态和心理状态十分容易受到家庭环境的影响，父母在对待孩子学习态度上的两种极端情况都是影响孩子学习能力的重要因素。

一种情况是，当今高校大学生，大部分是独生子女，一些孩子的家庭条件优越，父母对孩子过分宠爱，使孩子过着"衣来伸手，饭来张口"的生活，学生缺乏独立处理事情的能力，依赖心理严重。再加上一些父母本身文化素质就不高，在孩子面前经常提倡"读书无用论"，导致很多孩子不爱学习，对学习没有兴趣，对成绩也无动于衷。

另一种情况是，随着社会竞争压力越来越大，父母对孩子的期望值越来越高，父母迫切地希望孩子成才。大多数家长对孩子的学习成绩看得很重，当孩子没有取得理想成绩时，非但没有体谅、安慰，反而破口大骂，甚至还会采用暴力手段，动手教训孩子。这给学生带来很大的压力，造成恐惧的心理。另外，一些学生来自农村家庭，经济基础本来并不充裕，但是作为父母的骄傲，他们是家里脱贫致富的希望。这类学生一旦学习出现落后状况，或者现实社会难以达到自己的目标时，同样会产生压力。

3. 社会环境的影响

进入高等教育大众化阶段，应届大学毕业生人数越来越多，就业压力也随之越来越大。国内高校应届毕业生的规模以每年近30万人的数量增长，2013年为699万人，2014年为727万人，2015年达749万人。在当前就业形势严峻的情况下，就业歧视可谓无时不有、无处不在。用人单位在非全日制学历、性别、身高、年龄、外貌、地域、户籍，甚至酒量、属相、血型、姓氏等与工作岗位无关的项目上设置了多重就业门槛。不仅企事业单位奉行就业歧视政策，甚至政府机关招考公务员也是如此，从乙肝歧视到性别歧视，从学历歧视到籍贯歧视，诸如此类，林林总总，让不少应试者"望职兴叹"。

这样的就业环境对大学生的学习状态和心理状态造成了深刻的影响。这种功利化的市场背景很容易给学生一种错误的引导，那就是"学得好不如考得好，考得好不如关系硬"。在这样的情况下，学生的学习状态会十分被动。①

三、提高大学生学习心理教育实效性的对策

(一)大学生方面

1. 激发大学生的学习动机

大学生的学习动机是促使大学生学习的内部动力。一个有强大学习动机的大学生绝对不会产生厌学的情绪。激发大学生的学习动机，有利于在大学生对某些知识或者技能产生迫切的学习需要时，引发学习内驱力，唤起内部的激动状态，产生焦急、渴望等心理体验，并激发一定的学习行为。例如，一名同学平常英语成绩非常好，有一天，遇上一位外国人向他问路，他咿咿呀呀地解释了半天，还是没能让那位外国人明白怎样走，这才发现自己平时学的都是"哑巴"英语。强烈的羞耻感使他产生了学好口语的学习行为。激发大学生的学习动机，可使大学生的学习行为在初始状态时就指向一定的学习目标，并推动大学生为达到这一目标而努力学习。激发大学生的学习动机还可以促使大学生在长时间的学习活动中保持认真的态度，有坚持把学习任务胜利完成的毅力。

2. 引导大学生做好应对挫折的心理准备

人生难免会遇到挫折，而挫折有正面影响和负面影响之分。它既可使人走向成熟、取得成就，也可能破坏个人的前途，关键在于人怎样面对挫折。没有河床的冲刷，便没有钻石的堆簇；没有挫折的考验，也便没有不屈的人格。正因为有挫折，才有勇士与懦夫之分。学习也是同样的道理。每个人的知识储备不一样，思维方式不

---

① 于飞:《高职学生学习行为及影响因素调查与统计分析》，载《职业教育研究》，2013(3)。

一样，接受能力不一样。正是这些不同，才使人有差距，使人有成绩高低之分。试想一下，如果每个人的能力都是一样的，那么还有学校和老师存在的必要吗？因此，首先，大学生自身要敢于面对挫折，在挫折中应冷静分析，从客观、主观等方面找出受挫折的原因，采取有效的补救措施。其次，老师作为知识的传播者，要善于发现和引导学生应对学习过程中遇到的挫折，对优秀的学生以鼓励为主，而对待后进生不仅要多加鼓励，还要加强情感交流，帮助学生树立信心。

3. 培养大学生积极的学习兴趣，端正学习态度

兴趣是学习过程中非常重要的心理因素之一。通过培养学习兴趣，学生会产生一种定向关注力和孜孜以求、不断进取的积极学习态度，自觉地克服学习中的困难，增加灵感，激发自身的求知欲。培养兴趣还可以提高大学生学习的成功感，并在不断的满足中不断提高。

(1)明确学习的目的和意义，确立合适的学习目标

很多时候，大学生并不是不懂学习，而是不知道怎样学习，以及为什么学习，即没有明确的学习目标。因此，要有明确的学习目的和学习目标，除此之外，大学生还应该有稳定的学习兴趣。人只有保持对所学知识浓厚而持久的兴趣，才能充满热情地学习，保证良好的学习效果。从心理学的角度来说，兴趣是可以自己培养的。对多数大学生来说，进入大学后，专业已经基本固定，有时候自己向往的专业未必是最适合自己的，还不如努力在自己已经选择的专业上有所建树。在大学中，转专业并不是一件简单的事情，因此，大学生首先应该努力学好本专业知识，并在学习的过程中逐步加深对本专业的兴趣。一个专业往往可能涉及不同的领域，不同专业之间也有各种交叉互补的联系，大学生可以根据这些联系来寻找自己的兴趣点。即使毕业以后从事其他行业，充实的专业基础，以及对学习的动力，同样能使他们在新行业中成为佼佼者。

(2)激发大学生的求知欲

孔子早在两千多年前就说过："知之者不如好之者，好之者不如乐之者。"爱因斯坦也说："兴趣是最好的老师。"兴趣是学生保持学习欲望的动力。要激发学生的求知欲，最主要的是培养起学生热爱学习的兴趣。教师作为学生的引导者，如果自身缺乏激情，执教手法单一、枯燥，则难以引起学生的兴趣，学生学得也就贫乏无力。因此，教师不能只顾教书，要创设好的环境氛围，以此激发学生的求知欲，让学生在轻松、快乐的氛围中学习，使思想得到解放。同时，教师要加强与学生的交流沟通，研究学生的学习，重视学生学习兴趣的激发，提高教学效果。此外，大学生可以通过听讲座、看相关专业书籍、参加本专业的讨论等形式了解自己的专业，培养自己的专业兴趣；也可以通过参与社会实践，例如，找对口的企业、公司实习，巩固自身的理论基础，提高学习乐趣。

(3)激发学习的成功感

大学生在动机的形成过程中，重要的是对自己的能力有信心，认为自己有能力获得成功。这种信心将直接影响他们的学习行为。因此，培养大学生的学习成功感，对学习动机的激发有重要的意义。首先，要为学生确立经过努力可以达到的学习目标。确定教学目标，当然要依据教学大纲，但也要针对学生知识基础、发展水平、能力差异的实际。可以把它们分为若干层次，使全体学生都能以自己的实际水平为起点，循序渐进地进行学习，而且学有所得。其次，要为学生铺设走向学习成功的道路。为了使每个学生都品尝到学习成功的欢乐，教师要区别对待，因材施教，为学生设计知识的阶梯，让他们步步攀登。即使学生取得的是很小的成功，或只是微小的进步，教师也要给予适时的肯定和表扬，这是学生迈向大成功的起点。再次，教师要指导学法，让学生提高学习效率，主动探索，获取真知。最后，教师要帮助学生形成追求成功的学习行为模式。通过教师的教育方式，以及学生总结的以往学习成功的经验和失败的教训，学生可以形成具有倾向性的稳定的学习行为模式。追求成功和避免失败是学生中常见的两种学习行为模式，当学生形成了追求成功的学习行为模式，他们就会以实现自我价值的自豪感和自信心去迎接新的学习任务的挑战，并懂得怎样学习以获得成功。

4. 研究科学的学习方法，提高学习效率

在大学里，学生除了要有刻苦钻研和坚韧不拔的学习精神外，还需要掌握科学的学习方法。如何以有限的学习时间，去掌握无限的知识，提高学习效率，就必须培养健康的学习心理。

大学学习，必须遵循整体性原则，把各种知识作为相互联系的整体来对待。人对任何知识的理解，总是以已有经验、知识为基础。如果已有知识是各自孤立的，一方面，会妨碍对这些知识本身的理解；另一方面，将影响利用这些知识的关系去理解新的知识。孤立起来去学知识，是学零件而不是学整体。例如，白色光是由七种不同颜色按不同比例混合而成的，如果缺少一种颜色，就不能形成白色光。部分与部分、整体与部分的有机联系，既丰富又单纯，形成了统一、多样的整体美。系统有整体统一的结构，便能发挥整体的强大功能。大学生学习多种多样的知识，形成良好的知识结构，融会贯通，不仅便于记忆和应用，而且通过知识的新组合，知识信息量会剧增，最终形成新的概念和方法，实现大学生认知水平的进一步发展，为大学生适应终身学习型社会的需要打好基础。此外，当代大学生要想在社会上有所发明、有所创造，就要积极培养科学的思维能力。要始终保持积极的思维状态；要善于发现问题，善于思考别人提出的问题；要敢于问问题，会问问题。科学的思维需要正确的方法来保证。大学生要发展自己的思维能力，就必须掌握基本的思维方法，包括分析与综合、比较和归类、抽象和概括、系统化和具体化等思维方法。大学生应该做到知行合一，将学习和实践结合起来，切忌学而不用。以知为指导的行，才能行之有效；脱离知的行，则是盲动。同样，以行验证知，才是真知灼见；脱离行的知，则是空洞的知。大学生要做到知行合一，必须善于在实践中学习，边实践、边学习、边积累，并且通过躬行实践，把学习得来的知识用在实际工作中，解决实际问题。总之，大学生要以探求知识为动力去学习，而不是热衷于获得高分数，要手脑并用，思辨统一。

(二)学校方面

1. 构建健康向上的校园文化环境

高校的校园文化是直接影响大学生成长的环境因素。学校自身的环境建设对大学生的学习及成长有着潜移默化的巨大影响。好的校园文化建设能够营造良好的学习氛围，使学生积极地参与进去，因此，我们要努力营造浓郁的学术文化氛围。

首先，加强物质文化建设。物质文化是一种直观性文化，它直接表现出师生所处的文化氛围，如校园布局、建筑装饰、教学设施、环境卫生等。根据学校的实际情况，校园物质文化建设要充分体现全校师生的共同思想、共同情感、共同审美观。加大校园文化硬件建设的力度，投入大量资金用于校园的改造和美化，提高学校的绿化面积，使校园内鲜花烂漫，绿树成荫。走进校园，橱窗会"说话"，墙壁会"育人"。学生身居其中，在赏心悦目的环境中，身心会得到陶冶，视野会得到拓展。这对他们的品德、行为及学习会产生潜移默化的影响。

其次，重视精神文化建设。校园文化建设是学校实施素质教育和精神文明建设的重要组成部分，是大学生成长、成才的内在需要。要全方位开展校园文化活动，加强学生社团建设，丰富校园文化，营造良好的育人氛围。学生社团组织是学生认识自我、展示自我、发展自我的重要舞台。在校园文化建设中，我们应该重视和加强对学生社团组织的建设和引导，通过学校团委、学生会等学生自治组织，积极组建各种学生社团，如学生会、文学社、英语角、剪纸社团、古筝社团、健美操协会、青年志愿者协会、科技活动小组等。各种社团组织的活动，对丰富学生的课余文化生活，开拓校园文化建设空间，搭建校园文化建设平台有重要意义；对锻炼学生的组织、协调能力，开拓学生的知识视野，陶冶学生的情操，构建健康的人格，形成正确的价值观有着重要的作用。

2. 改变教学模式

教学工作的重点是研究如何有效提高课堂教学质量问题。课堂教学的转变是课程改革的核心，改变课堂教学的被动状态，让课堂教学变成学生主体性、能动性、独立性不断生成、发展、提升的过程。只有紧紧抓住课堂教学这个中心环节，才能完成教育、培养人的任务。

(1)实现教学内容的转变

教材只是为了达到课程目标而使用的教学材料，并不是课程的全部。平时的教学中，我们常常有这样的体会，即课堂上忠于课本、目标明确、内容正确、讲解准确，但课后反思仍不乏遗憾。究其原因，一般是教材处理不当，诸如衔接不紧凑、过渡不自然、方法太简单、知识太零乱、问题欠深度等。

人类在进步，社会在发展，教学内容还停滞不前，不能适应竞争激烈的世界。因此，我们要不断拓展教学内容，进行教材资源的开发，使教材内容向着多样化的方向转变，同时改变呈现方式，将教学内容从课本扩展到学生的生活实际，贴近学生现在和未来的生活与工作。不断超越教材内容，不仅要在量上扩充，还应带领学生将教材内容进一步延伸、修改，并注重再创造，让教师成为学生积极发展的发源地。超越教材内容，目的是用教材内容教，而不是只教教材内容。让学生多角度、多渠道、全方位地从书本中积累文化知识，直接获得情感体验、生活经验等人生素养，让他们在书中与历史对话，与高尚交流，与智慧撞击，从而打下深厚的人文素养基础。

(2)实现教学方法的转变

传统教学中的教师充当了教学过程的控制者、教学活动的组织者、教学内容的选择者、学生成绩的评判者角色，教师根据自己的思路进行教学，学生只是被动接受知识、结论，不敢发表主见，不敢质疑，学生的个性被压抑，创造性被消磨。也就是说，过去的课堂是教师控制学生学什么，什么时间学，学生始终处于被动状态，这种过度控制压抑了学习的兴趣和学习过程中的美好体验。因此，要转变传统灌输式教学方法，以提高学生的自主学习能力，充分尊重学生的独立人格，发展学生的个性，更好地发挥学生在学习过程中的积极性和主动性，使学生更好地学会学习（自己决定学什么，怎么学，自己总结，评价学习结果）。

此外，信息时代要求教师把教学与科研结合起来，否则教师就不可能成为一个好教师。教师如果不上课，就不能称为教师；不搞科研，就不是好教师。教学本身是一种不断创新的过程，需要教师具有科研才能。没有科研的支撑作用，教师便不能对学科的前沿动态有及时和深入的掌握，往往沦为传统灌输式的教书匠，这是不适应时代发展需要的。教师要明确教学与科研的互动关系，重视科研，而且联系教学实际搞科研，通过科研来提高自身素质，切实提高教学质量。

3. 提升教师的能力素质，增强自身的应变能力

课堂教学过程是一个纷繁复杂的心灵感应场，既有知识信息的传送，又有思想的交流、情感的沟通。要搞好课堂教学，需要教师具备一种特殊的能力——随机应变能力。对学生学习出现的各种状况，教师能够及时灵敏反应，并采取恰当的措施，因势利导，妥善处理。

首先，教师要善于观察。观察是教师直接了解和研究学生的最有效方法。教育情境的复杂性要求教师具备敏锐、细致的观察能力。一个具有良好观察力的教师，能做到实事求是，对学生进行全面、客观的观察评价，不掺入任何个人偏见。教师要做到这一点，应善于从学生的学习、生活和个性发展等方面进行考察。以敏锐的目光及时捕捉学生的言行变化，探索学生心灵的奥秘。有的学生在课堂装作听讲，实际上是"身在曹营心在汉"；有的学生眼神困惑，有疑难问题；有的压抑，愁眉苦脸。老师要通过观察，掌握学生的心理变化、情感起伏、思想动向，及时调整教学，掌握课堂的主动权，始终使学生处于最佳的学习状态，避免厌学情绪的产生或蔓延。

其次，每个同学都是独立的个体，虽有共性，但存在着更多的个性，这就要求教师从学生的实际情况出发，采取灵活多样的方法，有的放矢地教育学生，才能取得良好的教育效果。例如，教师对自卑的学生要多表扬，对胆怯的学生要多鼓励参加各种活动，对骄傲的学生则要适当批评。总的来说，教师只有根据学生的年龄、性别、经验、认识水平、性格、脾气等，选择合理、适度的方法，才能有效地激起学生学习的动力。①

4. 建立真诚、平等、可信赖的师生关系

师生关系是教育过程中教师和学生为完成共同的教育任务进行交往而产生的关系。尊师爱生、民主、平等的和谐师生关系是全面提高教育质量的关键，也是现代教育强调的一个重要思想。和谐、融洽的师生关系不仅是发挥教师主导作用和学生主体作用的需要，也为教学过程中教与学之间信息的传递与反馈提供了有利条件。

师生间的平等对整个教育活动的顺利推行起到了重要的促进作用。教师是师长，更是学生的朋友和共同探求真理的伙伴。情感的力量是无穷的，教师的爱心是成功教育的原动力。因此，我们要尊重和热爱每一个学生，尊重学生的方式是宽容和欣赏。宽容和接纳是理解，是对学生人格自尊心的一种特殊的尊重。教师对学生的宽容会给学生良性暗示，使学生产生有意或无意的情感倾向，并对教师产生期待或亲近之情。这可为学生认识自我、完善自我提供充分的机会和空间，使学生在宽松的环境中展示自我、发展自我、超越自我。教师欣赏学生，特别是那些基础差、纪律松散的学生，能增强他们的自信心，消除学生的自卑心理。教师要尽量为他们创设恰当的语言环境和实践机会，努力发现每个学生身上的闪光点，让每个学生都有展示才华的机会，并能获得成就感。让每个学生都参与到课堂中来，这样不但能激活学生的主体意识，而且能激活其语言，

① 张晓荒：《高职院校大学生心理健康教育存在的问题及其对策》，载《广西社会科学》，2010(1)。

激活其知识，让学生在欢声笑语中掌握知识。我们大多数人都有过这样的体验：当你喜欢某个教师，你就会自然而然地喜欢他(她)所教的那门学科。教师在学生心目中的地位常常会影响到学生的人生轨迹。每个教师都应以自己的爱心唤起学生对自己所教学科的兴趣，点燃他们对这门学科热爱的火花。

如何建立良好的师生关系呢？首先，教师应理解学生。正确、全面地理解学生是建立和发展良好师生关系的基础。教师要避免用带有偏见、成见的方式对待学生，对学生中出现的问题或学生的合理需求，教师要在理解的基础上合理地解决或满足，使师生各自的认知能彼此相容。其次，教师要起到表率作用。教师的一言一行对学生的思想、行为和品质具有潜移默化的影响，因此，教师一定要时时、处处为学生做出榜样。只有严于律己，以身作则，才能让学生心服口服。最后，教师要善于用情感来赞美学生。教师要善于发现学生身上的闪光点，并及时表示欣赏之意。教师的赏识能使学生看到成绩，看到光明，也能大大增强学生的信心。学生渴望赏识，赏识能诱发人努力走向成功。越是成功，人的能力越强，如此可形成良性循环。教师不要吝啬赞美的语言，因为它会给学生带来极大鼓舞。作为回应，学生会以自己的行为来回报教师的赏识。

作为一名教育工作者，我们要努力与学生建立和谐的师生关系，努力提高自己的师德修养，真正读懂学生的心理，把好学生的脉搏，学会关爱学生，营造民主氛围，改革教育方法，丰富教学内容。只有这样，才能使学生自觉地、主动地投入学习，才能使整个教学过程充满活力，才能使教育走上一个新台阶，使学生的学习心理更健康。

(三)家庭方面

1.提升家长素质，确定合理的期望值

孩子大部分时间与家庭成员一起度过。家长是孩子的第一个老师，家长的言传身教对孩子有重大的影响。一般来说，高素质的家长拥有良好的思想道德、价值取向、理想追求及人生态度等。其日

常言行举止会对孩子的价值观念、行为习惯等产生深刻的影响，对孩子的学习态度有着积极的促进作用。但是，家长对孩子不合理的期望值也会带来很大的影响。

2014 年 10 月的一天下午，约翰·霍普金斯大学 20 岁的大二学生李阳凯在校园附近跳楼身亡。[①] 该生家庭经济条件优越，学习优秀。然而，根据学校提供的信息，就是这样令人羡慕的天之骄子，在自己的社交网页上承认，由于学习压力，他长期失眠和焦虑，不得不服药，在单调的日常生活里感受不到快乐。同年 8 月，在加利福尼亚州富乐敦州立大学跳楼自杀的留学生来自中国的单亲家庭。工薪阶层的母亲四年前把儿子送到美国留学，可是儿子在三年里一直不能通过英语水平考试，因此也无法进入大学本科。早在一年前，他的合法学生身份就已过期，母亲无力再负担他的生活开销，他本人又不愿回国，最终选择轻生。

这两起自杀事件虽属极端案例，可是反映的问题很典型。学业上的压力，经济上的压力，还有不适应美国的生活，当这些问题不能得到有效的解决时，留学生就会受到极大的干扰，并由此产生心理疾病，如抑郁症等，极端的甚至轻生。国内的家长对留学的期望值容易有两种误区：一是孩子在国内学习表现良好的，家长"望子成龙"，总想把自己的孩子送进排名最靠前的学校。二是孩子本身学习差，在国内无望上本科一批、本科二批院校，家长想当然地认为"孩子只要能出去，上了美国大学就会变好的"。通过中介的包装，家长们的这些初衷也许都能达到。但结果也许是，到了美国，孩子在学校遇到了超过自身能力的挑战，包装出来的肥皂泡很容易被严酷的现实戳破。

确实，如果父母对孩子的期望值适度，或许会给孩子带来一定的压力，这种压力可以不断地激励和提醒孩子努力奋斗。但是，如

---

① 中国新闻网：《约翰·霍普金斯大学 20 岁中国留学生跳楼自杀》，www. chinanews. com/hr/2014/10-18/6692441. shtml，2017-07-15。

果父母的期望值过高，所带来的压力超出了孩子能承受的范围，就会使孩子感到痛苦，甚至走上极端。因此，对孩子的期望要实事求是，因势利导，顺其自然，要设身处地地为孩子排忧解难，不要硬逼孩子，不要无休止地对孩子要求这个、要求那个，不切实际地急于求成。

2. 创建良好的家庭环境

家庭环境对孩子的影响是很大的，对孩子的性格和心理都有影响。一个家庭父母感情的好坏，家庭成员间的矛盾，以及家庭经济条件的稳定等，都可以影响一个孩子的成长，甚至影响孩子的一生。当今家庭环境中容易出现两种情况：一种情况是家长对孩子过于宠爱。很多家长为了给孩子腾出更多时间学习、休息、玩耍，宁可自己承担一切家务劳动，因为不愿看着子女干活吃力的样子，宁可自己去洗子女穿脏的衣服。许多孩子应该承担的事，家长承担了，这些虽然看起来不算什么大事，可时间长了就会使孩子产生依赖心理，其结果可能是助长子女好逸恶劳、贪图享受的坏习惯，缺乏学习的主动性，上课注意力不集中，作业马虎应对，影响孩子学习的自觉性。另一种情况是家长对孩子过于严苛。家长"望子成龙"心切，只重视对孩子智力方面的发展，给孩子提过高的要求，不考虑其承受能力，强迫学这学那。这样就使孩子整天处在"高压"状态下，而引发厌烦情绪，最终很可能失去追求知识的兴趣。以上无论哪种家庭氛围，都不利于孩子的学习与发展。事实证明，只有在融洽、和睦、团结、友爱的家庭环境中，才能培养出一个活泼开朗、热情率真的孩子；一个充满专制、溺爱和纠纷的家庭，自然使孩子产生孤独、恐惧、自私的不良心理。

（四）社会环境方面

社会是一个大的教育环境，其环境的优劣对青少年的影响是举足轻重的。社会各界应重视对青少年大学生的教育工作，加强对其的正确引导，努力营造一个良好的社会环境。

1. 创设关心、重视高等教育的大环境

要在全社会营造崇尚教育的氛围，特别是对职业教育重视的良好氛围，这样才能加强占高等教育近半壁江山的职业院校大学生认真学习、苦练技能、提高自己综合素质的自觉性，激发大学生的学习动机。如果我们的教育不满足学生的需要、不满足产业的需要，那就是失败的教育。因此，首先，我们应改变社会各界对高等教育的观念，在全社会创设一个人人关心和重视高等教育的大环境。其次，给予和落实高校更多的自主办学权，使高校可以根据社会需求的变动调节专业、课程及学科的设置，改革人才培养模式。各高校只有坚持形成自己的办学特色，提高人才培养的质量，才能使学生走出社会时具备市场竞争力。也只有这样，才能使自己培养的大学生热爱学习和提高能力，能满足市场、企业的需要，服务于经济和社会的发展。这样，高等教育才能在大教育中找准定位，发挥不可替代的作用。

2. 树立良好的社会风气，建立合理的用人机制

改革开放 30 多年来，中国经济的不断发展，西方各种文化思想也一并进入国内，特别是"拜金主义"这一观念对大学生影响甚大。有部分大学生认为，比起知识，金钱才是万能的，没有金钱解决不了的事情，因此，他们挖空心思，想着如何赚钱，根本不把学习放在心上。一些女大学生甚至认为"学得好不如嫁得好的"，一进入大学就把心思放在寻找优秀的结婚对象上。这些现象都严重影响了大学生学习的积极性。我们应采取积极、有效的措施，引导大学生树立正确的人生观和价值观，对大学生进行正确的学习观思想教育，摆正短期利益和长期利益的关系，使大学生能正确认识到学习的重要性。当今很多单位在"名牌效应"光环下，更加青睐于招聘名校的高才生，对一些名不见经传的学校的学生设置层层关卡，百般刁难。然而，现实中，好学校也有后进生，差学校也有优秀人才，企业盲目的择才标准给部分大学生带来巨大的心理压力，使他们产生自卑心理，他们对学习自然也就缺乏动力。因此，企业应该根据自身实

际情况，以及应聘者的综合能力，建立合理的用人机制，让企业和受聘者都能得到发展，实现双赢。另外，我们还可以从立法上完善对大学生平等就业权的保护，明确就业歧视的法律责任，根据具体的侵权行为，分别规定用人单位的民事责任、行政责任和刑事责任，改善就业环境。

总之，针对当下大学生学习心理及其教育中的教育无效、教育无助、教育无力等问题，要加大力气，采取各种措施来解决问题。学校、社会、家庭和学生个人都要引起重视，努力探索健康的学习心理措施，积极践行健康的学习心理，使大学生更加努力地学习科学知识，开阔自己的知识视野，在知识丰收的旅途中，心理更加健康。

第五章

大学生应对压力与挫折教育的实效性

人们常说，人生在世，不如意者十之八九。每一个人都有这样或那样的不如意，或者说，面临这样或那样的压力与挫折。面对压力与挫折，不要紧张，关键是如何应对，变压力为动力，变困境为顺境。大学生理应如此，但目前不少大学生面临压力与挫折，无法应对，导致更严重的情况出现。高等学校虽然采取了不少措施进行引导教育，但效果不佳，究其原因，关键是对当下大学生究竟在压力与挫折面前有哪些表现、原因是什么缺乏深入研究，因此，如何因材施教，全方位引导大学生应对压力与挫折，提高大学生应对压力与挫折的教育实效性，是当下高等学校必须解决的一个重要问题。

一、大学生应对压力与挫折教育存在的问题

大学生在遇到压力与挫折后，在生理上和心理上如所有人一样，都会受到来自主观因素与客观因素的影响。大学生的社会经验和阅历较少，对挫折问题缺乏足够认识与心理准备，遭遇压力与挫折后的紧张程度可能更强烈一些。心理学研究早已表明，人的潜意识里存在着一套防卫机制，在挫折出现时会自动触发，通过对内心的调节和保护，起到应对挫折的作用。一般来说，面对挫折时出现的反

应主要有情绪性反应和理智反应两种，而我们在对大学生的压力与挫折教育中往往忽视了深层次的理论与客观现实的对象联系性的教育研究。也就是说，我们未能深入地研究大学生在面对压力与挫折时的表现，不能有的放矢地进行引导教育。

（一）对适度焦虑的教育不力，导致过度焦虑

焦虑是受到挫折后最常见的一种心理反应。它是由于人的情感发生复杂的变化，对身边明显的或者潜伏的事物产生的一种心理上的内在抵触，或者猜测自己无法把握、处理、应对，或者是对不良后果产生的预感，从而引起非理性的恐惧、忧虑情绪。焦虑的人严重时会表现出恶心、出冷汗、心悸、失眠等生理上的神经反应。一方面，当面对压力时，适度的焦虑能使人把注意力集中在压力上，调动更多的精力去应付眼前的问题。另一方面，如果处理不当，造成个人焦虑的过度，容易使人处于不愉快甚至是悲伤、难过的情绪，同时，思考、适应等方面的能力会显著下降，自信心受挫。

一般来说，生活和学习上的压力与挫折是大学生产生焦虑的主要原因。在处理人际关系上遇到的挫折，会让大学生无法适应群体生活，慢慢地，就会对自我人际交往能力做出否定。他们渴望集体中的成员接纳自己、认可自己，可事实上自己始终游离在集体的边缘，他们的情绪难免出现波动，纳闷、懊悔进而难过、悲伤的情绪重复出现。在这样的心理状态下，大学生容易否定身边的事情，看不顺眼的事情逐渐增多，干劲也逐渐消失，有时又会变得情绪激动、坐立不安，使得身边的人更加无法接受，大学生又变得更加焦虑，由此陷入一个无限死循环。

（二）对攻击情绪的引导无力，导致校园大祸

大学生在面对压力与挫折时，攻击是除了焦虑以外最常见也最直接的应对方式。因为除了焦虑，一般还会伴随着愤怒的情绪出现，特别是在遭遇到重大挫折的时候，愤怒感会更明显。处于愤怒状态下的大学生，自我控制能力容易减弱，难以做出理性的分析和判断。为了平息自己心中的怒火，把过多的消极情绪发泄出去，针对特定对象进行报复或者采取过激的行为举措，就是攻击性行为。攻击大致上可以分为直接攻击和间接攻击两种。

直接攻击，就是把愤怒的发泄对象指向压力与挫折的制造者。攻击者在确定对象后，会表现出言语上的攻击如嘲讽、叱骂，以及肢体上的拳打脚踢。这种行为一般比较容易出现在高傲、鲁莽、强壮或缺乏理智与生活经验的大学生身上。这种攻击的危害性非常明显，2004 年惊动全国的"马加爵杀人案"、2013 年复旦投毒案就是典型的案例。两个案件的共同点是大学生在遭受挫折时无法正确面对，最终做出消极的攻击性行为。

间接攻击是相对直接攻击而言，是一种把攻击对象指向除挫折直接制造者以外的人，其攻击对象包括自己、次要的或者无相干的人或物体上。间接攻击的出现很普遍，其产生的原因有两种：第一，顾虑自己的身份形象，或者碍于挫折制造者的权威实力，感到不能对对方做出明显的直接攻击与报复。第二，没办法确定挫折制造的来源。在这两种情况下，遭受挫折的大学生就会对自己体罚、自责、幻想、冷漠，对身边的东西乱砸乱摔，以求把心中的愤怒通过间接的方式排泄出去。更有甚者，自身会造成严重的心理障碍，甚至自杀。

(三)冷漠扼杀了大学生的激情

冷漠是一种与攻击性行为相反，同时比攻击性行为更复杂的挫折反应。它是指个体在受到挫折后表现的对挫折不动声色的态度，似乎无动于衷或者毫不关心。采取冷漠反应的人，其内心并不是没有愤怒的情绪，更多的情况下是在短期内把愤怒压制住。从他人的角度看，冷漠的人似乎毫不在意、冷淡退让，表面上看不到喜、怒、哀、乐的情绪，实质上，当事人的内心深处掩藏着更加深刻、痛苦的内心体验，是一种受克制，以非直接的方式表现出对挫折的感受。这种态度通常出现在对挫折制造者无法做出攻击的同时，又没有合适的对象可以把内心的消极情绪宣泄出来。冷漠多是在以下几种情况中出现的：一是长期受到挫折的困扰，难以摆脱。二是大学生个体在遭受挫折后失去信心，心理上忧虑，生理上的苦楚难以忍受。三是进退两难，矛盾冲突激烈，却得不到他人的帮助。在意识到采取攻击一类的过激性行为会对自身造成不利，只好唾面自干，即使对挫折制造者有强烈的不满或者过激的愤怒情绪，也不会让他人轻易察觉到。相反，他们通过对自身情绪的压制，以及在他人眼中表现出满不在乎的样子，来对外界表达自己对遭受挫折时内心的不悦。例如，某大学生努力学习，比班上的学生都刻苦用功，可成绩就是没有取得进展，第一次、第二次、第三次，甚至更多地尝试后都无法达到预期目标，之后就容易情绪不高，不再刻苦学习，甚至是不做作业、逃课等。又如，在失恋过后对他人产生抗拒心理，不愿意再次与他人交流来往，采取自我封闭的冷漠态度。

（四）消极、反常的倒退心理影响大学生的成长

倒退又称退化、回归，是一种与自己的实际年龄、身份不相符合的行为表现，即退回到较低水平，是不成熟的表现，是一种在受挫时情不自禁的幼稚表现行为。每个个体的行为模式都会因个体自身的成长而做出相应的调整，从婴儿时期到儿童时期、青年时期，再到中年时期、最后的老年时期，在社会生活各方面的影响作用下，人们学会针对自己的情绪和行为做出控制，在恰当的时候做出与环境相适应的言行举止。在遇到挫折的时候，一些大学生可能会在某种程度上丧失对行为举止的控制，以孩童似的相对幼稚、简单的方式去面对压力挫折，其目的是博得恻隐、关注，从而减轻内心的压力。倒退行为的具体表现大体分为两种：第一种是无事生非。例如，部分大学生在遭受别人的批评或者某次努力没有达到预期目标时，就轻易地哭哭啼啼或喋喋不休。又如，部分学生干部遇挫后不再愿意承担本应承担的责任，闹情绪，无理取闹。第二种是盲从。这类学生具有一定的易受暗示性，容易在压力与挫折面前盲目相信别人或轻信谣言。倒退这种行为，一方面，出现在大学生身上的情况比较少见；另一方面，一旦出现，大学生自身并不一定能够清楚地察觉到。倒退是一种消极的反常现象，由成熟向幼稚方向倒退，这种行为在现实生活中不但不能有效应对挫折，反而会事倍功半，使大学生的思维判断能力下降，严重的会使人不切实际，意志薄弱。

（五）固执己见阻碍大学生思维的健康发展

固执己见，意即独行其是，刚愎自用，是一种在现实生活中不懂因实际情况变化而变通的心理现象。通常情况下，固执的大学生有一个共性，就是看不清挫折的实质。遇到挫折时，没找到方法迅速克服或者回避，只好采取机械的方式重复使用一些自认为有效但实质上无效的行为，导致挫折一再发生。此时，个体有可能转向破罐子破摔的状态，继而失去了改变眼前状况的机会，在挫折中越陷越深。这种情况在遭受众多指责、批评后更常见，因为个体的自尊心容易受到伤害。同时，过多或者过严的指责使受挫者处于战战兢兢、束手无策的状态，这时就容易固执己见，一意孤行。由此可见，这种试图通过某种机械重复的行为应对挫折的非理性行为，是固执的最大特点。固执并非习惯，也有异于意志坚强。固执的人，其思维大多难以转变。如果某种行为难以实现预期的目标，不能满足某种需要，他们能做的就只是不停重复无效的行为。例如，有些大学生因为学习成绩不理想，为了分数，他们会采取秉烛夜读的方式，直到深夜才去休息，结果成绩依然不尽如人意，但他们还认为自己不够努力，继续寄望于错误的学习方式。由于固执一般出现在内心倔强、看问题只看表象的人，他们有强烈的逆反心理，因此，一旦有学生出现固执的行为，教育批评在大多数情况下会受到抵制，难以收到实际的教育效果。但这种应对挫折的行为方式并不是没有解决措施，大学生通过自身或他人的帮助找到了更适当的解决办法，就能取代固执的行为。

（六）有些学生无法正确感知潜抑

潜抑又称为压抑，是将某种想法、感受抑制到潜意识中去，以此避免内心的难受。通常，被抑制的是一些不愉快的或者不被周围群体所接受的，包括欲望、本能、痛苦经历等。作为最基本的防御方式，潜抑有别于压制的最重要一点是，潜抑属于潜意识行为，而压制是一种有意识的行为。对实施潜抑行为的人来说，潜抑的过程、内容不一定能被察觉到；相反，实施压制的人是察觉得到压制的内容和过程的。

不同于自然遗忘，潜抑是把一些不能忍受或者能引起内心矛盾的行为抑制到潜意识中，但是这些被压抑的东西并没有从此消失，一旦身处特定的情境当中，被压抑的东西就会被再次激发，重新对个体本身造成威胁或影响。例如，在对一名大学生进行调查时，该大学生说："小学时，有的同学总是炫耀自己的父母给自己买很多好玩的游戏机，可是我因为家庭的问题，一直没有实现拥有一部游戏机的愿望。后来某一天放学后做值日，打扫课室，那时周围没有人，我就拿走了同学的一部游戏机。之后的很长一段时间都没有人提起过，连我自己都似乎忘记了，但现在每当听到周围的同学说丢了东西，我都感觉到像是在说我。对此，我很难过。"

（七）不能正确仿同和树立心中的偶像

仿同又称认同、表同，是指个体在现实生活中遭受挫折，致使某种愿望或需求无法得到满足时，对他人进行效仿，自我在潜意识里与该对象视为等同，把自己比作客观现实生活或者主观遐想的某位成功人士，将其经验行为或者具有的特点、特质加在自己身上，借此在心灵里分享被仿同对象的欢乐，以冲淡心中因为挫折而产生的焦虑、恐惧的同时，增强自己的能力、接纳等方面的感受，让自己更好地适应环境。从性质上看，仿同作用可以是积极的，也可以是消极的。因为仿同的对象多数是仿同者心中尊崇的成功人士或偶像，这类人大多具有优秀的品质或者成功的经验阅历。如果仿同者理性学习他人的优点，弥补自身的短处，则有助于自身的成熟发展。相反，如果个体通过仿同，只是为了掩盖自己的羞愧之感，或单纯在表面上模仿被仿同者的行为举止，则容易起到反作用，不利于大学生的身心发展。例如，在仇视、恫吓的环境中长大的人，会有意无意中模仿实力强大，特别是力量强大的人的行为模式，然后去欺负比他弱小的个体，通过这样的方式缓解自己被他人欺负的畏怯心理。

（八）原谅自己，却不能轻易"文饰"自己

在遭遇挫折后，部分人碍于面子，为自己的失败寻找各种理由和借口来辩解，以图通过正当、合理的理由原谅自己，为自己文过饰非。因为文饰是在心理上起到自我安慰的作用，因此，文饰又可称为"合理化"。作为人们习惯采用的心理防御行为，文饰有以下四种表现方式。

其一，外部归因。即将失败、受挫归咎于除个体自身以外的客观因素，以此缓解内心的不安。例如，和恋人分手后，把分手的原因归结为全都是对方的错。又如，部分大学生在考试不及格时，埋怨老师出的题难度过大、方向过偏，或者把责任推卸到考试前活动过多，致使学习时间被耽误等。

其二，"酸葡萄"效应。"酸葡萄"效应是指因为追求的目标在现实或预期中无法实现，或内心真正的需求因无法得到满足而产生挫折时，为了摆脱内心的焦虑不安，故意编造一些理由自我安慰，把原来的目标贬低。例如，在考试不理想时，安慰自己，用类似"少考几分也不会有什么影响，及格就好"的语句，说服自己分数并不重要。

其三，"甜柠檬"效应。"甜柠檬"效应是比较常见的一种应对挫折的防御性机制。与"酸葡萄"效应一样，"甜柠檬"效应同样是来自伊索寓言中的故事。不同的是，"酸葡萄"效应的机理是丑化他人得到而自己得不到的事物；"甜柠檬"效应则相反，自我强调已经得到的结果或事物的美好，回避原来所追求的事物或目标，不再强调得到之后的利益，通过美化既得之物来摆脱内心的焦虑、苦楚。"甜柠檬"效应的主要特点是夸大既得之物，贬损预期结果，不断强调到手结果，缓解未能达成预期的失落。例如，有的大学生没有得到理想企业的聘任书，就说幸好没有去该企业，不然就要整天加班加点工作，拿的却是不尽如人意的薪水。在某种程度上，这种心理防御机制可以在短期内使自我的内心达到一种平衡状态，但部分学生容易过度使用这种方式求得一时的解脱，而忽略在遭遇挫折、失败时总结经验教训，最终不利于个体自身的进步。

(九)应对人生得失时不能轻易去投射

投射是指将自己的不当、过失、冲动强加到他人身上，把自己的责任推卸并归咎于他人，借此减轻内心的愧疚、窘迫之感。对大学生来说，投射作用虽然在一定程度上使自我的心理压力得到缓解，但是并不利于正确地引导自己寻找受挫的原因。例如，有些自私、刻薄的大学生会认为自私是人的天性，人不为己，天诛地灭。这类大学生并不觉得这是不健康的人格。有投射心理的大学生在待人处世方面没有过多的道德约束，相反，他们会以其人之道，还治其人之身。由于投射行为往往是在无意识中进行的，行为实施者会不自觉地把自己身上存在的不良品质转嫁到他人头上，因此，投射行为并不能在实际中真正发挥积极作用，同时，行为实施者还会在浑然不觉的情况下给他人带来各种伤害，给人际关系带来消极影响。

(十)应对挫折，"否定"不能解决问题

否定是指行为个体对那些存在或已经发生的并带来痛苦的事实加以否定，是一种原始而简单的"鸵鸟策略"。否定是一种带有潜意识的心理防御行为，将带来苦楚的事实完全否定，如同从来没有发生过一样，与压抑类似。但否定并不是故意将事实遗忘，而是进行彻底否认，使个体回避难以忍受的事实，以期心理上的不安在短期内得到缓解。否定行为一般发生在老年人和孩童身上。在日常生活中，否定这一心理防御行为到处存在。例如，年幼的孩子不慎弄丢一件很重要的东西，知道会被父母责怪，会找东西东拼西凑，试图做成丢失物的模样。掩耳盗铃的办法确实能让行为个体暂时缓解挫折带来的痛苦和压力，但是一味地回避事实，并不能从根本上应对挫折、解决问题。更重要的是，这是一种潜意识的行为。行为个体不仅对事实本身进行了否认，还会相信现实中已经确凿发生的事实从没存在过，有时还会产生病态妄想。所以，面对挫折，否认不能带来解决问题的答案，必须以务实、顽强的态度面对才能真正解决困难。

二、大学生应对压力与挫折教育存在的问题的原因

大学生应对压力与挫折教育缺乏实效性，一方面，教育者不能对"90后"大学生的压力与挫折有感同身受的了解，以至于出现隔靴搔痒似的教育问题；另一方面，教育者对大学生为什么存在压力与挫折的原因了解不足。我们常说"知己知彼，百战不殆"，教育同样要知其所以然，才能对症下药。挫折心理是指个体在从事带有某种期望的行为活动时，由于困难或阻碍致使实际结果无法达到原有期望，从而产生失落、悲伤等消极的情绪状态。这种实际结果与主观上的期望之间的差异，就是大学生产生挫折心理的原因。具体来说，触发大学生挫折的原因一般可分为客观原因和主观原因两个方面。

(一)客观原因

1. 自然环境因素

自然环境因素是指来自自然界或具有自然性质的，不是可以通过人类力量克服的自然事件，如海啸、地震、雪崩等。自然界是按照自身固有的不以人的意志为转移的规律运行的客观实体，一方面，它可以为人类带来更便利的生存条件，同时也对人类的心理素质的发展产生重要影响。例如，常年居住在高山上的人一般会有较强的团队合作意识；在沿海一带居住的人，心胸相对比较坦荡、宽阔等。另一方面，自然环境也会对人产生消极影响。例如，大学生习惯了北方气候的冰冷、干燥，来到南方上大学，可能会在一段时间内不适应南方潮湿、炎热的气候和当地的风土人情。生理上的冲突反应会降低个体的抗压能力，面对挫折时，有些学生的反应可能会比正常状态的反应更为强烈，悲观情绪更严重。

人类可以认识自然界里的各种事物，但即使认识了也不可能完全征服大自然。人类只要还生存在自然界中，就难免受到自然界的影响，还会遭遇种种挫折，但是这并不代表人本身对此无能为力。特别是大学生，在事后能够有意识地进行积极的自我调节，挫折就容易转化为成功的动力。

2. 社会环境因素

作为群体中的一员，生活在社会当中，大学生在学习和生活上会无形中受到社会经济、政治、宗教等各方面因素的影响。自改革开放以来，社会不断发展，促使许多新行业出现，对人才的需求越发多元化。与之相反的是，教育领域，特别是高等教育的模式始终比较单一。这种客观上的变化对大学生的心理产生了重要的影响。这主要体现在以下几个方面。

首先，社会的自由开放唤醒了个人的主体意识。每个社会成员的利益都得到合理承认，个人自由竞争和发展的意识强烈，与传统的安分守己、知足安命的思想观念大不相同。市场经济迫使大学生更新原有的观念，对旧有的价值观产生冲击，这种情况下，他们可能会感到无所适从。一方面，常年积累形成的原有观念依然发生着指导和影响作用；另一方面，在新时代下，他们渴望人格的独立与发展的自由，渴望在社会这个大舞台上展现自己的才华。在这种文化、观念的冲突、碰撞中，大学生很容易增强挫折带来的消极情绪。

其次，转型时期不良的社会风气渐增，"富二代""官二代"的不劳而获对"勤劳致富"的观念造成猛烈的冲击，个人主义、拜金主义、享乐主义盛行，使大学生的价值观产生了动摇，在坚持崇高的人生观、价值观与追逐金钱、物质这两者之间摇摆不定。不良的社会风气难免让个别大学生深感挫折，处于困惑之中。

最后，对毕业前景的忧虑也是造成当代大学生心理挫折的重要原因。当前部分大学生社会阅历少，实践经验缺乏，再加上本科毕业生逐年增多，就业形势严峻，在某种程度上加剧了大学生的受挫感。同时，一些冷门专业或者在非知名大学就读的大学生更容易出现挫折感，而且挫折反应也会相对强烈些。

3. 学校因素

大学生学习、生活的大部分时间是在校园里度过的，所以，学校环境及氛围的优劣，对大学生的心理起着直接的影响作用。具体的影响来源有以下几个方面。

(1)高校教育方式和管理体制的影响

当代社会日新月异，不断变化的社会需要具有创新思维、有一技之长的高素质人才。中国也应时代的变化与社会的发展进行了一系列改革，二级学院管理、学分制推行等管理手段在各大高校普及。但是，部分高校的教学内容、教学理念仍然相对滞后，一方面，有的教师并没有完全认同和落实以学生为本的教学理念，所传授的知识陈旧，教学手段老套，甚少根据学生群体的不同特点调整相应的管理措施；另一方面，尽管近些年教育界对现存的教育模式进行了总结批判，但是依然无法改变师生脑海中"分数第一，综合素质第二"的应试教育观念，重智育、轻德育的现象依然存在，忽视了学生非智力因素的培养，致使学生应对挫折的能力偏弱。此外，方法和手段与创新性人才培育的要求不匹配，教师与学生缺乏有效的互动。相当数量的教师没有根据学生的性格特点因材施教，对学生们新的需求没有充分了解，不仅与学生期望学习的知识有差异，而且对学生毕业后的工作并没有起到足够的指导作用。再者，部分高校的鼓励机制和自律机制匮乏，缺乏促进学生能力良性循环发展的条件，不利于调动学生认真求学、促进自我发展的积极性。对大学的美好憧憬，以及与现实中的差距，难免使学生产生挫折心理。

(2)高校生活环境与设施不尽如人意

部分高校校园建设相对落后，食堂环境、住宿条件、饮食供应及教室设备等跟不上当代大学生的需要。高中毕业后，学生们都会对大学生活有美好的憧憬与想象，但进入校园后才发现现实的大学与想象中的大学有一定差距，特别是扩招后，学生人数逐年递增，部分学校教室安排明显不够，自习、上课的教室安排也不够妥当。同时，如果没有新建宿舍楼，人数的增多会使寝室显得更小，若寝室通风设计不好，浴室使用不方便，住在寝室的学生会更感不便，容易成为大学生产生挫折感的诱因之一。

(3)校园文化建设不到位

梁启超曾经说过："文化者，人类心所能开释出来之有价值的共业也。"元朝耶律楚材在《太阳十六题》诗之七中认为："垂衣端拱愧佳兵，文化优游致太平。"可见，文化不仅是个体自我心灵意识的一种体现，而且是人类共同生活并被人们普遍接受、认可的经历积累。在日常生活中，人们可能不会轻易察觉出文化对人的影响，因为这是潜移默化的现象。尽管是不知不觉发生的，但谁也不可否认文化对人类有强大的塑造力量。有什么样的人出现，其背后就有什么样的文化在影响，因此，校园文化建设的成功与否，直接影响大学生综合素质的全面发展。而近些年，庸俗文化出现在校园中。由于外部社会就业压力和校园内学习包袱的增加，学生人际关系逐渐低俗化，人与人之间的关系不再单纯地用友谊去衡量，中间或多或少地夹杂着金钱、利益的关系，不少本应对学生个体的心理发展起显著影响的社团组织形同虚设。学生身在其中要做到平衡，难度很大，部分学生会因而产生挫折。

除了环境原因外，高校在其他方面的不足也是造成大学生挫折教育缺乏实效性的重要原因。

第一，高校普遍重智育而轻德育。在应试教育的大背景下，尽管高校作为锻炼大学生抗压能力的重要场所，却依然把过多的资源与精力放在文化知识的传授上，重分数、重就业率等显性数据。虽然在近些年陆续有高校尝试了相关改变与探索，但是受制于多重竞争与压力，高校对大学生的抗压能力、情商等精神上的关注度还是不足。高校普遍没有足够重视，没有将挫折教育提高到学校教育总规划的高度，只依靠现有的心理教育课程老师和相关工作人员孤军作战。

第二，部分高校重形式而轻结果。为了提高大学生的抗压能力，部分高校把挫折教育简单归结为开展有组织性的活动，忽视对整个活动的效果进行有效评估，过分注重活动开展的次数与开展的形式。对这样的形式活动，大学生只会抱着为了参与活动而参与活动的心态，进而导致整个挫折教育活动陷入形式化、教条化的泥潭，无法达到预期效果。

第三，众多高校重事后治疗而轻事前预防。我国一些高校针对大学生挫折做出的对策是事后治疗，在大学生遇到挫折出现心理问题时才给予重视，在日常生活中却选择忽视教育。挫折教育是一项非短期性的、复杂而烦琐的工程，难以一步到位，在事情发生后才采取措施，就已经失去了最佳的行动时机。

4. 家庭因素

家庭是人的第一所学校，作为个体诞生后感知到的第一个环境，家庭对孩子的健康成长有着不可推卸的责任。家庭成员的性格特点、教育的手段与方式、所营造的氛围等，都会对子女的心理素质发展有着直接的影响。随着计划生育的有效实施，在当今社会，不少家庭的子女是独生子女，这些独生子女当中有不少人受到父母不同程度的溺爱。在遇到事情时，父母会替子女做决定，权衡各方面因素后认为有利无害时才会让子女去做。此外，许多家庭的教育观里很少强调挫折，更多地把侧重点放在对未来的憧憬上，过分强调未来的美好，把孩子们引向不具有确定性的未来。但是，若现实与期望并不相符或难以实现，孩子们会因缺乏抗压能力而更容易受挫、失落。在应试教育的影响下，许多孩子从小就被教育要努力学习，争取学习成绩名列前茅，然后进入重点大学。为了应付高考，父母会设法尽力拔高孩子的学习成绩，通过牺牲兴趣爱好的培养及孩子自身能力的锻炼，换取更多的时间，让孩子专心于学习考试上。这种对综合素质能力忽视的教育方式和对孩子的过分宠爱与保护，使得在进入大学前的孩子甚少接触挫折教育，在上大学后，养尊处优的孩子因为失去了父母的保护、照顾，面对新的人际关系、新的生活环境茫然失措，面对学习上、就业上和生活上的压力，他们的心理易出现冲突，继而产生挫折感。个别心理过于软弱的大学生会因经受不住挫折带来的打击，出现心理障碍。

除了不当的教育方式，家庭的经济状况也会对大学生的心理状况产生影响。目前，对经济拮据的家庭来说，四年大学里的各种费用是一个沉重的负担，尽管许多高校都设立了助学金等奖励与资助制度，但并不是每个有需要的大学生都可以被惠及。此外，贫富差距会使部分大学生出现互相攀比的现象，造成贫困学生的心理负担更重，长此以往，他们将产生挫折感并逐渐加剧。

此外，充满矛盾的家庭对大学生的心理也会产生消极作用。父母离异或家庭纠纷不断等原因会让大学生长期无法感受家庭的温暖，从而感到孤寂、消极。这不仅阻碍了大学生自身的成长，严重的会导致其人格发展不健全，爆发更多的心理冲突，产生严重的心理挫折。

（二）主观原因

主观原因可以从个体自身寻找，具体有以下几个。

1. 生理原因

生理原因即因先天因素所带来的约束，如身高、容貌、生理缺陷等与生俱来的因素。在现实生活中，因为先天生理条件而遭受挫折的例子随处可见，大体可分为两类。一类是个体条件制约了目标的达成。例如，在面试过程中，某学生的其他条件都与他人相差无几，仅仅因为性别不符而擦肩而过，她因而失落并感到受挫。又如，某位学生冰雪聪明、勤奋好学，但是由于声带吸引力不足，几次面试电台主持人的工作都无法如愿，继而产生挫折、失落感。另一类是由于优越的先天条件而带来的挫折感。例如，某学生不仅学科成绩优秀，而且最近当上了学校学生会主席，但在那以后，身边的人逐渐地疏远自己，这位大学生感觉自己被大家孤立起来了，似乎自己做了什么连自己都不知道的错事，他的孤独感也渐渐增强，最后无法忍受由此带来的苦楚而变得消极。

2. 动机冲突

动机冲突是指个体在进行某项活动时，出现目标之间互相排斥的现象。因为不同的目标之间难以同时实现，心里踌躇、忐忑，不知如何抉择，此时就形成了动机冲突。长期处于这种心理冲突，容易引起焦虑、失落。这种冲突在日常生活中很常见，具体可分为以下四种。

第一，双趋式冲突。它是指个体在现实活动中出现两个拥有相同强度倾向的目标，在只能二选一的情形下，意味着选择一个目标就得舍弃另一个目标，由此在人内心里产生踌躇不决的矛盾心理状态。例如，大学生既希望考研，又希望早点出来就业，但是对能力一般的学生来说，考研需要大量的时间、精力，而求职就需要利用平时空余时间进行社会实践，若两者兼顾，可能最终会是一场空。在这样的情况下，一些大学生易出现摇摆不定、难以抉择的心理矛盾。当无法做出选择时，举棋不定的矛盾心理就会衍生出受挫、失落感。

第二，双避式冲突。与双趋式冲突一样，双避式冲突是针对两个既有目标选择的两难困境。不同的是，双避式冲突要抉择的对象目标对个体具有威胁性，而双趋式冲突要抉择的对象目标是个体希望实现的。受制于条件约束，再加上形势所迫，个体必须在两个具有威胁性的目标当中做出选择，以选择一个目标为代价，换取对另一威胁的解除。例如，高校中个别大学生不愿意学习，他们认为学习过于劳累，在取得好成绩前就因花过多时间而疲惫不堪，但是如果就此放弃学业，又可能会因为不及格科目过多而被劝退。他们长期陷入此类双避式冲突中就会产生受挫感。

第三，趋避式冲突。趋避式冲突是指同一个目标对个体来说，一方面能满足个体自我的某种需要，但另一方面又会对个体造成一定的伤害性威胁。区别于双趋式冲突和双避式冲突，趋避式冲突来自同一目标中对个体的有利性与伤害性。例如，有学生喜欢炸鸡配啤酒，因为尝起来美味可口，但是炸鸡是油炸食物，啤酒里含有一定浓度的酒精，长期食用不利于身体的健康。又如，网络的普及给大学生的生活带来了极大的便利，但沉迷于网络，不仅使大学生荒废学业，更会对他们的世界观、人生观和价值观造成明显或潜藏的威胁，损害身心健康。

第四，双重趋避式冲突。此类冲突又可称为双重正负冲突，是指个体面临着两个具有复杂冲突的目标，这两个目标各有长短，一方面既能够对个体有益，另一方面又拥有对个体不利的因素，使学生瞻前顾后、犹豫不决。例如，部分刚毕业工作不久的大学生希望在工作一段时间后辞职，然后出国旅行体验生活，同时又怕花费过大却没得到什么，若继续工作，虽然可以获得更多的工作经验和金钱，但是又不甘心青春就这样消磨殆尽。

3. 挫折认知

认知，即通过心理活动获取对周围事物的感知、了解。美国临床心理学家阿尔伯特·埃利斯(Albert Ellis)提出的情绪 ABC 理论认为，引起情绪的是人们对事件的认知和评价，而非事件本身。从另一个角度讲，埃利斯赞同认知是引发个体情绪反应的直接原因，诱发性事件是间接原因。

经过了小学、中学的学习，大学生的感知能力普遍处于较高水平，逻辑思维和创造性思维得到进一步发展，并且更趋于独立和完善。受专业训练及生活实践等因素的影响，不同大学生的认知能力会呈现出差异性，面对同样的挫折，不同的大学生对此会产生不同的认知和判断，因而受到的挫折也会有所差异。当下，大学生常见的错误认知大体有以下三种。

第一种是否定事实。相对于在社会工作的成年人，大学生缺乏社会阅历和经验，在处事上，部分人缺乏思想准备，对不确定或未知的事物持盲目的乐观心态，当挫折出现时，部分大学生难以做出正确的分析，不能洞悉挫折背后的本质，因而情绪出现波动，或变得失落，或变得浮躁。

第二种是一孔之见。一孔之见又可称为以偏概全，是指以局部的观点看待全局。例如，有的人认为自己人际交往能力缺乏，根据是身边有人对自己不友善。又如，有的人在一次失恋过后就感觉失去爱的能力，从而对爱情、婚姻产生消极甚至抵触的情绪。这种类型的学生一般缺乏长远的目光，个体自身的注意力集中在眼前或近期的事情当中。因为看不到未来的美好，所以此类学生一旦受挫，很容易产生悲观情绪与自卑心理。

第三种是把事实放大。这是一种将负面情绪放大的心理反应，即在受挫后过度消极，认为事情变得一塌糊涂。例如，学习的时候感到不适，就会担心学习的效率受到影响，继而考试失利，然后失去信心，最终因不及格科目过多而被劝退等。

4. 心理承受能力

个体遭受挫折时的情绪反应也与个体自身的心理承受能力强弱有关。心理承受能力主要体现在三个方面：接受能力、忍耐力与适应能力。承受能力越强的大学生，在遭遇挫折情境时，更能经得住打击和考验，在挫折面前，更能表现出不屈不挠的精神，并且在短时间内找出解决问题的办法。心理承受能力的强弱与个体的性格、世界观、人生观、人生阅历等有关。一般情况下，性格乐观、积极的学生对挫折的承受能力相对更强，而性格孤僻且心胸狭窄的学生在应对挫折时的承受能力相对稍弱。学生经历的事情越多，见识会更加广博，遭遇挫折的机会就越多，在看待问题与挫折上有一定的见解，因此，在抗压、挫折承受的能力上会越强。具有长远目光、远大理想、性格乐观、主动的学生，挫折承受能力会更强；对得失锱铢必较，悲观、消极看待人生的学生的挫折承受能力会相对较弱。

三、提高大学生应对压力与挫折教育实效性的对策

(一)家庭提高应对压力与挫折教育的实效性

首先，努力营造温馨、和睦的家庭氛围。对许多人来说，家庭是幸福生活的一种存在，是归属感的一种体现。家庭是否和睦、温馨，直接决定着大学生心理素质的发展。良好的家庭氛围，既是子女茁壮成长的基本条件，又能与高校的教育相得益彰。相对于争执不断的家庭，身处在温馨、坦诚的家庭环境中的子女能得到更多的关心与呵护，人格的发育也更加完善。实践证明，在这样的环境下成长的子女，综合素质较高，更容易造就乐观、积极的心态，在挫折与压力面前，他们更容易找到解决问题的方法，从中找回自信。此外，在与子女的交流、沟通中，父母应在条件允许的情况下对子

女敞开心扉，让他们了解社会的真实情况，明白生活的酸甜苦辣，不应过分保护子女，不能对消极的负面信息隐瞒、过滤，只让子女了解积极正面的信息。否则，容易酿成子女过度自信、自我高估，当遇到困难而受挫时，会因此一筹莫展、手足无措。

其次，家长需树立自强不息的榜样。家庭是人的第一所学校，家长是子女的第一任老师。一个人的成长，家庭所起的影响比学校早。因此，一方面，家长需做自强的表率。子女是否具有不怕困难的性格、积极进取的良好态度，父母在其中起着重要的影响作用。拥有积极心态的父母会潜移默化地影响着子女。家长的表率作用，可使子女逐渐培养出应对挫折的心理自我防卫能力。相反，若家长心态消极，遇事容易退缩，怯懦的性格长时间在孩子面前表露，会直接影响孩子自信心的建立，成为其个人身心发展道路上的一道障碍。所以，家长自身需要积极调节心态。另一方面，家长也应该对自身提出更高的要求。俗话说：活到老，学到老。子女人格健全与乐观向上心态的培养需要家长从中指导，因此，家长需要不断学习新的知识和理念，特别是有关心理教育等方面的知识。同时，自觉、主动参与学校举办的活动，以各种方式保持与高校辅导员的联系，及时得知子女在学校的情况，方便在子女出现问题时对症下药。平时多利用寒暑假的时间了解子女，并且帮助其增强挫折承受力与自信心，让他们勇于面对并努力战胜挫折。

再次，对孩子的学习给予合理的期待。每位家长都会对自己子女的未来有所期待。望子成龙、望女成凤本无可厚非，但这样的期盼应该建立在对子女的智商和综合能力的充分了解上。期望过高，会给子女的成长带来不必要的压力，造成其心理上的失衡。理智的父母懂得与孩子平等交流问题，在孩子受挫时及时给予关心和帮助，支持他们摆脱消极的心理情绪，而不是一味斥责孩子的过错，不停地拿其他优秀的孩子做比较。事实证明，正确、合理的期望有助于子女端正自己的态度，从实际出发，在困难与挫折中锻炼自我，从而增强心理挫折的承受力。

最后，锻炼孩子的生活自理能力。大学生的自信心一方面来自乐观、积极的心态，另一方面来自自身拥有足够的能力去应对挫折。家长鼓励孩子在课余时间及寒暑假期间，适当参加体力劳动和脑力劳动，不仅能使孩子收获成就感，增强自信心，而且能锻炼孩子的独立能力。但是，有家长过于宠爱自己的孩子，放假回家时不让他们动手做家务，就连洗衣、叠被等都由父母代办，无形中使孩子变得懒惰，并且有强烈的依赖性，遇到小小挫折时很容易找父母替自己解决，若父母无法及时解决，则更倾向于逃避等消极的对待方式。事实证明，这种越俎代庖的行为很不利于孩子的健康成长，在孩子遇到挫折时，家长应当做的是从旁给予建议和支持，教授一些解决问题的逻辑与方法，并鼓励孩子自己动手解决问题，让他们懂得为自己的行为负责的道理。

（二）学校提高学生应对压力的能力，拓宽挫折教育的途径

第一，重视"人的教育"，坚持以人为本的教育理念。高校的挫折教育是一项针对人的教育工程，是一个教育者与被教育者之间的互动过程。因此，应转变旧有的单向信息传递的模式，摒弃一味灌输的教育方式，改用以人为本、以人为先的教育模式，让大学生感受到被他人信任、呵护，而不单单传授给大学生一些简单的心理挫折教育的知识。这种双向教育模式要求每一位思想政治教育工作者，包括教师、管理人员，做大学生人生道路上的导师，用心拉近自己与大学生之间的心灵距离，认识大学生，了解大学生，在学习、生活、就业等领域给予适当的指导和引领，让大学生在遭受挫折时感受到来自他人的关心与温暖，让挫折教育渗透多个领域，从多个角度切入，增强挫折教育的影响力。

第二，增强教师的综合素质，加强素质的培养与建设。古语有云："师者，所以传道授业解惑也。"一名优秀的教师不仅需要具备浓厚的学术底蕴，更应当具备优良的思想品德修养。在教学过程中，教师不能墨守成规，只用一套过时的教学方法，而是应当跟上时代前进的步伐，努力提高自身的学术水平和授课能力，结合所授课程的内容与学生的水平，在课堂上增强与学生的互动性，从而提升学生对课程的兴趣度，防止学生因为对课堂的畏惧和抵触情绪而产生挫折感。

　　第三，设立完善的心理咨询机制，建立线上、线下心理辅导平台。首先，在课堂上教授挫折应对知识，建设健全的辅导平台，可以更有针对性地帮助大学生有效应对挫折。每一位大学生的健康成长离不开及时、有效的心理辅导，特别是对挫折承受能力较弱的学生，及时、有效的辅导能帮助学生避免遭受过多的伤害，将负面影响降到最低，为学生的成长扫清障碍。因此，线下心理咨询室、心理咨询信箱及网络心理咨询平台的建设就有其必要性和紧迫性。其次，心理咨询平台的设立应当有严格的保密制度作为配套。"90后"大学生中的大部分人个性独立，并且不喜欢让外人知道自己在心理承受方面出现了问题。针对这一代大学生的性格特点，在咨询过程中，应当有一套有效的保密机制，一般情况下不对外透露学生个人隐私，尤其是学生所咨询的问题及学生的身份，防止因个人情况的泄露而对学生造成更加严重的心理伤害。再次，咨询师在心理指导的过程中应当积极关心学生，针对不同学生的需要给予热情的指导和帮助。最后，建立大学生心理素质档案，为心理咨询辅导提供直接而有针对性的依据。大学新生进入学校后，学校应当以心理测试、调查问卷等方式对各个新生的心理状况进行全方位的摸底，并将综合收集到的数据进行整理归档，对有明显或潜在心理障碍的学生给予关注，按照实际需要采取措施，帮助学生进行心理上的矫正，增强学生的心理承受能力和抗压能力。在资料收集、整理的过程中，相关工作人员必须保护学生的隐私，未经学生允许，不能把学生的个人资料告知他人，以免造成不必要的影响。

　　第四，丰富挫折教育的内容和形式，鼓励学生积极参与社会实践活动。在信息化时代下，大学生的思考方式和接受信息的方式都比过去发生了很大的变化，高校应当因应新的变化而改变旧有的教育方式，从而吸引其积极主动地接受挫折教育。除了从理论上让大学生接受挫折教育，还可以开展多项社会实践活动，有针对性地制造某些困难，培养大学生的应变能力和挫折承受能力。事实表明，挫折的出现，能使大学生得到应有的锻炼，使其具有较强的环境适应能力，最终在困境中苗壮成长。

第五，注重大学生思辨能力的培养。哲学既是世界观，又是方法论，马克思主义哲学充满着辩证的思维：用联系、发展的眼光看待问题，矛盾的普遍性与特殊性，矛盾的对立统一，用辩证否定的思维方式和"扬弃"的方法对待周围事物等。注重辩证能力的培养，能使大学生实事求是，树立正确的价值观、人生观与世界观，从思辨的角度正确看待问题，通过正、反两面的观察分析，辨识现实生活中的挫折与困难。对马克思主义哲学的学习，最重要的是让学生能够自觉掌握思维的逻辑与理性的认识。因此，高校应当重视哲学领域，尤其是马克思主义哲学教学的力度，注重开展有助于提高思维逻辑能力的活动，创造更多机会让大学生得到更多的锻炼。

（三）个人提高压力应对能力的途径

1. 以正确的挫折观对待挫折

人的一生不可能总是一帆风顺，每个阶段肯定会有各种各样的挫折迎面而来。在这个过程中，个人决定采取何种态度去对待挫折，会对自己的发展起重要作用。有的人畏缩逃避，甚至自甘堕落，态度非常消极；有的人勇敢面对，以不折不挠、越挫越勇的态度去面对挫折，进而战胜挫折。两种迥异的生活态度，决定了前者的一生碌碌无为，后者则成为生活的强者。由此可见，正确的挫折观有助于大学生在遇到困难、挫折时做出合适的选择。天下的幸运并不都是没有了烦恼，而天下的厄运也不都是没有希望。正如我国道家学派创始人老子在《道德经》中所说的："祸兮，福之所倚；福兮，祸之所伏。"树立正确的人生观，明白世上所有的事物都是在运动变化着的，就能从眼前的挫折中看到未来的蓝图，从眼前的失败中看到未来的成功。生活中的成功与失败并不完全对立，人应该用辩证的眼光看待两者，从中看出两者之间可以相互转化的现象，以积极、乐观的心态去面对挫折，努力在这个过程中总结经验、教训，并找出问题的症结，然后据此调整自己的心态或者方向，通过不断的尝试与改进，在未来抓住机会，取得成功。不管是生活上、学习上，还是人际交往上，只要保持着乐观、进取的人生态度，许多事情都可以向着好的方向发展。

2. 厘清所要承担的责任

责任就是分内应做的事情、应尽的义务。俗话说：天下兴亡，匹夫有责。只要人生活在社会中，就有对社会的责任，对自己行为后果负责的责任承担。一个人越能厘清自己所要承担的责任，越容易在困难、挫折面前保持冷静的头脑。大学生肩负起的责任主要有两种：个人责任和社会责任。

个人责任就是人的一生当中应当承担的对自己的责任，包括对自己的生命负责、对自己的行为举止所产生的后果负责。一方面，每个人的生命都是弥足珍贵，因此，无论遇到多大的挫折，人都应该珍重自己的生命，以狼的精神和顽强与挫折搏斗。另一方面，每个人的生命都来自父母，他们含辛茹苦地养大自己的子女，所以一名合格的大学生必须对父母负责，自觉尽到自己应尽的义务，孝敬父母，遇到挫折时想起父母，让父母成为自己前进的动力。

社会责任即指对身处整个社会所应承担的责任。对大学生来说，社会责任主要体现在两个方面：有正确的使命感，努力掌握文化知识。改革开放初期，人们的生活非常艰辛，但是在这样的环境下，中国依然取得了举世瞩目的成就。因为中国公民有着共同的理想，有坚定的社会主义信念，就是这些信念成为当时人们的精神支柱。当代大学生应该向前辈学习，树立正确的信念和坚定不移的目标，在挫折面前毫不退缩。另外，大学生在大学课堂和课余时间应勤奋学习，增强自己的综合素质，使自己适应社会的变化。

3. 拥有科学的人生抱负

抱负同样是心理承受能力强弱的影响因素之一。若大学生的抱负相对较低，则很难拥有较高的成就感；相反，若大学生的抱负定得过高，也容易因为难以达到而产生心理挫折。因此，抱负不应定得过高或过低，大学生应当根据自身的能力水平，结合外部社会的客观因素，制定科学的目标。这在有助于消除挫折心理的同时也成为个体成长的动力。通常情况下，在遇到挫折时，人们会发现原先追求的目标并没有受到阻碍，在努力的情况下依然可以实现。这个时候，大学生应当冷静分析，找出挫折出现的原因，在压力下迎面而上，坚信自我，勇于朝着既定的方向前进，最终达到自己的期望目标。当大学生的预期与事实出现偏差，在多次努力的情况下依然无法达到目的，则应当适当调整预期，通过对现实客观因素的分析，判断问题出现的原因，然后做出决定：或者通过其他途径实现，或者将原来不符合实际的目标调低，或者通过主动参与一些活动，在一定程度上缓解自身的挫折心理，使自己更容易获得成功。

4. 合理使用心理调节策略

第一，自我暗示法。大学生在遭遇挫折后，可能会出现消极、颓废的现象，更有甚者会对自己的综合能力产生怀疑，进而否定自我。因此，积极的自我暗示非常重要。大学生应当学会将目光放长远，不要随便放弃自己，遇挫时多从好的方面考虑，思考自己的长处，慢慢再度树立信心，从心底鼓起"我努力，我优秀"的勇气和信心，坚信自己并非一无可取。只有自己相信自己，让积极的情绪主导内心世界，才有可能战胜挫折。

第二，优势比较法。顾名思义，优势比较法就是当大学生遭受挫折的时候，通过对自我的引导，拿自身与其他碰到更糟糕境遇的人进行比较，以此冲淡因挫折带来的消极情绪，避免内心的失衡，从而不再自叹命运的悲惨。在现实生活中，人会有意无意地与身边的人进行比较，因此，在遭遇挫折的时候，通过与他人的对比，发现面对类似的挫折时依然有很多人坚强应对，而且这些人当中，大部分人的综合能力等各方面条件并不比自身优越多少。通过这样的比较，大学生可以增强自信心和自尊心，最终为战胜挫折赢得心理上的优势。

第三，升华作用法。当大学生遇到挫折时，将原有的不太切合实际的心理期望加以调整，让另外一种相对更切合客观现实条件，更高尚和更符合个人人生价值的心理期望取而代之，缓解由于心理受挫带来的痛苦、难过。正如一位伟人所说："不行是一所最好的大学。"这是一种具有积极意义的行为措施，通过转化的形式化解消极情绪，把消极的一面转化为社会、自我所能接受的一面。

第四，补偿作用法。由于现实客观条件的约束或主观因素的改变而导致原有目标无法按照预期计划实现，设法设定新的目标并努力获得成功，以获得成功时的喜悦情绪来弥补原来遇到的挫折带来的心理上的苦楚，同时挽回自信心。"塞翁失马，焉知非福"就是补偿作用法的一个例子。又如，一个学习成绩不尽如人意的学生，不管怎么努力都无法达到平均水平，于是转向乐器方面的发展，并努力学习，争取获得较好的成绩，以此换取学习成绩上无法带来的成就感。补偿作用法有其积极、正面的作用，但是如果使用不当，也可能会给大学生带来消极、负面的影响。若大学生利用容易实现或者相对比较低俗的目标取代原有的较难实现的且符合社会价值规范的目标，有可能对自己、对社会产生不利的影响，即使对目标的替代换来了心理上的补偿，也注定这个作用只能在短期内产生效果，从长远来看，有可能会带来更大的心理压力，导致更大的挫折，因而产生更强的受挫感。所以，在现实生活当中，大学生要学会分析、判断，在合理、适度的情况下使用补偿作用法，避免消极影响的出现。

第五，放松调节法。挫折会带来精神上的焦虑与紧张，此时，通过对身体肌肉、思维系统的放松调节，可以在一定程度上减轻心理上的焦虑、紧张情绪。放松调节法的具体形式多样，例如，可以选择一个安静的地方进行冥想，把注意力从挫折中转移，并进行深呼吸，缓解紧张、烦躁的消极情绪。

第五，善用幽默。通过使用比喻、双关语等方式，风趣、诙谐地表达自己内心的想法，在出其不意间达到化解挫折、摆脱心理失衡状态的目的。幽默的发挥不仅给人带来欢乐，而且是心理修养的较高表现，能体现出一个人的智慧和人格的完善程度。

第六，倾诉法。这是鼓励大学生在遇到挫折时，不要一味强行抑制消极情绪，遮盖内心的伤痕，而是尝试寻求社会的帮助，将内心的痛苦与难过说出来，在倾诉的过程中舒缓内心的受挫感。所倾诉的对象包括家庭成员、同学、朋友、心理咨询师等，这在学术界早已被广泛认可。而且，寻找社会的支持有助于预防大学生自杀行为的发生。早在19世纪，著名社会学家涂尔干就提出社会联系的紧密程度与自杀有关这一观点。缺乏与社会的联系，过度压抑内心的焦虑、失落，很多时候只会使自身变得更加焦虑、浮躁，从而放大挫败感，使自己的境遇更加恶化。良好的社会支持有利于健康，社会关系的匮乏则会损害身心健康。现实生活中，许多大学生在遇到困难、挫折的时候并不都选择向他人倾诉。希望自我独立或者害怕他人的轻视等，这些都是人之常情，但在很多时候并不是恰当的选择，尤其是在个人能力无法应对的时候，如果还是一意孤行，只可能为自己的身心带来沉重的考验。社会的支持一方面可以在应激情况下提供对个体的保护，起到缓冲作用；另一方面可以维持良好的情绪体验。因此，增强对他人的信任感，学会倾诉，在适当的时候寻求社会的支持，对个体来说有其必要性。在寻找帮助、向他人倾诉的过程中，个体内心深处的消极情绪可以得到宣泄，能增强心理挫折承受力。

第六章

大学生人际交往教育的实效性

大学生正处在学习知识和技能、认识社会、探索人生的发展时期，大学对他们来说是个小社会，如何在大学里处理好人际关系十分重要。良好的人际关系会树立自我的良好形象，积极拓宽自己的交际圈，赢得他人和社会的承认，促使自己走向成功。但是，许多大学生常常因人际关系而感到困惑，影响了正常的学习生活，有的甚至还产生了心理障碍。由于种种原因，当下高等学校的教育在引导大学生处理人际交往的过程中效果不佳。为了大学生的全面自由发展，高校必须正视现实，积极探讨提高大学生人际交往教育实效性的对策。

一、大学生人际交往及其教育存在的问题

(一)大学生人际交往概述

大学生人际关系是指大学生在日常生活和学习过程中，为了满足自身生存和发展的需要，通过一定的交往媒介而与他人建立和发展起来的，以心理关系为主的一种显在的社会关系。它主要包括与家人(主要为父母)的关系、师生关系、同学关系、朋友关系及与其他人的关系等多个维度。大学生人际交往有广义和狭义之分。广义

的大学生人际关系是指大学生和与之有关的一切人（包括家人、朋友及其他相关人员）之间的关系；狭义的大学生人际关系则是指大学生在校期间和与之相关的群体、个体之间的关系，其中最主要的是师生关系和同学关系。

1. 大学生人际交往的特点

大学生的人际交往具有社会人群的一般共性，但是大学生又是一个较特殊的群体。大学生接触社会少，又由于本身心理发展的阶段性，他们的人际交往也表现出以下几个突出的特点。

(1)交往需求的迫切性

大学生正处于青春期，这一时期，他们精力充沛，思想活跃，兴趣广泛，活泼好动，好奇心强，同时具有较强的自主意识。中学时期，学生们的主要目的是努力学习，考上大学，注意力基本放在学习上，没有什么精力和时间与他人交往。可是进入大学后，他们对人际交往的需求极为强烈。他们希望通过人际交往结识更多的朋友，开拓自己的视野，增长自己的知识，学会为人处世的技能，以适应大学生活和满足社会要求。同时，很多大学生远离了家庭所在的生活圈子，容易产生失落感和孤独感，他们渴望得到周围同学的关心、体贴、爱护、信任和理解。在类似于一个小社会的大学校园里，大学生们要与来自五湖四海的同学接触，要与很多老师交流，还要参加各种社团或者社会实践活动，他们交往的自主性大大增加，交往的需求也越来越迫切。

(2)交往标准的理想化

大学生的人际交往标准具有浓厚的理想色彩，比较重思想，纯洁、真诚。大学生的人生经历比较简单，从小学到大学，一直在求学，对社会了解很少，思想单纯。他们对社会充满幻想，对未来充满憧憬，对学校里的人际关系也有着较高的期待。他们崇尚高雅、真诚、纯洁的友谊，而较少带功利色彩。他们认为朋友应该是志趣相投、互相关心和帮助、共同取得进步的。无论是对朋友，还是对师长，他们都希望不掺杂任何杂质，以理想标准要求对方，而一旦有不到位、不如意的地方，则认为对方不够朋友，因而深感失望。正是由于对人际关系过于理想化，现实中的很多大学生对人际关系感到不满意，容易产生挫败感，无法接受人际关系中的不和谐。

（3）交往意识的独立性

随着年龄的增长，社会阅历的丰富及自我意识的不断发展，大学生的独立意识越来越强烈。他们逐渐摆脱对父母、老师的依赖，诸如与什么样的人交往，怎样交往，都愿意由自己来决定，他们的交往活动呈现出多样的个性色彩。首先，大学生的交往是积极、主动的，他们是互为主体、互相影响的交往伙伴，因此，在心理上存在较强的独立感。其次，大学生的交往大多是兴趣所致、意愿所使，因此，与个人的兴奋点相吻合。最后，大学生交往的外在约束力不强，绝大多数社会活动甚至集体活动是否参与，可由个人选择，强迫或被动的成分较少。并且，大学生年龄相仿，处于同一身心发展水平上，知识、能力水平相当，社会经验、阅历也相仿，思想观念相近。因此，大学生更加崇尚交往主体之间的平等。他们渴望理解与尊重，渴望平等相处。

（4）交往群体的相近性

大学生人际交往的主要对象是大学生群体，即同学（校友）之间的交往。大多数大学生的心理基础是相近的，有许多共性。这是与他们年龄相仿、学历相近、生活学习环境相仿，并且拥有共同的情趣、共同的语言、共同关心的话题等基本情况相关联的。

（5）交往内容的广泛性

随着大学生知识水平和学习层次的提高，交往的内容也变得日益广泛。他们之间的交往不再局限于学习，而是还包括感情的沟通和时事政治。他们既深切关注党的事业、祖国的富强、民族的昌盛和人民的生活，也关注经济、政治、文化及社会风气等各个领域的信息。同时，有友情、爱情、学业、人生理想和事业成就等多方面的感受、体验和憧憬，个人的家庭琐事和衣、食、住、行等也包含其中，他们渴望通过交往获得更多的精神上的充实和满足，并在交往中进一步提高自己。

（6）交往动机的单纯性

大学生交往的目的是交流思想，联络感情，探讨人生、学问和国家大事等，而交往方式则主要是接触交谈，因此，大学生的人际关系相对比较简单。一方面，大学校园是一个相对纯洁的地方，受社会不良风气的影响较小，大学生交往的动机相对单纯；另一方面，大学生群体的文化素质高，感情丰富，在人际交往中更注重感情的交流，强调交往的感情色彩。当然，大学生由于年轻、交往经验不足等原因，在交往中也会出现这样或那样的矛盾和冲突，但是他们之间并没有什么根本的利害关系，因而出现问题后，只要双方愿意，还是比较容易解决的。目前以家庭背景、经济状况等作为择友标准的还是少数，大多数学生的人际交往还是相对纯洁的。但是，随着大学校园的社会化程度越来越高，大学生交友的功利性越来越强。

（7）与异性交往愿望的强烈性

大学生在生理上已经完全成熟，性意识被唤醒，并且大学生正处于由家庭走向社会的过渡时期，对异性交往的愿望日益强烈。现在的大学生异性之间的交往已经不像过去那样躲躲闪闪，而是公开、开放的。当然，正常的异性交往还是值得提倡的，过分地排斥异性，对大学生的身心健康也是极为不利的。

（8）交往形式的网络化

从大学生人际交往的形式看，可以把大学生的人际交往分为现实人际交往和网络人际交往。大学生现实人际交往指的是大学生在校期间和周围与之有关的个体或群体的交往，其中最重要的是师生交往和同学交往。这种时空接近的人际关系对大学生身心健康的影响往往较大。随着科学技术的发展，尤其是计算机网络的发展，大学生的人际交往形式逐渐网络化。网络人际交往是人们在网络空间里进行的一种新型人际互动方式。网络人际交往给大学生的生活方式、价值观念带来了前所未有的挑战和改变。网络交往为大学生开辟了新的途径，拓展了交往范围，并且在一定程度上缓解了大学生的现实生活压力，甚至使其获得了自我价值的满足。

2. 大学生人际交往的影响因素

根据马克思主义哲学原理，影响任何事物发展的因素包括客观因素和主观因素。同样，影响大学生人际交往能力的因素也有客观和主观之分。客观因素包括大学生的家庭教育、学校教育，以及社会经济、文化、科技发展的影响。主观因素包括大学生的情绪、认知、人格及能力因素。

(1)客观因素

第一，家庭教育的影响。父母是孩子的第一任老师，家庭成员人际交往的态度、行为方式，对子女从小就起着示范作用。家庭环境、家庭教育的好坏直接影响到一个人的成长，对大学生的人际交往，以及将来走上社会都会产生影响。家庭教育方式、家庭内部环境、家长价值观导向都会对大学生人际交往产生深刻的影响。

第二，学校教育的影响。学校是大学生学习、生活、成长和成才的地方。大学四年期间，学校便是大学生人际交往的主要阵地。学校环境是影响大学生人际交往能力的主要因素。大学生离开家庭来到学校生活、学习，他们的人际交往更容易受到学校教育的影响。

第三，社会经济、文化、科技发展的影响。随着我国市场经济的发展及经济全球化的日益加深，大学生的价值观与思维方式发生了巨大的变化，向着多元化方向发展。受到现代社会新兴观念的冲击，大学生盲目追求炫耀式消费，抱着功利性的观点去对待人际关系。同时，对传统文化的片面理解造成了大学生人际交往的被动与保守，给大学生学习和处理人际关系造成了诸多负面效应。网络给人们的生活带来了便利，打破了人们在时间和空间上交往的限制，渐渐地替代了人与人之间直接的情感互动，也为大学生发泄不良情绪、寻求精神寄托、逃避现实生活提供了平台。它导致一部分大学生在现实中的封闭和人际交往能力的下降。

(2)主观因素

第一，情绪因素。大学生人际交往中含有浓重的情感色彩，情感的好坏决定着交往者今后彼此间的交往行为。大学生感情丰富，情感变化较快，缺乏稳定性。如果在人际交往中不分场合和对象，情绪反应过分强烈，会给人不成熟、心理调控能力差的感觉。如果过于冷漠，就会给人麻木、无情之感，造成人际交往困难或障碍。

第二，认知因素。大学生对自己、对他人及人际交往本身的认知都会影响其人际交往的效果。大学生愿意主动交往，但其社会阅历有限，接触社会也有限，不了解人的整体面貌，心理上也不够成熟，常常会受到首因效应、近因效应和晕轮效应等的影响，因此，在交往中常常带有理想模型，并以此在现实生活中寻找知己，一旦理想与现实不符，则产生交往困难，进而发展为人际交往障碍。

第三，人格因素。在人际交往中，人格因素的吸引力持久、稳定和深刻，会在人的交往中起非常重要的作用。在交往初期，外表和容貌起着重要作用。但随着交往的深入，那些有良好的个性品质的人才真正受欢迎。与具有良好的个性品质的人在一起，能让人感到安全、舒适和快乐。因此，大学生应不断完善自己的个性，做一个受欢迎的人。

第四，能力因素。人际交往能力的欠缺是影响人际交往的原因之一，而对有些大学生来说，则是影响其正常交往的主要原因。这些学生想关心别人，却不知道该怎么做；想赞美别人，却往往变得很羞涩。他们迫切地希望交到朋友，却老是感到没有机会；想表现自己的初衷，却换来出洋相的结果；心里很温柔，却用生硬的语言来表达。其实，人际交往的能力是可以提高的，关键是要多动脑筋、多交往。

(二)大学生人际交往教育的重要性

美国著名心理学家卡耐基也曾经说过："一个人的85％的成功因素取决于他的人际关系技巧，15％取决于他的智力因素。"人际关系在人类的发展中具有不可替代的作用。心理学的大量研究和人们的日常生活实际都已证明，正常的人际交往与良好的人际关系是心理正常发展、个性保持健康与生活幸福快乐的必要条件。如何构建高质量的人际关系，如何在人际交往中提高自身的心理素质，已经成为大学生的必修课。因此，进行人际交往教育对提高大学生人际交往能力起着举足轻重的作用。

1. 大学生人际交往教育是社会发展的需要

大学生是国家最重要的人才资源，是祖国的未来，是民族的希望，是构建和谐校园的主体，是构建和谐社会的后继力量。因此，在构建社会主义和谐社会的过程中，大学生作为社会群体的重要组成部分，也影响到整体社会的和谐。在中国，每年有数百万大学生走出校园，这是一种不容忽视的社会力量。我们相信，每一个大学生是实现社会和谐的细胞。大学生即将踏入社会，他们的全面发展是社会发展的关键，其中最重要的是有较强的人际交往能力。因此，积极有效地做好大学生处理人际交往关系的指导至关重要，是创建和谐社会的重要课题。

2. 大学生人际交往教育是大学生自身发展的需要

（1）有利于促进大学生的社会化进程

人际交往是个体社会化的必经之路。个体社会化，即个体学习社会知识、技能和文化，从而取得社会生活的资格。社会化是贯穿人生始终的过程，而且对一个人的生存和发展至关重要。它使人们掌握生活的技能，培养人们的社会角色。在大学这个阶段，大学生们都在认真地把握即将走向社会的关键时刻，使自己尽量多地开展人际交往活动，锻炼自己的交往能力，为自己未来的人生道路铺平最重要的基石。所以，良好的人际关系有助于大学生成为一个成熟的社会化的人。而良好的人际交往教育将有利于指导大学生正确地开展自己的人际交往，更快提高社会化所需的交际能力，更加自如地迈向社会化进程。

（2）有利于促进大学生的个性完善和发展

人际交往是有利于大学生个性完善和发展的一种活动。在个性系统中，自我认识是核心问题。个体的自我认识有四条途径：一是从与别人的比较中认识自我。二是从分析别人所给的评价来认识自我。三是从与他人的交往中认识自我。四是从自我监督与教育，从理想自我与现实自我的差距来认识自我。大学生尽管具有丰富的知识，但他们的社会知识面比较窄，这就需要通过接受人际交往教育来弥补。人际交往教育能够指引大学生采取正确的方式认识自我，正确认识到自己身上的缺陷并改进。这样有利于大学生形成完整的个性，促进自我发展。

（3）有利于促进大学生知识的学习和智力的开发

人际交往的过程常伴随着信息、知识、经验、思想的交流，在科学技术飞速发展的今天，知识需要不断补充和更新。而一个人的精力和能力是有限的，他获得的知识也是有限的，这就需要一个活跃的社会交往环境来进行知识的交流。在人际交往课程中，大学生与老师、同学自由交流，思维撞击，就会产生新的思想火花，有利于促进大学生知识的学习和智力的开发。

（三）大学生人际交往教育实效性不足的主要表现

在现实生活中，大学生认识到了交往在校园生活与社会生活中的重要性，同时，大学生的生理和心理特点也决定了他们有强烈的交往欲望与动机。然而，实际交往中并不是每个大学生都能处理好人际关系。在这一过程中，有相当数量的人会产生各种问题，并且导致他们在人际交往中出现紧张关系，甚至影响其心理健康。因此，需要对大学生的人际交往进行思想政治教育。它有助于大学生树立正确的人际交往观，保障校园生活的安定、和谐。现在大学生人际交往教育方面的实效性不足，其人际交往过程中仍然存在各种问题。这主要表现为以下几方面。

1. 不敢交往

大多数大学生在人际交往中能做到大胆、自如，有些学生虽然交往的愿望也很强烈，渴望通过交往得到别人的肯定和接纳，渴望理解、友谊，但是他们往往因为自信心不足而具有多疑心理、害羞心理和自卑心理，有交往的欲望却无交往的勇气。他们对交往有着不同程度的恐惧心理，与人交往时总是胆怯、害羞或自卑，害怕被人看不起，害怕交往遭到失败。与人交往时显得特别紧张，面红耳赤，两眼不敢正视对方；与人交谈时显得语无伦次、词不达意。因此，他们极力回避与人接触，常常陷入焦虑、痛苦、自卑、自责之中，从而严重影响了自己的身心健康和日常生活。这种恐惧心理如不及时调适，将会进一步影响交往。

2. 不愿交往

与上述情况不同的是，有些大学生并非害怕与人交往，而是他自己从心里就不愿意与人交往。造成这种现象的原因大致有两种：一种是生性孤僻，长期将自己封闭为一个"套中人"，缺乏与他人的交往，同时也害怕交往会打破自己心理的平衡。另一种是孤芳自赏，在交往中容易摆出目中无人、唯我独尊和自命清高的态势，或对别人吹毛求疵，这难免引起他人的厌倦和反感。人格平等是基本的待人态度，每个人都有被人尊重的需要。想融入一个群体，就应该放下自己的架子，与他人平等相处，甚至需要适当妥协。如果总是一副高高在上、目中无人、唯我独尊的样子，是不可能被人接纳的。

3. 不善交往

大学生人际交往失败的一个不容忽视的原因是缺乏人际交往的经验、交往方法和相关技能。例如，一部分大学生不了解交往的知识、技巧，在交往中显得过于生硬，不注意交往中的第一印象。在劝说、批评、拒绝他人时不讲究艺术等，很容易造成别人的误解，甚至给别人带来伤害。有的大学生人际交往经验不足，不知道怎样与不同性格类型的人交往，不知道如何关心别人，也不知道如何表现自己，更不会协调复杂的人际关系。有的大学生严重缺乏礼仪知识，或不懂得尊重对方的风俗习惯，或不懂装懂，夸夸其谈，从而影响交际质量。这些大学生往往很苦恼，因为他们不知道如何让别人接纳、信任和喜欢自己。

4. 不当交往

有的大学生可能开始时给人的感觉还不错，与别人的交往也比较主动，但交往的效果常常不理想，有时会使关系倒退，甚至产生冲突。例如，随着独生子女越来越多，学生中不乏一些只在乎自身利益，只站在自己立场考虑问题的人。这类人不在乎他人的想法，常常以自我为中心。有些大学生喜欢把自己的兴趣强加于人，不管别人是否乐意，硬要别人与他一同参加某项活动。有些大学生常常怀着不良的动机与人交往，在交往中缺少应有的真诚和信用。上述行为都是不利于交往的行为方式，在日常人际交往中应当被摒弃。

5. 平淡交往

平淡交往，也就是交往平淡而不能深入，可以说是许多大学生共有的一种人际交往心理体验。他们能与人正常交往，却感到与人相处的质量不高，多属点头之交；感觉朋友随时可以离开自己，有事相求的时候才联系，没事就各不相干了。他们感觉缺少能够互诉衷肠、肝胆相照、同甘共苦的知心朋友，所以常常觉得有些心里话没有地方倾诉，满足不了较深层次的交往需要，因而内心不免感到孤独、迷茫、失落和无奈。

二、大学生人际交往及其教育存在的问题的原因

大学生人际交往教育实效性不足是多重因素共同作用的结果。大学生人际交往的影响因素有客观因素和主观因素。客观因素包括大学生的家庭教育、学校教育，以及社会经济、文化、科技发展的影响。主观因素包括大学生的情绪、认知、人格及能力因素。这众多因素共同影响着人际交往的各个方面。这些因素也同样影响了大学生人际交往教育的效果。大学生人际交往教育实效性不足的原因分析也可以从这几个方面进行。

(一)社会客观原因

1. 社会经济与法律因素

社会主义市场经济给中国社会带来了翻天覆地的变化，这种变化也深刻地影响了大学生的价值观与交往观。个人的经济决策总是从个人利益最大化出发。首先，受社会环境和风气的影响，有些大学生开始抱着现实性、功利性、效率性的观点去对待人际关系，片

面地认为当前社会的人际交往就是请客吃饭、花钱办事。这种交往观导致大学生在交往中自我本位思想严重，不愿意包容别人和缺少责任感。这对大学生的人际交往产生了负面影响。其次，大学生人际交往问题还受到当前一些社会问题的影响。例如，"老人跌倒不敢扶""见义勇为被冷落"等事件阴暗面的影响，社会人情的冷漠，让一些大学生在人际交往中防范意识过强，对他人缺乏起码的信任，尤其是社会上一些尔虞我诈、自私自利的思想、行为，对大学生的人际交往产生了消极影响。最后，社会制度也对大学生的人际交往产生了影响，最突出的是法律制度。目前我国不健全、不完善的法律制度让一些钻法律空子的人牟取了许多非法利益。比如，我们对诚信的法律保护的欠缺导致欺诈者得到利益，遵守诚信者反而受到损害的现象经常发生，使得诚信的宣传和教育苍白无力，从而动摇了大学生的传统道德观。

2. 家庭因素

（1）家庭教育方式不当

当今大学生多数是独生子女，是父母眼里的"宝贝王子""宝贝公主"，他们从小到大一直处在被"溺爱"的环境中。家长的包办使独生子女上大学后缺乏最起码的独立生活及为人处世的能力，他们往往以自我为中心，只顾及自己的利益和需要，只管自己的感受，漠视他人的处境和想法，从而影响其在人际认知和自我认知方面的心理发展。

一些家长教育理念错误，一味地给孩子创造良好的条件，要求孩子全力以赴学习，限制孩子的社交活动。有些家长给孩子灌输一些不正确的人际交往观念和交往方式，不注重培养孩子的换位思考能力和合作精神，导致一些孩子自私自利、自我本位、无独立生活能力等。这些都给他们大学期间的人际交往带来困扰。毕竟，父母是孩子的第一任老师，一旦教养方式和价值观、人生观的培养出现偏差，大学生的交往能力也就发展不利。

（2）家庭经济条件的差异

大学生家庭情况不同，其人际交往能力及在人际交往中的心理问题也存在着明显的差异。大学生活丰富多彩，社团、晚会、比赛等组织活动比比皆是。但是，来自农村的一些大学生由于原先的生活模式，导致没有什么特长。对城市大学生在各种活动中的突出表现，农村大学生意识到自己在这些方面的不足，但是短时间内他们又无从改变，因此，易陷入羡慕与嫉妒中。这种情况持续下去，来自农村的大学生就会慢慢变得自我封闭，不爱与人交流，不愿参加集体活动等，严重影响他们的正常人际交往。大部分来自农村的大学生，他们的父母对他们教育的重心永远在学习上，从而忽视了对孩子健康人格的培养，这也在一定程度上影响着农村大学生的人际交往能力。

家庭贫困的大学生在校期间，由于城市的繁华物质和自身贫困现实的巨大反差，容易导致他们在与人交往的过程中感到自卑，自尊心受害，进而活在自我封闭的世界中，在宿舍、班级团体中沉默寡言，不参加班级、社团和学校组织的团体活动。这在无形中限制了他们的交往范围，导致他们的人际交往能力差，影响了他们人际交往的正常进行。

3. 学校因素

（1）重智育、轻德育的教育体制弊端

我国传统的教育体制重应试教育，重智育，轻德育，导致我们的学校从小学到中学都以传授知识为中心，把学习成绩放在第一位，片面强调升学率，放松学生的思想品德修养，政治思想工作薄弱。

德育的教学内容往往严重脱离社会和学生实际，忽视市场经济的发展对当代青少年的强烈冲击，仍然满足于大而空的说教。德育工作常常在内容上搞"假、大、空"，形式上搞"一刀切"，方法上搞"满堂灌"，忽视了学生的主体地位和作用，忽视对学生综合素质的培养，忽视培养学生待人接物、与人交往的能力。这样的德育不能吸引学生，也不能完成其培养学生道德的使命，出现了很多"高分低能"的学生。

大学的环境不同于初中、高中，对大学生提出了更高的要求，但不少大学生的思想受应试教育影响，还停留在初中、高中阶段，只重视成绩，忽略了自我性格的完善，导致很多大学生缺乏人际交往的基本能力，与他人交往时存在这样或那样的问题，严重的还会产生人际交往障碍，无法适应大学生活。

(2)高等教育管理的弊端

在应试教育背景下，当前各高校对大学生的教育还是更偏重于专业技能知识的传授，忽视了心理健康教育。心理健康教育在当前有的学校并没有被纳入教学计划，以致不能给广大学生的人际交往必要的技巧指导。我国大学普遍缺乏这方面的课程，即使有些学校有这方面的选修课，也更侧重于理论上的教学，很少对涉及大学生人际交往中的现实问题和需求进行专业技能指导和心理疏导，缺乏针对培养人际交往能力而提出的全面、科学的教育计划和措施。

大学在课堂教育上没有充分开展与大学生人际交往关系密切的人生观、价值观、爱情观的思想教育，只是在"思想道德修养与法律基础"课程中对人际交往的相关内容有些许理论讲解，并没有观照大学生对人际交往的现实需要。大学生尤其需要的关于人际交往技巧的指导就更谈不上了。

此外，高等学校不断扩招，学生数量成批地增长，但与之不对称的是，高校教师数量并没有随之增长，教师要带几十人甚至是几百人。这使得教师很难与每一位学生沟通到位，教师根本不可能了解学生的内心世界。当学生出现困惑和苦闷时，教师自然爱莫能助。师生只会在特定的场合，如上课或开学生大会时才会碰面。大学阶段是一个人社会化的重要阶段，是世界观、人生观、价值观形成的重要时期，但是这段时期大学生的心理状况很不稳定，需要教师的指导和帮助。目前师生关系相对疏远，大学生的心理问题不容易解决，影响了大学生的人际交往。虽然现在多数高校设立了心理咨询室，并设有专职教师，但咨询效果似乎并不明显。

（3）网络时代的冲击

网络给人们的生活带来了便利，它打破了人们在时间和空间交往上的限制，虚拟的网络交往替代了人们之间很多的直接情感交流。大学生群体是青年中接受新知识、新信息最快的群体。网络在快速传递知识信息、提供娱乐游戏的同时，也为大学生宣泄不良情绪、寻求情感寄托和逃避现实生活提供了平台，它导致了一部分大学生在现实交往中的封闭和人际交往能力的下降。

第一，现实交往的缺乏。网络化的交际方式减少了人与人之间面对面的情感沟通机会，大学生之间面对面的正常交往机会急速下降，缺乏现实交往的动机，大学生人际交往能力下降。这部分学生长此以往会不愿从虚拟的网络交往中脱离出来，从而疏远现实的人际交往。每天的时间是有限的，当大学生在网络上花费的时间越多，他在现实生活中的交往就越少，从而朋友就越少，同时在现实生活中越感到孤独和沮丧，就会逃向虚拟社会寻求心灵安慰，消极面对现实生活，形成恶性循环。

第二，网络交往的信任危机。网络交往的虚拟性会造成网络交往的欺骗行为、网络不文明行为，以及借助网络发泄私愤等问题，这容易产生信任危机。网络交往的信任危机会导致大学生对现实中的人际交往产生怀疑，责任感减弱，进而影响他们与周围人良好人际关系的建立与发展。

第三，网恋的兴起。网恋作为一种新兴的恋爱方式，对传统的恋爱方式产生了巨大的冲击。网络为大学生创造更多恋爱选择的同时，也对大学生建立正确的婚恋观有消极影响。网恋的魅力在于网络的虚幻，而网恋的危害也恰恰在于其虚幻。总的来说，网络不能代替现实，一味地沉溺于网恋，幻想爱情，就会危及正常的现实生活。

第四，人际交往的虚化。大学生沉溺于网络虚拟的成就感与优越感，缺乏对网络的自控能力，容易产生心理上的依赖，并且大学生会热衷于"织围脖（微博）"和"晒生活"的网络交流方式。这种交流方式为他们提供了相对充足的信息交流机会，但是网络传递的信息往往是缺乏情感性的。因此，大学生一旦离开了网络就没有话题可聊，进而导致人际关系的恶化，具体表现为"网络上很活跃的人在现实中可能是很内向的"人际矛盾体。

(4)传统文化因素

一个民族的文化，尤其是传统文化，无时无刻不影响着人与人之间的交往关系。中华传统文化在人际交往中蕴含着丰富的精华，重视家庭关系，重视朋友关系，讲究以德报怨。但是由于我国长期处在封建社会，小农经济占统治地位，这助长了保守、封闭的人际交往模式。传统文化中不可避免地藏着一些糟粕，一方面，人与人之间的交往过程中缺乏公正思想，人际交往以主观好恶为标准，依托人情维系，这样很容易发生不平等的人际关系，影响社会公正；另一方面，传统文化道德规范只局限于五伦关系，"五伦"即父子、君臣、夫妇、兄弟、朋友五种关系，是狭义的"人伦"。中国古代以"三纲五常"来规范人们的思想、行为，这仅是宗法关系，不具有普遍性，对五伦关系以外的关系没有道德约束。因此，发展正确的人际交往方式，应该对传统文化采取扬弃的态度，结合实际，采取科学的态度、合理的方式进行人际交往。

(5)西方社会思潮的冲击

大学校园作为接受新思潮、新观念、新知识的主阵地，西方各类社会思潮也顺理成章地进入了校园。西方社会思潮在中国的传播和渗透，对大学生的人际交往产生了重大影响。西方社会思潮对大学生的影响表现在价值取向方面：大学生过分追求个性化，从而不知不觉地忽视了个人与社会的关系。他们不顾社会与个人的相互作用，单方面讲求社会对个人的尊重，缺乏社会责任感和使命感。他们不擅于融入集体，且人际融合能力较低。当他们内心深处渴望与人交流并得到别人的认同时，张扬的个性又往往与集体的制约相冲突。与他人交往不顺畅，大学生会趋向于封闭自我，人际交往能力持续滑坡，人际关系向不健康的方向发展。

(二)个人主观原因

1. 环境适应能力不足

这主要是针对大一学生而言。大一学生脱离父母的怀抱，来到一个崭新环境。他们的适应能力面临极大的挑战，他们需要适应完全不同的人际环境、陌生的学习生活环境和新学校的管理体制。在这个探索阶段，有些大学生会出现因为适应能力不足等造成的交流障碍。另外，即将毕业的大学生对环境的适应能力也不足。他们对社会既充满期待，又充满恐惧，不知道如何从学生角色向社会角色转变，因此会产生焦虑、茫然和害怕等情绪。

2. 生理与心理发展的不均衡

大学阶段，大学生个体从生理发育上已具备成年人的体格及各种生理功能，而大学生与社会生活存在一定程度的隔离，对真正的社会生活缺乏直接而深刻的了解，社会实践活动极少，大学生的心理发展不完全成熟，表现为价值取向摇摆不定，不能正确对待自己，自制力较差，感情冲动，情绪易变，最后导致身心发展出现矛盾。

一方面，大学生自我意识的不断发展要求对自己的各种需求和行为进行独立的思考和选择，希望形成自己独立的行为方式；另一方面，大学生社会经验的缺乏、理想化等心理特征，不能满足其生理发展的需求。这样，过高的心理期待和较差的心理承受能力之间时时产生冲突，形成矛盾的心理。大学生不断接触社会，进一步发现自我，认识自我，并发现自我与他人的差异，渴望与他人交往，渴望被他人理解，被他人尊重，当这种需求得不到满足，感到精神无法寄托的时候，孤独感随之产生，他们就容易产生心理不平衡感，激发人际关系问题的产生。

3. 认知偏差

刚从中学毕业，经历了高考，在应试教育的大环境下走进大学的学生，除了学习，其他素质都很薄弱，反映到人际交往过程中就表现为不能全面、客观和正确地评价他人。远离家庭进入大学后，大学生从以前简单的人际环境过渡到相对复杂的大学人际环境，许多人感到难以适应这个新环境和新的人际交往方式，没有正确的人际交往认知。

在现实的交往中，大学生会把他们交往的失败归为内部因素和外部因素。交往归因也影响着大学生的人际交往能力。如果大学生常常将失败的交往归因于内部因素，则会产生自卑、自闭的心理。例如，一位女生的朋友少，她就认为是自己穿着打扮不够时尚或自己长得不漂亮。大学生经常存在归因偏差，例如，一些学生常常将自己的交往范围狭窄归因于对方所要求的社会地位、家庭背景和利益等条件是自身达不到的，而不是从自身能力归因。这种对自身的认知偏差和对他人的消极、负面的认识和评价，不同程度地限制了他们的人际交往范围，阻碍了人际关系健康、良好地发展，加大了其与周围人之间的距离。

4. 性格的差异

性格是人们在社会实践活动中逐渐形成的一种较稳定的心理特征，可随着实践活动不断发展和变化。人们是否在人际交往中处于受欢迎的地位，很多时候是由其性格决定的。由于生活方式、思维方式和交往方式的不同，每个大学生的性格特征也不尽相同。许多大学生的不良性格品质是导致其人际交往能力差、产生人际交往障碍的主要原因，如虚伪、自私、不尊重他人、情绪反复无常、缺乏责任感、行为怪异等。性格的差异会带来交往中的误解、矛盾与冲突。例如，胆汁质的人性情急躁，言谈举止不太讲究方式，这会使抑郁质的人常感委屈和不安，造成双方的互相抱怨和不满。又如，性格内向的人不善言谈，不喜与人打交道，不去主动展现自己，常常把自己封闭起来，压抑自己，从而产生一些心理问题，甚至造成社交恐惧。

5. 交往能力不足

现在的大学生往往交往能力不足，不重视交往的"第一印象"。要成功地进行人际交往，就要有较强的人际交往能力。欠缺人际交往能力，就难以与人交往，更不要说成功地与人交往了。因此，心理学角度的"近因效应""晕轮效应""定式效应"都可能在大学生的人际交往中出现并发生偏差，从而影响其人际交往。

三、提高大学生人际交往教育实效性的对策

多种因素造成的大学生人际交往教育实效性不足的问题，需要多方面的努力，才能提高人际交往教育的实效性。

(一)注重当代大学生的家庭教育

前文在对大学生人际交往影响因素的分析中曾提及，家庭教育对大学生人际交往能够产生深刻的影响。

家庭教育是一个人走向成功的第一步。父母对孩子的影响是深远的，家庭教育对孩子自身的身心健康及后天发展都有非常大的影响。在家庭因素中，最容易引起大学生人际交往障碍的因素就是家庭缺乏应有的亲情氛围。部分家长不善于向孩子表达自己的爱，或者父母也很少当着孩子的面表达爱，使得孩子缺乏爱的能力和最起码的同情心、同理心。现代中国的很多家庭只关注孩子的学习成绩，忽视培养孩子的情感体验和能力，极易导致孩子自私自利。赢得家长和家庭对大学生的关心和教育，是提高大学生人际交往教育实效性的重要因素。

1. 优化家庭环境，提供民主、开放的氛围

家庭能够给子女良好的社会支撑。家庭是人的第一教育环境，家庭经济条件、家庭所在城市、家庭结构、家庭教育方式会在很大程度上影响大学生的人际交往能力、环境适应能力、人际交往圈子。经济条件良好，民主、开放的家庭能够为大学生提供良好的条件，使他们拥有较良好的人际交往圈。这类大学生思维更活跃、更自信、更积极、更主动；反之，大学生则会自卑、封闭，不能有效处理复杂的人际关系。因此，在经济条件一定的情况下，父母应该给孩子创造尽可能民主、开放的氛围，鼓励孩子依靠自己的力量创造未来，树立自信、乐观的心态。

2. 保持家庭完整，营造和谐家庭氛围

当今社会节奏加快，价值观念多元，导致离婚率上升。为了孩子的健康成长，父母应尽可能地保持家庭环境的完整，即使家庭破裂了，也要保证爱的氛围。此外，父母的感情和谐、融洽，对待老人友善、孝顺，对待孩子温柔，而孩子身处和谐的家庭气氛，在与同伴进行交往时，往往对人态度友善，信任他人，不主动与人发生争执，在发生矛盾时能主动让步，和平化解矛盾，比较容易赢得良好的人际支持。因此，应保持家庭的和谐、稳定。

3. 做好言传身教，转变家庭教育理念

不同的家庭教育观念对大学生的健康成长产生不同的影响。一方面，教育方式要科学，要有宽严结合的充满爱的教育，但不能溺爱；另一方面，教育内容要科学。受传统观念、教育体制的影响，不少家长认为孩子只要学习好就什么都好，只注重学习，忽略了对孩子其他能力的培养，甚至剥夺了孩子娱乐的权利，造成孩子很大的负担，不利于孩子健康心理和人际交往能力的培养。家长要注重孩子综合素质的培养，使其全面发展。总而言之，家庭是人生的第一场所，父母是孩子的第一任老师，每个人的人生都会打上家庭生活的烙印。不断优化家庭素质，才能为大学生良好人际交往关系的建立铺路。

高压的大学生活

【案例描述】张某，男，20岁，四川人，大学二年级学生。张某是家中长子，其下还有弟弟，弟弟出生后身体健康。父母关系不好，经常争吵，处于分裂的边缘。父亲外出打工养家，母亲管理家中事务，但常与邻居发生矛盾，邻里关系紧张。张某自己没有什么兴趣爱好，缺少亲密朋友，几乎所有时间都用在学习上。张某是这样倾诉的："最近三周感觉自己根本不想待在寝室，感觉自己与人相处很失败，现在就连和同学交往都有些害怕了。感到焦虑、郁闷、苦恼；感觉自己太单纯了，人家都很有心机，很讨厌那些耍心机的人。前阵子军训要整理内务，由于自己是宿舍长，所以多干点无所谓。他们不干，我也不能说什么，要不别人会觉得我很烦，但是评比之后得了荣誉，他们又说这是集体荣誉，4个人都有份。我家庭条件不好，所以不能跟他们出去玩，不能总去上网，我管得住自己，但他们都瞧不起我。前一阵子要举行新生篮球赛，我报名了，但是听说要买统一的篮球服，我就不想去，而且又想到耽误时间，影响我的学习计划，所以我就退出了，搞得同学很不高兴。但是没办法，我不能影响我的计划。近来睡眠不好，觉得自己是被室友影响了；学习效率不高，更不敢多抽时间休息；人际关系不好，怕影响以后评优、评奖学金。"张某在说这些话时，说话速度较快，表达清楚，逻辑清楚，表现出烦躁、焦虑情绪。室友及同学反映其常发脾气，对人冷淡。

【案例分析】张某的情况就是一个典型的有人际交往障碍的例子。张某的病因可以从社会原因和心理原因进行分析。社会原因为：张某家庭的教养方式使得张某形成不合理的认知；在人际关系方面，他几乎没有知心朋友，缺乏社会支持。心理原因为：张某性格偏外向但不稳定，个性追求完美，争强好胜，以自我为中心。张某应该走出自我世界，主动去交朋友，正确认知自我，培育良好的人格，多消除负面情绪，学习人际交往的技巧，逐步建立良好的人际关系。

(二)注重当代大学生的学校教育

大学生进入校园，远离父母，学校、教师更应尽可能地发挥好指导、帮助学生的作用，引导他们身心的健康发展。

1. 设置科学、合理的课程体系，丰富人际交往的相关知识

要做好大学生人际交往能力培养工作，引导大学生树立正确的人际交往观，设置科学、合理的课程体系非常关键。只有在体系中丰富人际交往的相关知识，才能对大学生的人际交往能力提升进行系统引导，从理论和实践对大学生人际交往进行有效教育。

(1)开设大学生人际交往理论课程

中国的学生长期接受的是应试教育，上课接触的是课本上的知

识，很少涉及关于人际交往的理论学习，因此，他们缺乏交往技巧的学习，需要对他们进行理论部分的教育。这方面的教育可以通过开设与人际交往相关的课程和讲座，如"交际方法论""人际交往心理学""人际交往艺术"等来学习人际交往的基础理论。大学生首先需要在理论层面打好基础，努力掌握人际交往的原则和技巧，学会表达自己与理解别人。这样才能在人际交往中建立良好的人际印象，提高自己的人际交往魅力。

（2）采取互动式的课堂教学

教学的过程应该是授人以渔，并非仅授人以鱼。教师在教学中应多采用启发式、案例式、研讨式等让学生参与其中的教学方式，发挥学生的主动性，提高他们的学习能力，同时也培养他们的人际交往能力。教师要根据课程的性质特点，灵活运用各种教学模式，其重点是让学生成为课堂教学的主体，引导学生积极主动地参与到课堂之中，在参与中锻炼他们的人际交往能力。例如，课堂讨论和小组工作，这些教学活动都要求学生在与他人的合作、沟通和交流中完成，能培养、锻炼大学生的团队合作能力，从而潜移默化地锻炼其人际交往能力。

2. 创设良好的校园环境，促进大学生个性的和谐发展

校园环境是社会文化与学校教育的产物，是学校精神文明的重要组成部分。它对学生身心的健康成长起着促进、导向、规范与教育的作用。在大学校园中，部分大学生对人际交往的认识存在偏差，有些大学生认为实现个人利益是人际交往的唯一目的，一切人际交往都是金钱、名利的互相利用，因此，他们对人际交往持悲观、失望的态度。有些大学生害怕表现得与别人不同，因此，他们在人际交往中跟随大流，失去个人特点。还有一些大学生不与别人交流，认为每个人都生活在自己的小世界里。类似的错误思想对大学生的人际交往产生了深刻的不良影响，大学校园里的不良交往风气急需改善。因此，高校应重视创设良好的校园环境，促进大学生个性的和谐发展，不断提高大学生人际交往的水平。

(1)加强人文精神教育，实现对人性的终极关怀

人文精神是一种普遍的人类自我关怀，是人要成为"人"的精神需要。人文不仅关系到人性，也关系到做人。高等教育也是育人的教育，教会学生做人是高校当前值得关注的问题。加强人文精神教育，注重对人性的终极关怀，才能构建和谐的校园人际交往环境。

(2)创建和谐的课堂氛围，发挥课堂育人的影响力

教师要利用好课堂教学这个重要环节，在课堂中创建民主、平等、和谐的氛围；学生通过在课堂上与教师的自由交流而掌握与长辈等交流的技巧。在班级中开展一些协调性活动，为学生创造展示的机会，让他们感受自己在集体中的位置，提高自信心。在课堂上可以开展一些学习小组的合作活动，让学生之间互相交流学习，学习如何在群体中与同伴交流，无形之中就能提高学生的人际交往能力。

(3)注重师风建设，促进师生深入交往

课堂交流毕竟是有限的，大学生会在实际生活中遇到种种问题，需要教师给予指导。学生管理工作者与导师要密切加强与学生的交往，经常耐心、细致地为其做思想工作，解决他们在人际交往方面的困惑，指导学生的发展。在工作中要表现出民主、公正、务实的工作作风，体现出正确的价值观来引导学生、熏陶学生，使学生的人际交往行为更加健康。

(4)推进和谐交往寝室建设，培养大学生的社会交往能力

寝室是大学生生活、学习、交流的最重要场所之一。地域文化、经济条件、家庭教育、生活习惯、价值理念等的差异，都容易引起大学生寝室成员在交往过程中的矛盾与冲突。因此，创建和谐寝室、打造良性的寝室交往空间是培养大学生社会交往能力工作的重要环节。可以通过物质文化、精神文化、制度文化、行为文化四个部分的合力建设大学生和谐寝室文化；也可以寝室为单位开展丰富多彩、积极向上的寝室活动，在活动中调动寝室氛围，体验寝室亲情，凝聚寝室关系，凝练寝室文化。

内向、自卑的孩子

【案例描述】陆新(化名)，男，汉族，19岁，大学一年级学生，无重大躯体疾病史。父母均在家务农，家中有一姐姐，无精神病家族史。陆新从小性格内向，与父母关系一般。家中姐姐优秀，父母都比较喜欢姐姐。高中时期老师按照成绩的高低排座位，陆新因成绩不好，坐到了教室后面，自此，他感觉别人都拿异样的眼光看他。到了现在所在的学校后，与别人在一起时，他还是觉得不自在，觉得很尴尬，因而害怕与人交流，回避别人的目光。他非常苦恼。

陆新个人陈述："父母不喜欢我，我从小就觉得不如姐姐，很自卑。高中时因为成绩不好，加上座位坐得靠后，我更自卑了。现在来到这个学校，我想和同学们处好关系，可是在一起的时候就觉得不自在，总觉得别人在注意我。另外，我特别容易受暗示影响。现在我感觉特别烦恼，不知道该怎么和同学相处了。"陆新说话速度较快，思路清晰，但情绪低落，咨询过程中一直低着头。据辅导员反映，该生平时内向，与同学接触不多，近来显得情绪不佳。

【案例分析】陆新表现为人际关系敏感。陆新的障碍可以从社会因素和心理因素进行分析。社会因素为：父母对其的教养方式不当，且陆新个性内向，与周围人交流较少，缺乏有效的社会支持系统。心理因素为：陆新性格内向，追求完美，存在认知偏差，并有高中时期排座位的负性情绪体验。为了满足自身生存和发展的需要，人类必须进行人际交往。陆新应该改善人际关系，完善个性，培养良好的心态，积极悦纳自我。

3. 组织丰富多彩的课外活动，培养人际交往的相关技巧

(1)加强班集体建设

班集体对大学生来说是一个十分重要的集体。加强班集体建设，为大学生创设一个和谐的集体氛围，发挥群体的辐射效应，以集体的影响力对班集体成员发挥影响作用，使大学生形成性格开朗、人格健全的美好品质，以此帮助他们改善自己的人际关系。另外，在加强班集体建设中要重视班主任、辅导员等的引导作用，重视班集

体心理气氛的调节，加强班集体的舆论建设。

（2）开展丰富多彩的校园社团活动

学生社团是以保证完成学生的学习任务和不影响学校正常教学秩序为前提，以有利于学生的健康成长和有利于学校各项工作的进行为原则，以活跃学校的学习氛围、提高学生自己管理自己的能力和丰富学生的课余生活为目的的群众性团体。学生社团可以根据学校的不同情况，利用学生的课余时间开展各种形式的活动，以交流思想，切磋技艺，互相启迪，增进友谊。对社团活动的指导，需要抓好以下三个方面的工作：第一，注意团体目标的设定，将目标与成员的利益相联系，成员就会把实现团体目标看成是实现个人利益的主要途径。第二，积极营造团结友爱、互相帮助的社团氛围。第三，发挥社团核心人物的积极作用，利用他们在社团中的核心凝聚力，带领成员主动与学校的其他社团密切联系，与其共同开展活动，繁荣校园文化。

4.拓宽大学生人际交往的实践锻炼平台

人际交往的突出特点是它的社会性及实践性。提高人际交往的能力，不能脱离实践课堂，必须拓宽大学生人际交往的实践锻炼平台。

（1）青年志愿者活动

高校要成立专门的志愿者服务组织，建立广泛的服务基地，定期开展并鼓励大学生积极、持续地参与立足校园、面向社会的青年志愿者活动。同时，要有机结合社会需要，以及大学生志愿者的社会交往与自我发展的需要，使大学生在为社会和他人服务的过程中深入了解社会疾苦，有意识地加快融入社会的步伐。另外，由于志愿者活动的广泛性和辐射性，大学生通过参加志愿服务活动，可以结识不同学校、年级、学科的同学，以及社会多领域的不同人士，拓宽大学生的社会交往范围。

（2）暑期社会实践活动

目前，大学生参与社会实践最多的还属暑期社会实践活动，但暑期社会实践活动一年一度，一年一个主题，缺乏延续性。学校应当提倡大学生有组织、有计划、有目的地对接社会实践项目，建立与专业学习、社会调查、科技服务、生产劳动、创新创业紧密结合的社会实践基地，成立社会实践导师制，形成长效机制。引导大学生持续地开展暑期社会实践活动，走出校门，走向社会。在实践—认识—再实践—再认识的循环往复过程中，在独立处理各种社会关系、解决社交问题中，在社会实践的团队协作中，大学生的社会交往能力得到螺旋式上升。

5. 针对大学生人际交往障碍开展辅导和咨询

（1）个别咨询

每个大学生都有自己的心理和人格特质，影响其人际交往能力的因素也不尽相同。因此，在进行心理咨询时，需要根据大学生交往中的具体问题具体分析，这样才能保证指导效果。部分比较特殊的群体，需要进行有针对性的辅导。个别心理咨询可以更有针对性地研究个体人际交往存在的具体问题，纠正和改变求助者的错误认知或非理性观念，引导求助者正确认识自我，树立自信心，提高人际交往能力。

（2）团体辅导

团体辅导的重点在于引导团体的每个成员积极参与互动，使团体辅导的效果最大化。虽然个体经历不尽相同，但大学生总会有共同遭遇的困惑或难题，这时就可以此为条件，将大学生分组，挑选出面临相同或相近问题的大学生，将其集中起来，形成暂时的团体，使他们在各自的团体中产生一种集体感，并在此基础上辅导他们共同解决共性问题。

（3）重点关注弱势群体

进行人际交往普及教育的同时，也要对少数在人际交往过程中遇到心理困扰及交往障碍的学生，给予科学、有效的心理咨询和个别指导。

比如，患有自闭症的学生，有自杀倾向的学生，因为语言差异导致无法与周围人群沟通的学生，因为地域差异导致与周围的人格格不入的学生，由于上网成瘾而厌学的学生等，学校都必须给予特别关注。针对这些由种种原因导致的人际交往能力较低的大学生，学校应从他们的日常生活、学习入手，了解个体的特异性，针对不同情况的学生采取相应的策略，引导他们走出低谷，冲破制约他们人际交往正常发展的枷锁，以培养他们的人际交往能力。

（三）营造健康、和谐的社会环境

人们的交往思想不可避免地受到市场经济活动一些不良方面的影响，导致一些领域出现了诚信缺失、功利主义、极端个人主义和腐败等现象。这已经成为影响社会和谐的一个突出问题。不和谐的社会风气对大学生的人际交往具有重大影响。为融入社会，个别大学生们跟随社会大流，开展功利性的人际交往：拉关系，送礼"走后门"，甚至同学之间的交往也变得功利。因此，营造健康、和谐的社会环境，有利于改善我国人际关系功利化的现状，为大学生发展健康、和谐的人际交往能力提供良好的社会环境，让大学生树立正确的人际交往观。

1. 深入开展文化工程

政府需要积极宣传主流思想文化，占领好主阵地，发挥主战线、主力军作用，引导社会思潮，凝聚广泛的社会共识，形成良好氛围，坚持团结、稳定，以正面宣传为主，用具有说服力的事实，巩固、发展健康向上的主流思想，令大学生形成真、善、美的价值取向和交往观。

2. 倡导社会的和谐理念

个人的和谐，人与人之间的和谐，个人与社会、自然的和谐，整个国家与外部世界的和谐，与思想道德体系和先进文化的建设是分不开的。在新的历史时期，要承接和弘扬中国自古倡导的理想和谐社会。和谐之美、和谐同居，是社会主义精神文明建设的目标，也是提升大学生人际交往教育实效性的重要举措。

3. 净化经济外部环境，弘扬优良风气

我们要注重市场的公平和公正，在经济生活中把竞争和合作作为重点，让大学生从简单的追求经济利益和短期目标的现实竞争环境中脱离出来，净化经济外部环境，过滤经济发展中的不良影响，弘扬诚信、真诚等社会优良风气，将中国传统文化中很多有利于大学生良好人际关系建立的理论应用到大学生教育中，为大学生的健康成长营造良好的氛围。

(四)注重当代大学生的网络心理教育

网络具有虚拟性、开放性、信息传输的快速性和自由平等性特点，这些特点使得一些大学生长期沉迷于网络，不可自拔，不仅荒废了学业，也身心俱损。最常见的后果就是性格孤僻，部分大学生往往难以正确认识自我而产生一个想象的虚拟自我，会因为现实与虚拟的巨大差别而迷失自我。这是长期沉迷网络，很少与人交往，缺乏人际交往的技巧，不愿意或无法与人交往造成的。因此，需要从关注当代大学生的网络心理教育出发，提升大学生人际交往教育的实效性。

1. 注重养成教育，提高大学生网络道德自律意识

学校要加强对大学生网络心理问题的研究，培养大学生正确认识自我的能力、人际交往的能力，以及角色适应和扮演的能力，养成正确地处理网络世界和现实社会的各种关系的习惯。学校应该引导大学生加强道德修养，强化道德自律意识，注重发挥自律机制的作用，引导大学生加强自身的道德修养。通过自身的道德修养提高道德认知，坚定道德信念，升华道德人格，从而在自律的基础上遵守和践行网络道德规范。

2. 对网络成瘾的大学生进行疏导和干预

学校心理健康中心应对有网络成瘾问题的大学生进行疏导和干预，要使有网瘾的大学生处理好网络交往与现实交往的关系。要让其认识到如果长时间沉迷于网络交往，就会造成现实人际交往能力的下降，导致感情失调并出现孤僻、抑郁等性格缺陷。为此，学校

需要引导大学生有节制地上网，让他们明白充分利用网络扩大人际交往范围的同时，也不要忽视现实交往。要以现实交往为主，可以将网上的朋友放到现实中进行交往，建立网上和网下两种沟通渠道，使生活更加丰富多彩。对已经有网络成瘾综合征、情感冷漠症等严重问题的大学生，则应该请专家做行为治疗，必要时配合适当的药物控制，避免大学生受到更大的生理和心理伤害。

3. 为大学生建构有序的网络交往

有序的网络交往是大学生科学、合理利用网络生活，促进网络交往与现实交往平衡的基础。高校要构建有序的网络交往，指导大学生有序地参与网络交往，需要从三个方面努力：一是优化网络交往环境，进行网络交往宣传教育，树立正确的舆论导向，以维护网络秩序。二是构建网络道德规范体系，通过网络道德教育提高大学生的网络道德自律意识，引导大学生自觉遵守网络道德规范，同时采取一定的技术来监控和净化网络环境，过滤有害信息，使大学生自觉约束和规范自身的网络交往行为。三是加强安全意识和诚信教育。高校学生工作者要帮助大学生了解网络交往的特点，引导他们树立正确的网络交往原则和观念。

4. 引导大学生形成健康的网络交往心理

网络的自由与平等性给了大学生充分的交往空间。正确认识网络交往，构建有序的网络交往环境，最终目的是使大学生享受健康的网络交往。因此，高校还需要重视大学生网络交往的心理健康问题。首先，学生工作者可以充分利用网络交往方式，与大学生广泛建立起网络交往，在日常交流中及时发现大学生网络交往中存在的问题。其次，要引导大学生主动努力学习有关网络心理健康的知识，及时调整自己的心态，提高自己的心理素质。最后，丰富校园网络文化，鼓励学生举办网络相关活动，杜绝大学生沉迷网络游戏的现象。

(五)弘扬传统文化，开拓德育新思路

加强社会主义文化建设，就是要深刻领悟社会主义核心价值，全面提高公民道德素质，把握社会主义主旋律。社会主义文化建设要求加强社会公众的诚信意识和责任意识，从社会公德、职业道德、家庭道德、个人道德四个方面完善社会道德体系。它同时要求吸收、借鉴各民族优秀文化，深入挖掘传统文化的有益价值。追求道德至上和真、善、美的道德教化功能，是儒家的一种理想人格。儒家思想以君子、圣人人格为道德理想，对人的行为进行道德评价，向社会生活注入了一种强烈的道德意识、伦理精神。

中华传统文化提供了丰富的教育资源。大力弘扬传统文化，需要结合新时代新形势，创造新方法，在批判中继承、弘扬中华传统文化精髓，将传统文化与校园文化相结合。传统文化教育要融入课堂教学，以学生为主体，以学生全面发展为目标，同时，开展形式多样的校园文化活动，将传统文化教育渗透其中，开展丰富多彩的校园文化活动，如"哲学电影月""清明祭扫活动""宿舍文化节""志愿者服务活动""学雷锋活动"等。

第七章

大学生婚恋心理与性心理教育的实效性

拥有健康的婚恋观是大学生心理健康的重要内容之一。随着社会快速发展和对外开放逐步深入，当代大学生恋爱的主流意识是健康的，他们勇于追求自己理想的爱情，恋爱观念开放，并且更注重精神层面的追求。然而，也有部分大学生在婚恋心理和性心理方面存在着很多问题。虽然学校教育在这方面做了一些工作，取得了一些成绩，但还是必须面对大学生的具体情况，加大大学生婚恋心理与性心理教育实效性的对策研究，以便大学生在完成学业的同时，在感情的道路上健康发展。

一、大学生婚恋心理与性心理及其教育存在的问题

婚恋心理和性心理是恋爱价值取向的重要组成部分，直接关系到人们对待爱情、婚姻和性等问题的基本态度。当代大学生处于新时代思想阵地的前沿，他们的婚恋心理和性心理与自己的心理健康状态、人格成长及品格培养息息相关。爱情是美好和甜蜜的，然而，当代大学生出现了不同类型的恋爱取向，影响着他们对爱情的认识和判断。另外，当代大学生作为一个性生理发展趋于成熟的个体，性心理的激烈引发了他们对性的好奇、困扰和压抑。因此，应对当

前大学生婚恋心理和性心理进行深入探索，总结他们存在的心理问题。

（一）大学生常见的主要婚恋心理问题

1. 偏向生理需求的心理取向

目前，针对不同高校大学生进行的恋爱交友状况调查显示，大学生在社交网站交友的目的中，排在前四位的分别是："找恋爱对象""精神空虚，寻找寄托""找一起学习的小伙伴""满足生理需要"。可以看出，不少大学生寻找恋爱对象是为了满足自身的生理需求。生理需求取向是由于大学生的年龄大多处于 20～23 岁，生殖系统趋于成熟，性激素的分泌影响着他们对性的渴望，他们有强烈的性冲动和性需求。因此，满足生理需求成为他们投入恋爱的主要动机。"见一个，爱一个"，具有这种生理需求取向的人，情感生活完全是由自身的性激素所驱使的，所以，他们追求异性的动机是满足性欲望，并没有意识到爱情需要对伴侣忠诚和坚贞。单纯的性激情引起的双方相互吸引、相互心动的时间并不是长久的。

2. 偏向物质功利的心理取向

所谓爱情的物质功利化，就是把各种物质条件作为爱情产生的条件和因素，把物质条件作为主要考虑因素。具有这种恋爱价值取向的人，并不是把爱情作为最终目的，否定这个世界上存在着真正的爱情。他们认为两个人相爱只是为了有利可图，把爱情看作一种金钱、物质上的交易，看作提高自己社会地位、改变自己经济条件、满足自身虚荣心和改善生活方式的一座桥梁。① 只要他们认为与对方交往是一笔划算的交易，他们就会尽力去维持这种恋爱关系。当他们发现其他人比自己的伴侣拥有更好的条件时，他们就会觉得自己可以再另外寻觅更好条件的人，就会与之前的伴侣提出分手。

3. 偏向浪漫理想的心理取向

这种取向是爱情物质功利取向的另一个极端化，认为爱情凝聚

---

① 秦冷冷：《当代大学生婚恋观的教育引导研究》，硕士学位论文，苏州大学，2012。

着生活的全部意义，漠视了爱情里的物质基础和现实条件。具有这种恋爱价值取向的人，是不会去计较对方的出身背景、社会地位、经济条件，甚至对方的外表的。他们注重爱情这个过程的体验，对爱情的期望度很高，甚至可以为了追求浪漫做出不符合实际的行为。因为他们所需要的是精神上的相互融合、相互慰藉。

这无疑是把爱情理想化了。爱情不仅要有情感的交融，还要有物质的支撑。的确，过于理想化的爱情是很单纯，很浪漫，没有掺杂一丝复杂的因素，但是一味追求浪漫，用理想的模式去衡量现实生活中的伴侣，而人无完人，这样做往往会给对方带来压力。再者，爱情中的浪漫也需要物质基础来维持的，缺乏一定的物质条件，双方的关系通常很容易破碎，在现实生活中很难开花结果。

4. 偏向无私奉献的心理取向

在爱情生活中具有无私奉献取向的人，对伴侣乐于付出，愿意为对方奉献一切而不求回报，认为无私地付出是一种爱的表达方式。他们既不是为了生理需求而追求爱情，也不是单纯地为了物质条件或者精神浪漫选择爱情伴侣，而是以纯真情感和共同的理想追求为基础，以对方的人格品质、情趣爱好相投为爱情取向。具有这种无私奉献恋爱取向的人，往往在爱情道路上为对方付出最多，他们认为爱情就是应该为自己所爱的另一方付出一切。

这样的爱情取向是纯真、专一、长久的，因为他们对待爱情是很忠诚和很坚贞的。但是为自己所爱之人无私奉献应该有一个度，如果不断地付出，甚至超出自己底线地付出，从而迷失了自己的本性，或者因对方的喜好而不断改变自己，是不可取的。

(二)大学生常见的主要性心理问题

1. 性认知的偏差

性认知的偏差主要是对性及相关问题的认识缺乏系统的科学知识，从而产生一些错误的认识和不科学的观念，影响自身的生长发育和身心健康，也影响个人的自我完善和成长进步，严重的则会影响个人的一生健康和幸福。现在，很多处于性生理成熟期的大学生，对性知识的认识和了解是非常贫乏的。调查显示,大学生获取性知识的最主要渠道是影视作品、漫画、网络资讯;紧随其后的是色情光盘。这说明,绝大部分大学生接触的性知识不是从父母和学校教育获得的,而是通过以上渠道获得。这就导致了他们认为性知识是难以启齿的,从而产生对性知识认知的偏差。

2. 性幻想的困惑

性幻想是指在特定因素的诱导下,例如,看见有吸引力的异性,或者看到与性有关的影视、图片和文字,就会联想到与性有关的内容。[①] 性幻想一般是人在清醒的时候产生的,它可以幻想出在日常生活中不能满足的与异性一起约会、接吻、拥抱、性交等性活动,有时候也会出现性梦。它可以导致生理上的性兴奋,有时候甚至会出现性高潮。这是一种很普遍的心理现象,但是有些大学生遇到这些性幻想的时候,会感到困惑、恐惧,影响自己日常的学习和生活,造成很大的心理压力。

3. 性行为的困扰

大学生性行为的主要表现是边缘性行为和婚前性行为。边缘性行为包括青年时期的接吻、拥抱、抚弄性器官等。对这些性行为,有些大学生不能较好地控制和应对,就会导致心理的困扰和心灵的伤害。[②] 而婚前性行为通常是他们在毫无心理准备,自愿而又不理智的状态下进行的。大学生出现婚前性行为,一般是为社会、家庭和道德所不容的,因此,他们也会很容易产生心理困扰,不仅会对性存在认识、观念上的困惑,还可能动摇自我评价和对自己未来的信心。

(三)大学生婚恋心理和性心理存在的教育问题

1. 社会教育内容趋于片面化

在新时代背景下,社会教育是以个人意愿为基础,引导人们自

---

①　戴丽、吴晓玮、周宁:《大学生心理健康教育》,211 页,北京,科学出版社,2011。

②　刘欣:《大学生心理健康教育教程》,181 页,南京,东南大学出版社,2012。

愿参与社会文化活动，并从中受到教育熏陶，使得社会可以形成一个良好的教育氛围。对当代大学生来说，目前的社会教育仅仅关注他们学习的知识性需求，过分注重他们对学历、文凭的渴求，而忽视了外界因素的熏染、同化，忽视了对他们身心发展方面的引导，尤其是有关婚恋心理和性心理的引导，从而使社会教育内容趋于片面化和滞后化。因此，与更注重知识技能学习和考试等教育内容取向的学校教育相比，社会教育应该更关注大学生的人格和心理素质的培养，实现个人全面、健康的发展，使社会教育成为与学校教育并行的重要教育力量。

2. 高校教育内容趋于刻板化，教育者观念滞后

目前，我国很多大学通过学分制来评定学生的综合能力，在一定程度上也有对他们参与课外实践活动及所获奖项的量化评价，并将此纳入奖学金的评定。[1] 因此，大学生把更多心思放在了各种社团比赛等校园活动实践中，希望在学习成绩不够优秀的情况下，用重点发展业余活动来弥补。表面上，这是对大学生综合素质的培养，但从某个角度来说，这种评定方式也显示了高校教育内容的刻板化。不可否认，当今高校的教育模式已经有了很大的改善，但是，很多高校通过开展更多的社会实践活动使大学生综合素质达到全面发展的要求，他们往往忽视对大学生的心理健康教育，更谈不上对大学生的婚恋教育和性心理教育了。

另外，教育者自身的因素也是问题产生的一个原因。现代大学生处于一个知识爆炸、信息量高速更新的社会，很多高校的教育者的教育观念存在与社会脱节的情况，他们对大学生的心理教育依然停留在说教层面上，尤其在婚恋心理和性心理方面，只是进行口头教育，更有甚者避而不谈。这样的教育观念，学生们不仅不会接受，反而会出现叛逆心理，也更无法从根源上改善内心存在的问题。

---

[1]　肖建国：《"问题大学生"的成因及教育转化策略研究》，博士学位论文，东北师范大学，2014。

3. 家庭教育模式趋于传统化

家庭教育模式重在对子女的心理成长及社会生活进行塑造，以弥补子女在学校学习中的心灵教育缺失。但是有些家长文化水平有限，对子女教育的模式趋于传统化，在对孩子的婚恋心理和性心理教育这方面尤为明显。很多家长认为，自己的孩子太早涉及婚恋知识和性知识会导致他们无心向学，甚至把婚恋知识和性知识教育与引发早恋、怀孕等事件相关联。因此，大多数父母选择回避这方面的教育，对子女的日常交往对象也是过分关注和留意。他们希望用严苛的监管方式来约束自己子女对这方面知识的认识和探讨，以控制孩子的恋爱行为和性行为。

二、大学生婚恋心理与性心理及其教育存在的问题的原因

在社会多元化文化冲击下，当代大学生的爱情价值观也趋于多元化。现在大学生婚恋心理与性心理教育问题产生的原因，与社会、学校、家庭环境是密切相关的。要深入了解问题产生的原因，就需要找出当代大学生恋爱的动机。

(一) 社会原因

当今社会变得越来越复杂，社会和网络传播的文化和思想存在着诸多不稳定的因素。随着社会的日益开放，外来的腐朽文化不仅冲击着大学生的思想，也影响着大学生心理健康的发展。一方面，国内一些大众传媒呈现日益低俗化、功利化的趋势，部分媒体把庸俗现象当脱俗，甚至让低级趣味作为流行趋势娱乐大众，随意贬低真、善、美的主流价值观，不断冲击社会的道德底线。大学生的婚恋价值观也受到了影响，开始趋向物质化、利益化和享乐化。他们把恋爱作为达到自己某种目的的途径，把自己的爱情和恋爱标准与金钱、名利、地位紧密联系起来，精于为自己的利益打算。也有部分大学生因家庭经济困难、就业压力大，或者爱慕虚荣，沉迷于高消费生活的原因，刻意为自己制造机会去认识家庭经济条件好、社

会地位高的同学或者校外人士,① 不惜用一切手段和他们谈恋爱,企图通过恋爱来解决经济上的困难。有的还不爱惜自己名誉,采取欺骗的方式同时进行几段"恋情"——所谓"脚踏几条船"。他们对爱情和婚姻的看法已经不再是神圣、纯洁的了,他们更在乎的是恋爱过程中带来的实质性收益。

在某种程度上,恋爱有时候为自己考虑是不为过的,毕竟,一定的物质基础也是成功的爱情的保障,但人们不能过分看重物质条件的作用。

此外,网络的普及虽然在一定程度上给当代大学生提供了"开眼看世界"的窗口,开阔了大学生的视野,丰富了他们的知识,但同时网络上传播的淫秽文化屡禁不止,甚至成为大学生获取性知识的主要渠道。大学生作为网络新技术的最新受用者,还未形成正确鉴别和选择传播信息的能力和心理机制,这些污秽的文化会在一定程度上对大学生性知识的认知形成错误的引导,也会在一定程度上腐蚀他们的思想,导致部分大学生在性心理上出现问题。

(二)学校原因

1. 高校对大学生的婚恋心理和性心理教育不够重视

一直以来,很多高校对大学生的教育是重视他们的专业技能知识而忽视其婚恋心理和性心理存在的问题,重视思想政治教育而轻视对他们健全人格的培养,重视学习生活心理障碍咨询而轻视有关婚恋心理和性心理问题辅导。② 这样一来,学校管理层就无法得知这方面存在的问题。

再者,即便部分高校开设了有关婚恋心理和性心理教育的课程,可是他们对新形势下大学生婚恋心理和性心理健康教育工作的任务、作用、功能、特点和规律等缺乏正确的认识和研究。据调查,高等

---

① 李汉华:《大学生心理健康教育》,89 页,北京,北京理工大学出版社,2011。

② 肖建国:《"问题大学生"的成因及教育转化策略研究》,博士学位论文,东北师范大学,2014。

学校建立的心理咨询机构的隶属关系多种多样，大部分挂靠在学生处，有些挂靠在团委、学生宣传部或校医务室。这样很容易导致大学生对学校的心理咨询隶属关系看法变得不明确，而且由于隶属关系的不明确，也会导致这些心理咨询机构出现无人监督、无人管理的局面，这样的心理咨询机构形同虚设。还有一些高校对大学生进行心理健康教育工作，也是根据上级领导的重视程度而定，或者为了应付上级教育主管部门和相关部门的检查和评估，但对大学生婚恋心理和性心理方面的辅导和咨询少之又少，因而很难形成良好的心理健康教育氛围。

2. 大学生婚恋心理和性心理健康教育的师资力量薄弱

有关资料显示，在对影响大学生婚恋心理教育和性心理教育实效性的首要因素的看法上，有 25% 的大学生认为是高校教师对婚恋心理和性心理的认识和教育水平不够的原因。这在一定程度上反映了各高校的专职婚恋心理和性心理健康教育师资力量很薄弱，不能适应大学生对婚恋心理和性心理认识的需要，也不能满足广大学生日益增长和变化的心理需求。高校的心理健康教育是一项科学性、规范性和操作性较强的工作，尤其对婚恋心理和性心理教育辅导人员的专业技能要求很高，只有经过系统和专业规范训练的教师才能胜任此项工作。但是目前高校关于大学生婚恋心理和性心理健康教育的师资队伍的专业水平总体不高，教育能力参差不齐。大多数教师是经过短期培训后仓促上岗的，根本无法及时跟踪到学生在这方面的心理问题。另外，从事婚恋心理和性心理健康教育的教师数量也不足，无法针对大学生存在的心理问题进行一对一的辅导和教育。

（三）家庭原因

中国文化博大精深，在传统文化川流不息的长河中，经过历史的不断洗礼，留下了光彩夺目的文化精髓，但是也沉积了一些历史污垢。虽然在 20 世纪早期，中国文化思想界曾经有一批受过西方教育的人，如陈独秀、梁启超等，发起了一场崇尚科学，反对封建迷信，猛烈抨击几千年封建思想的文化启蒙运动——新文化运动。但是直到 21 世纪的今天，传统封建思想在家庭对子女的教育中，负面影响仍然未能根除，在多数农村家庭尤为严重。这就难免导致父母对子女婚恋教育的欠缺，尤其是性教育的欠缺。

传统封建思想长期以来宣扬"性神秘""性禁锢"甚至"性肮脏"思想。① 对有关婚恋心理和性心理问题，绝大部分父母没有跟子女交流过。一方面，由于部分父母受到封建思想的影响，回避婚恋心理问题和性心理问题，对有关性方面的问题绝口不提，更不用说对子女进行科学、系统的性知识教育了。另一方面，他们认为对子女来说，学习是摆在第一位的，教导子女有关婚恋和性方面的知识是不重要的，或者没有必要的，甚至有的家长认为这方面的教育会影响到子女的学习成绩。

俗话说，家长是孩子的第一任老师，那么家庭就是大学生的第一课堂。家庭对大学生婚恋心理和性心理的形成具有长期而深刻的影响。在社会经济、政治和文化转型期，当代大学生婚恋心理和性心理存在问题的原因还来自家庭氛围的不协调。有的家庭领域出现了道德"失范"现象，出现了家庭成员不良行为的示范及教养方式的缺陷等，例如，父母有婚外情，父母长期不和，父母离异等。这些现象都对家庭和谐产生了极大的冲击，而且影响了当代大学生婚恋价值观的形成和发展。

三、提高大学生婚恋心理与性心理教育实效性的对策

爱情作为男女之间一种相互爱慕的、专一的、持久的情感，深刻影响着人的精神生活及其他方面。大学是爱情萌芽的地方，大学生婚恋心理和性心理问题是不可回避的现实问题。一方面，它应该引起社会、学校和家庭的广泛关注和重视，并且正确地面对，教育和引导大学生培养健康、科学的婚恋心理和性心理；另一方面，大

---

① 秦冷冷：《当代大学生婚恋观的教育引导研究》，硕士学位论文，苏州大学，2012。

学生应该树立正确的恋爱价值观，摆正爱情的位置，把握爱的真谛。这既是现代社会的要求，也是大学生自身成长和获得真正幸福爱情的需要。

（一）社会要净化网络环境，加强媒体的正面教育和引导

随着全球经济一体化的到来，社会观念不断改革和发展，网络及其他媒体报道的各种不同信息接踵而来，大学生作为一个特殊的群体，对新生事物的接受能力很强，对网络及其他媒体传播出来的信息总能很快吸收。

目前媒体对大学生婚恋负面新闻的报道，例如，因失恋而自杀，恋爱双方发生性关系而怀孕，堕胎未遂等的案件，虽然这确实是大学生在恋爱过程中存在的一些不良现象，但是过度集中于负面新闻的报道，会造成负面社会舆论，给大学生群体带来额外压力，使其产生怯懦和悲观心理。部分新闻媒体背离行业道德和伦理修养，甚至个别媚俗刊物违法传播不健康的文化。大学生处于生理发展的时期，对性的欲望是很强烈的，受到这些不良文化和行为的影响，他们会形成不健康的恋爱心理。更有甚者，为了得到性满足，走上犯罪道路。还有一些媒体为了提高收视率，不惜炒作新闻，传播西方一些腐朽文化，给大学生灌输错误的恋爱动机，由此，他们的择偶观念会倾向于拜金主义、功利主义。例如，一些相亲节目通过双方短时间地交流背景、条件和性格确立恋爱关系，这在一定程度上错误地引导了大学生对婚恋心理和性心理的认识。

所以，净化舆论环境，加强媒体正面教育和引导迫在眉睫。一方面，面对网络传播的异军突起，面对西方不良思想的渗透，中国社会应该针锋相对，有效回击，牢牢把握住网上斗争的主动权，发挥网络舆论的强势，清除西方腐朽思想的影响和网络里不真实的丑恶现象，净化网络空气，营造有利于大学生健康成长的网络环境。可以利用网络的影响力，深入研究并制定切实可行的法律，做到依法治网，规范人们在网络中的行为。政府也可以相应加大对网络管理的干预力度，通过一定的技术手段，对网络信息加以审查；安装过滤软件，对垃圾信息和黄色信息进行过滤，充分发挥网络的育人功能，让大学生安全和放心地上网。另一方面，还需要加强大众传媒的正确引导。目前，大众传媒对大学生婚恋现象的关注往往停留在伦理上，而忽视了心理上的关注，主要是评论学生恋情与学习的矛盾和在恋爱过程中存在着的一些不良现象。例如，大学生应该以学习为主，过早地谈恋爱会影响学习；因失恋而自杀；因恋爱偷吃性禁果而怀孕，逃避责任而堕胎；等等。对大学生传输这样的信息，是在一定程度上有警示作用，但是仅仅停留在伦理上的关注和指责是不够的，更重要的是心理上的关注，要帮助大学生树立正确的婚恋观，使大学生明确什么是爱情的本质。所以，大众传媒需要进一步做好指引和治理，坚持正确的舆论导向，高扬主旋律，调控主流文化，营造健康、积极的社会氛围，以确保大学生的健康成长。

(二)学校要加强大学生的婚恋心理和性心理教育

当代大学生谈恋爱的目的、追求爱情的动机各不相同，错误的婚恋心理和性心理会影响大学生的恋爱行为。大学生作为受教育者，他们的婚恋心理和性心理的形成有部分是直接来源于学校的，因此，学校负责思想教育工作的老师应当以积极的态度，在深入了解大学生的婚恋心理和性心理问题及其原因的基础上，积极帮助大学生排除感情困惑，引导大学生正确认识爱情，建立科学、健康的婚恋心理和性心理，规范恋爱行为。

1. 正确对待大学生的恋爱现状

对大学生的恋爱现象，学校教师应该以一种平常心去对待。大学生的生理和心理发展都已经比较成熟，对待问题有自己独特的思想和视角，绝不能强行压制，否则，他们会产生逆反心理。但是，教师也不能放任自流，采取不禁止也不引导的消极不作为态度去对待他们的恋爱现状。因此，在大学生步入恋爱之前，要引导和教育他们了解有关知识，包括性生理和心理，婚恋道德观等。在教育过程中要根据个体的差异性和特点，对他们的问题进行深入了解和分析，帮助他们正确认识爱的本质，摆正爱情的位置，促进他们情感生活的顺利发展。例如，当大学生处于热恋状态的时候，教师要指导他们不要忽视现实生活中存在的问题，双方应该相互包容，共同面对生活中的困难；当他们处于失恋或者暗恋的情况下，教师既要安抚他们受伤的心灵，又要引导他们积极、理智地面对，用时间去淡忘，重新迎接新的生活，寻找属于自己的爱情港湾。

2. 重视恋爱观教育

真正的爱情是以男女双方相互倾慕为基础的，是理想、信念、志向的一致，是性格和气质的相融和磨合，并不是外表和所拥有的物质条件吸引的，而应该是真、善、美的统一。对西方的拜金主义、享乐主义、利己主义思潮，教师应当指导大学生树立正确、积极的择偶观，端正自己的择偶态度，选择恋爱对象要注重性格和品质，择偶条件要客观、现实，不要过于注重外表或者其他外在条件。同时，大学生也应该明确恋爱的目的，不能把恋爱当成弥补空虚、满足自己生理需求的一种手段，而要做到相互坦诚、信任，谅解和尊重对方的个性和不足。

3. 加强健康的性知识教育

一个人观念的形成除了受到社会环境的影响，还会与自身接受的知识有关系。随着社会经济水平的日益提高，社会产品的极大丰富，性信息的快速传播，大学生的性生理成熟不断超前。由于大学生处在性机能已经成熟，性意识基本健全，性激素分泌旺盛和性意识十分活跃的时期，大学生的性观念会受到他们所接触的性知识的影响。目前，学校给大学生的科学的性知识教育内容还是不够全面，过于保守和封闭，非法诱惑的途径却很畅通。因此，对大学生进行科学的性知识教育是必不可少的。要帮助他们正确理解性别的内涵，正确认识两性生理差异及其发展变化的一般规律，从而形成健康的性意识。还应根据大学生的年龄特点，全面、系统地讲解男、女生性器官的发育过程，以及生殖器官的构造、功能和生理卫生，这样可以破除大学生对生殖器官的神秘感，得到健康的性教育知识。要引导他们从"本我"向"超我"方向发展，帮助他们有效地分辨和抵制各种色情诱惑，并且指导他们将对异性的追求和向往升华为纯洁、高尚的感情，认识到爱情也是可以纯洁和美好的。此外，教师在对大学生进行性知识的教育过程中，要尊重和理解他们内心的恋爱需求，从内心深处真正平等对待和理解学生，这样有利于他们把握恋爱的尺度，处理好恋爱涉及的道德问题。

4. 加大学校心理辅导工作力度，及时为大学生解决心理问题

国家教育部曾说明，高等学校对大学生心理健康教育工作的主要任务是根据大学生的心理特点，有针对性地讲授心理健康知识，开展心理辅导或咨询活动，帮助大学生树立心理健康意识，优化心理品质，增强心理调适能力和社会生活的适应能力，预防和缓解心理问题。帮助他们处理好环境适应、自我管理、学习成才、人际交往、交友恋爱、求职择业、人格发展和情绪调节等方面的困惑，提高健康水平，促进德、智、体等全面发展。

同时，很多高校的调查显示，心理咨询和辅导是大学生首选的帮助模式之一，这说明现存的专业心理咨询机构可帮助他们解决部分心理问题。所以，首先，学校要加强大学生心理健康教育师资队伍建设，培养一支业务水平高、知识结构合理的心理健康教育师资队伍。这样才有利于全面提高学校的心理健康工作水平，同时对全校大学生定期进行心理健康普查。其次，作为一种以学生为服务对象的服务机构，学校心理咨询机构应主动发现学生中的问题，不能等待问题的出现；应主动走到学生中间，为学生提供服务，通过各种手段提高咨询的便利性。

5. 建立大学生心理健康教育档案资料库，完善组织系统

大学生心理健康档案是大学生心理历程与各种心理测试的原始记录，它主要包括个人学习与生活的部分背景材料、心理发展变化特点介绍、心理咨询记录、心理测试结果和评价等。通过大学生心理健康档案，教师可了解大学生的心理状况及存在的问题，认真分析问题的成因和发展，以便进行有针对性的辅导。

首先，大学生心理健康档案一般在入校时建立，利用科学的方

法，在系统地收集各类心理信息资料的基础上，对大学生的心理状况和心理特征进行分析、整理，建立科学的分类体系，并在实践中不断充实和完善。

其次，大学生心理健康档案建立工作必须尊重学生，尊重客观事实，克服主观因素影响。[①] 应在严格遵循保密原则的情况下对大学生心理资料进行系统收集、整理。对心理普查的数据、心理量表的测试结果，以及心理咨询得到的材料，实事求是地记录，既不能夸大也不能忽视所发现的情况，更不能主观臆断、随意改动材料内容和测试数据。

最后，大学生心理健康档案具有很强的专业性和保密性，因此，对其管理人员的素质要求也较高。学校心理健康教育中心应指定专职人员负责大学生心理健康档案的建立及管理工作。管理人员除应具备良好的职业道德外，还要了解档案工作，掌握心理学专业知识，具备计算机操作技能。由于大学生心理健康档案内容涉及大学生的隐私，直接关系到大学生的学习和生活，甚至影响到他们未来的求职和求偶。因此，管理人员应对被建档者负有高度的责任心，对心理健康档案中的重要内容和其他涉及大学生隐私的信息严格保密。

总的来讲，学校要建立大学生心理健康教育档案资料库，完善组织系统，使大学生心理健康档案为开展大学生心理健康教育发挥应有的作用。

6.丰富校园文化实践活动，营造健康的校园环境

校园文化对大学生全方面发展有着积极的促进作用，可以起到陶冶情操、规范行为、开启智慧的作用。大学生具有活泼、好动、积极、好学的特点，也开始厌倦了"宿舍—课室—食堂"三点一线的生活。他们喜欢内容丰富、形式新颖、趣味浓厚的课余文化生活。因此，首先，要充分把握现代社会发展的脉搏，关注大学生感兴趣

---

① 曾虹、范韶维：《浅谈如何建立与管理大学生心理健康档案》，载《黑龙江档案》，2010(2)。

的主题，开展文化氛围浓厚的校园活动，例如，开展科普知识讲座，开展学术交流活动等，营造一种浓厚的学术文化氛围，使大学生受到潜移默化的影响，追求健康向上、积极进取的文化活动。这样，他们在繁重、沉闷的学业中能得到放松，同时能避免空虚、寂寞感的产生，防止形成不正确的恋爱动机。其次，大学生的恋爱心理问题具有差异性，学校可以对大学生开展心理咨询工作。由于心理咨询活动在教育管理和思想政治工作中有着不可替代的作用，个别组织和指导大学生恋爱问题的咨询活动可以改变他们不良的恋爱观念、态度和行为，加强他们对恋爱问题的认识和思考，促进人格的健康发展。最后，学校还需要加强管理和营造健康的校园环境。预防和减少大学生恋爱中出现的问题，是思想政治教育工作者的重要职责。除了对大学生进行充分的婚恋观教育和引导外，高校还要对大学生加强日常管理和学风建设。只有对大学生加强监管，让他们感觉到适当的学习和就业压力，使他们全身心地投入学习和工作中来，才能培养出高质量的合格人才。正所谓严厉不等于恨，爱不等于不管，更不等于溺爱，要真正做到"严在当严处，爱在细微中"。

7. 落实学校教育的责任，建立心理危机干预防控机制

学校教育具有为了下一代幸福而承担教育教学责任与义务的崇高感和使命感。崇高感意味着韦伯所言的责任背后的尊严，使命感则是为下一代延续幸福而负责的关心。① 香港学者曾荣光认为：教师不单要对课堂教学加以反省，更重要的是把视野超越课堂，从整体社会——历史脉络去反省本身教学工作，以至整体教育建制。这种教师教育取向，把教师视为一个知识分子，他或她不只具备专业知识，更应具备知识分子的一份使命感，一份对下一代福祉的关怀，一份对所处社会制度公义的关注，一份对人类未来命运的关心。这是对教育责任的最好诠释。因此，学校教师要落实好自己对学生教

① 转引自郑富兴：《论学校的教育责任》，载《思想理论教育（上半月·综合）》，2006(11)。

育的责任，不仅要重视课本上的知识教育，而且要重视对学生心理上的引导。

心理危机干预防控机制是针对心理偏差导致极端行为及严重适应困难学生进行专业矫治辅导及身心复健，以提高学生对环境的再适应的机制。学校可以让教师、班主任、心理健康教育教师、政教处和分管领导等全部参与进来，密切关注这些学生，定期找他们个别谈话，并协同派出所做好突发极端事件的处理工作。采取以预防性心理干预为基础的心理危机干预防控机制，可以让学校做到未雨绸缪，防患于未然。① 在预防环节上，学校需要实时关注学生受到的压力，捕捉带有倾向性、苗头性的问题，注意发生在学生群体和个体上的变化，深入调查，并认真分析可能诱发心理危机的事件原因，确定危机干预对象，启动危机干预联防机制，并及早实施心理危机干预。从预防角度来看，学校应当建立早期完善的预警制度，包括学生心理健康普查制度、班级（学院）学生心理健康信息汇报制度、校医院学生心理危机报告制度、心理咨询员对学生心理危机的报告制度、学生心理健康信息跟踪反馈制度等，以便及时、全面地掌握全校学生的心理健康动态。

（三）加强家庭对大学生婚恋心理和性心理健康的重视和教育

尽管大学生进入大学生活后逐渐脱离了对家庭的依赖，但家庭仍然是大学生生活和成长的重要环境。就家庭而言，由于大学生始终存在着对家庭的经济依赖关系和亲情、血缘关系，父母的性爱观和父母对待婚姻的态度，对大学生的婚恋心理和性心理形成有一定的影响。不过在中国，从父母对待孩子的婚恋教育和性教育问题来看，很多家长会选择回避或斥责，缺乏和孩子沟通的习惯和意识，堵塞了沟通渠道。因为大部分父母最关心的是孩子的身体健康和学业成绩，只有极少数父母会重视孩子的心理健康，更少数父母会关

---

① 孔德莉、李朝晖、赵彦莉：《建立高校突发事件心理危机干预机制》，载《中国轻工教育》，2009(2)。

注孩子的社会经验。

首先，父母必须以宽容、理解的态度看待孩子面临的问题，感受孩子内心的矛盾与烦躁，密切保持与孩子的平等交流。事实上，和子女分享自己曾经走过的成长历程，分享自己曾经体验过的情感，和子女就面临的成长中的情感问题与性心理问题进行比较，交流看法，父母在其中也会有所收获的。

其次，在这个日新月异的社会里，由于大学生接受新事物的能力很强，因此，父母自身的素质也需要不断提高。这种素质不仅指父母的学历，更多的是指父母应该提高自己对孩子的认识水平，有足够生理上、心理上、社会阅历上的知识储备，引导他们成长。这样，当孩子面临情感挫折和心理问题的时候，他们就会乐于对父母敞开心扉，而父母也能够及时弄清楚孩子的成长情况和存在的问题，更有利于塑造孩子健康的婚恋心理和性心理。

最后，当孩子面临恋爱挫折和性心理问题时，父母应该正确引导孩子抵抗挫折，让孩子学会自我调整，自我拯救，并站在孩子的立场上正确分析他们在恋爱过程中存在的不良问题，以释放他们心理上的负荷。及时帮助他们把情感转移到失恋对象以外的他人、事或物上，可以指引子女全身心投入学习，使自我得到更高提升，以减轻他们的难受程度。莫里哀曾经说过："爱情是一位伟大的导师，教会我们重新做人。"因此，父母要重视和引导大学生树立正确的婚恋心理和性心理，让他们学会调整自我心态，锤炼意志，保持对爱情的理智，促使他们面对挫折时向积极方向转化。

(四)大学生要培养自身正确的婚恋价值观

婚恋价值观是恋爱行动和态度的内在指南。它决定着大学生的恋爱动机，决定着他们对爱情本质的认识，决定着他们爱的能力，同时也促使他们发展自身的恋爱行为。除了接受社会、学校和家庭给予的婚恋知识和性知识方面的教育，大学生自身也应该学会树立正确的婚恋价值观。因为这既是社会与时代发展的需要，也是大学生自身成长和获得真正爱情幸福的需要。

1. 端正自己的恋爱动机

恋爱动机是激发人们追求爱情和选择爱情的原因和动力，包括性驱动、性格特征和外表的吸引、对方的社会地位、对方所拥有的财富和权力的吸引等，是个体基于自己的恋爱价值观所做出的选择，同时也反映了个体对自己外在需要或者内在心理需求的满足。[1] 当代部分大学生就存在着为了缓解学习的紧张压力、排除孤独和空虚、满足性生理需求和好奇心、寻求刺激或者赶潮流等的不正确的恋爱动机。还有一部分大学生是出于功利目的和对物质生活的享受，把自己的恋爱和婚姻作为获得这些的筹码。这些不纯正的恋爱动机往往是爱情道路上的阻力，玷污了爱情的纯洁和高尚，也会造成自己的恋爱悲剧。

马克思主义爱情观认为，男女之间建立于性爱基础上的情感，是由人的社会属性决定的。男女之间真挚的感情，不仅是自然生理需求的冲动和相互需要，更是志趣的相投和心灵的相通，而这一切都必须以社会历史条件为背景，受制于特定的社会关系、经济地位和文化背景。不可否认，在选择恋爱对象的过程中，不能忽视对方家庭背景、经济实力和地位的考虑，毕竟，爱情也是需要一定的物质条件为支撑的，但是，爱情终究是感性和理性的统一体，是双方心灵相互交融的情感。所以，大学生应该摆正自己的恋爱目的，恋爱动机要纯正、无杂质，既不能是为了缓解压力和慰藉寂寞感，也不能仅出于性需求和对异性的好奇心，更不能为了追求功利和物质条件，而应以寻求真挚的情感为基础，再以寻求性格、理想等各方面相一致的恋爱伴侣为动机。只有这样，才能培养出健康的婚恋心理和性心理，才能使自己的爱情开花结果。

2. 正确认识爱情的本质

所谓爱情的本质，是一对男女基于一定的社会基础和共同的理

---

[1]　谭全万、郭朝辉：《大学生心理健康教育原理与方法》，152页，成都，电子科技大学出版社，2010。

想生活，在各自内心形成的相互倾慕，并渴望对方成为自己终身伴侣的强烈、纯真、专一的感情。性爱、理想和责任是爱情的三个要素：性爱是爱情区别于其他情感的一种特殊的情爱；理想是爱情的深刻社会内涵，是爱情的内在依据；责任是对性爱和理想的升华，也是爱情得以长久的保障。因此，两个人确立恋爱关系后，需要相互信任，包容对方的不足，要尊重对方的一些选择和决定。两个人相处，总会有摩擦和意见不合的时候，在这个时候，沟通起着重要的桥梁作用，双方应该平静地沟通和解决，不可以因为一些小问题、小摩擦就逃避，甚至选择分开。同时，大学生也需要真正了解恋爱不仅是享受爱情的温馨和甜蜜，更多的是责任的承担。鲁迅曾经说过："如果我们没有能力尽到自己的责任，就不要太轻易去谈论什么爱情。"因为恋爱自始至终是一种有意识的社会行为，它无可避免地具有道德性。爱情一方面需要双方相互包容和信任，另一方面也需要向对方负责。这样，双方才能够给彼此真正的安全感，轻率、不负责任的爱情是不可能长久的。

3. 培养自身爱的能力

爱的能力是指和他人建立亲密关系的能力。爱的能力包括对爱的感知、认知及接受能力：能够准确地了解、感悟、体会对方对自己爱的表达，能够很好地回应对方爱的表达。然而，爱的能力不是与生俱来的，也不是随着生理成熟自然形成的，而是在社会生活中逐渐培育起来的。很多大学生在谈恋爱的过程中，不仅缺乏与异性交往的能力，还缺少爱别人和爱自己的能力，所以他们的恋爱常常会出现很多问题。

首先，大学生要习得对爱的认知能力。了解自我，知道自己喜欢什么人，需要什么东西，适合什么人；了解他人，了解他人的兴趣、爱好；学会如何主动关心他人、帮助他人，不断地具备给予他人爱的条件。其次，大学生要具有表达爱的能力。对爱的表达不仅代表着自己对爱情勇于追求的决心，更表明自己对这份情感的珍惜程度，这样一方面可以避免与真爱失之交臂，另一方面也可以避免长期陷入单相思的苦恼。但是表达爱的方式要适度，不能过于温润，也不能过于激烈，否则可能扼杀爱情的萌芽。最后，对自己不愿意或者不值得接受的爱应有勇气加以拒绝，这就是要培养拒绝爱的能力。爱情不能有半点的勉强和讲究，怜悯不能代替爱情，好感、冲动不等于爱情，强求更不能促成爱情。每个人虽然有拒绝爱的权利，但是珍重每一份真挚的感情也是对他人的一份尊重，同时也是对一个人道德情操的检验。拒绝别人的爱时不能不顾情面，用简单、轻率的方法去处理，甚至恶语相加，这样会使对方的情感和自尊心受到伤害，是不正确的拒绝爱的方式。

4. 发展健康的恋爱行为

大学生在恋爱过程中，言谈举止是他们各自的修养和素质的反映。不少大学生恋爱遭受挫折或失败，往往是源于其恋爱过程中行为的不当。

为此，首先，大学生在恋爱过程中应学会谈吐文雅，举止文明。在交谈中要诚恳、坦率，不能出言不逊，不能举止粗鲁，更不要为了显示自己、表现自己而装腔作势、矫揉造作。这不利于感情的培养，也会导致恋爱的失败。要学会自然地通过各种活动来交往，相互了解，不要无休止地争吵，伤害双方的感情。

其次，随着情感交流的不断深入和心灵交融的程度不断提高，大学生在恋爱过程中有一些亲昵的行为虽然是很自然和普遍的，但是要把握好亲昵的尺度和分寸。现在一些大学生常常忽视恋爱行为的健康、文明，认为行为越开放就越能表达亲密度，常常在众目睽睽之下勾肩搭背、拥抱接吻，甚至轻佻放荡。这不仅有损爱情的纯洁和尊严，也有损大学生的形象，对旁人也是一种不良的心理刺激。因此，大学生要对自己的恋爱行为学会自我反思和自我教育。恋爱过程中会很自然地产生性冲动，一方面，要注意克制和调节自身的生理需求；① 另一方面，要学会转移和升华。因为对还没有能力承担后果的学生来说，恋爱中存在性行为是不道德，同时也是一种隐忧，对女生来说更是一种不够自重自爱的表现，很容易给身心健康带来创伤。所以，大学生要学会通过适度转移注意力来抑制性冲动，自觉地把恋爱行为限制在社会规范允许的范围内。

(五)大学生婚恋心理与性心理问题教育案例评析

很多时候，爱情是甜蜜的，让人神魂颠倒的，但是，没有遭遇过挫折的情感也是不存在的。爱情里存在挫折，这些挫折包括父母、亲友的反对，恋人之间的误会，遭遇"三角"甚至更多角力的挑战，分手失恋等。大学阶段是一个学习阶段，学习内容不仅包括学业上的学习，掌握未来的生存技能，还有社会交往层面的成长，包括人际关系和感情处理。下面的两个案例都与情感存在问题有关。当事人在面对情感挫折的时候，没有选择理智的做法，而是在狭隘和冲动状态下选择断送自己的一切，包括生命……通过对以下两个案例显示出的问题进行分析，人们可以进一步了解现代大学生的婚恋心理。

中国计量学院一男生坠楼　曾两次进行心理咨询②

【案例描述】2015 年 3 月 9 日下午 3 点多，位于杭州下沙的中国计量学院校园内发生一起坠楼事件，一名男生坠楼被送往医院抢救。据报道，该男生因表白失败自环宇楼跳下。另有知情人介绍，坠楼男生曾经因学习比较吃力，两次到学校心理室治疗，期间表现出的情绪比较悲观，出现过自我否定的情况。男生是中国计量学院机电专业大二学生，姓曾，广州人。当时从环宇楼 4 楼跳下，已送到杭州下沙东方医院急救。目前意识清醒，坠楼导致其脊柱出现损伤，

---

① 李汉华：《大学生心理健康教育》，97 页，北京，北京理工大学出版社，2011。

② 黄兆轶：《中国计量学院一男生坠楼　曾两次进行心理咨询》，http://zjnews. zjol. com. cn/system/2015/03/09/020543570. shtml，2017-06-29。

手部、腿部有几处骨折，但是没有生命危险。

【案例分析】是什么力量让一个大学生在众目睽睽之下做出如此轻生的事情？不是最后那个时刻的冲动，而是自己的感情受挫，这是典型的生命教育缺失的案例。看案例中描述的情节，可以分析当事人选择抛弃生命这种行为的原因有以下几点。

1. 绝望情绪下的自杀行为

所谓自杀行为，就是有意自行采取结束自己生命的行为。一般将自杀分为三种：①自杀意念：有寻死的愿望，但没有采取任何实际行动。②自杀未遂：有意采取毁灭自我的行动，但并未导致死亡。③自杀死亡：有意采取毁灭自我的行为，并导致了死亡。许多精神应激事件如失恋、失业、竞争失败、政治迫害等，都可能成为自杀的直接原因或诱因，其特点是这些事件使当事人者失去了不愿失去的或无法得到所需要的东西，而且事件带来的压力已超出了个体的承受能力，此时，个体就有可能以自杀来摆脱无法承受的痛苦。

同时，应该注意到，自杀行为只是瞬间行为，① 但是本案中，当事人曾某在发生自杀行为之前，内心深处肯定会经历一个复杂的过程。其大概的心理脉络是：由最初的痛苦、矛盾、怯弱、迟疑、羞耻感到无处发泄，后来产生自杀的冲动想法；该想法带来的发泄性兴奋和极度的恐惧交织在一起，再次形成冲突，心理还是无法平衡，再慢慢到心灰意冷，在绝望情绪下决定自杀并付诸行动。

这也表明，当事人曾某面对心理挫折感的处理是很消极、悲观的。在他的内心世界，死亡的本能力量比自己求生的力量要强大，他更倾向于通过毁灭性发泄来寻求解脱，而不是真正解决自己的情感问题，更不是寻找自己内心的平衡。

2. 当事人自身的人格缺陷

这个案例对当事人曾某的性格特点有过一点描述：他曾经因学

---

① 王红星、海慧芝：《大学生极端行为案例分析》，47页，北京，人民卫生出版社，2010。

习比较吃力，两次到学校心理室治疗，期间表现出的情绪比较悲观，出现过自我否定的情况。其表白被拒只是他选择自杀的一个诱发因素，使他走向毁灭的是自身的性格缺陷。不健全性格中的内心活动过程是悲剧发生的直接原因。

可以看出当事人的主要性格特点是自卑，承受能力和变通性弱。自卑是一种不能自助和软弱的复杂情感，低估自己的能力，觉得自己各方面不如人。自卑，可以说是一种性格上的缺陷，表现为对自己的能力、品质评价过低，同时可伴有一些特殊的情绪体现，如害羞、不安、内疚、忧郁、失望等。自卑的人往往倾向于"包裹"自己的内心世界，自我封闭，让周围的人一无所知。这是自卑者习惯采取的自我保护策略。曾某担心表白被拒后，其他人知道会讥讽、嘲笑自己，甚至看不起自己，所以宁愿选择死亡来逃避这一切。

3. 过分夸大爱情的位置

当事人曾某因表白失败而跳楼，在某种程度上也反映了他没有端正爱情的位置，甚至过分夸大了爱情的位置。表白的失败使他感到一种重要关系的丧失，一种身份的丧失，以及自我价值感的丧失。他感觉到痛苦和伤心是很自然的事，但是不代表需要选择一种过激行为来"解脱"自己。如今社会上，许许多多的电视节目、文学作品过分地渲染爱情至上的理念，在一定程度上也影响了大学生的恋爱观。不可否认，爱情在人生中占有重要地位，没有爱情的人生是不完美的，但爱情不是人生的根本宗旨，更不是人生的全部。所以，首先，大学生要真正认识爱情在自己人生中的位置。其次，大学生要学会摆正爱情在大学生活中的位置，要使大学生理解，今天的学习与未来的事业息息相关，也是个人爱情美满、家庭幸福的基础。一个成熟的人，对自己的人生应该尽自己的能力负起责任，要有担当，除了爱情，还要对家人、朋友，以及自己的未来负责。

遂宁19岁少年为情所困　深夜跳河①

【案例描述】2015年3月5日凌晨，遂宁市大英县一名19岁大学生为情所困，在元宵节凌晨跳河轻生。大英县红旗路消防中队的官兵在耗时2小时后终将其遗体打捞上岸。

消防官兵从110民警处了解轻生者下水地点后，立即乘坐橡皮艇展开救援。由于河水较深，消防官兵只能利用铁钩在河中搜寻。1小时后，消防官兵在离岸边约10米处用铁钩，勾到轻生男子的裤腿，随即将男子拉至岸边，合力将其抬上岸。经120医护人员确认，该轻生男子已经没有生命迹象。

男子被打捞上岸后，岸边一名女士已泣不成声。据该女士说，跳河的男子是自己朋友，才19岁，事发时他们一行人正在岸边的小吃店吃夜宵，该男子在喝了少许酒之后便给他们的另一位女性朋友打电话，邀请其过来，并希望能和她交往。该女子到场后，当面拒绝了该男子。男子扬言要跳河自杀。随后男子(遇难者)朝河边走去，大家都以为男子在开玩笑，没放在心上，但没想到，该男子走到河边之后就直接跳到冰冷的河水中。同行的两位男性朋友立即追赶过去，脱下衣服就跳入河中想拉他上岸，可是轻生男子在跳入河中之后便消失在水面之上。在几番搜寻无果后，大家赶紧拨打电话报警。

【案例分析】看过这个案例，我们会觉得因为情感受挫而自杀的大学生真的不少。大学阶段是人生转折的一个关键时期，这个时期也是生活事件频发、心理压力较大而自身又缺乏解决能力的时期。从心理学角度看，心理压力是由外部事件引发或者个体内部归因不良引起的一种认知和行为体验的过程，如学习压力、人际交往、恋爱、与异性关系等。有的学生能够意识到自身的问题；有的学生的心理问题尚处于潜伏阶段，没有被发现。案例中这个19岁大学生就

---

① 罗小单：《遂宁19岁少年为情所困　深夜跳河　消防官兵1小时打捞上岸》，http://suining. scol. com. cn/sdxw/content/2015-03/05/content_51695299. htm? node=155145，2017-06-29。

是其中一个尚未发现自己存在心理问题的例子。

1. 冲动刺激下的自杀行为

所谓冲动行为，是指一种发生较急、历时短暂的精神运动性兴奋，同时有情绪激动和口头或躯体攻击行为。这种情感和行为可起源于内部感受或外部影响，此时个体自控力降低。严重者可有情感爆发(愤怒、激越)，甚至导致自伤或伤人的暴力行为。案例中描述的这个轻生男子被打捞上来的时候，岸边一名女士说，跳河的男子是自己朋友，才19岁，事发时他们一行人正在岸边的小吃店吃夜宵，该男子喝了少许酒……可以看出，他在实施自杀行为之前，曾经喝过一些酒，后来向异性表白，当面被拒的时候，不能排除在酒精刺激作用下产生一系列冲动的想法。再加上他事后无法承受内心情绪波动带来的感受，所以冲动地用最直截了当的方法——自杀来解决。

仅仅从案例中描述的情节来看，很难分析出当事人存在哪些人格缺陷或者性格上的问题，但是可以推测他尚没有意识到自己的心理存在的问题，即无法面对生活带来的挫折感而形成一种偏激心理。

2. 人际关系存在缺陷

"人际关系"这个词是在20世纪初由美国人事管理协会率先提出的，人际关系论是1933年由美国哈佛大学教授梅约(George Elton Mayo)创立。人际关系表明了人与人相互交往过程中心理关系的亲密、融洽和协调的程度。人际关系由三种心理成分——认知成分、情感成分和行为成分组成。它们是在彼此交往的过程中建立和发展起来的。

大学是一个陌生的新环境，很多大学生在这个新的环境中要适应新的学业，认识新的人际关系。① 由于大学生自我认知意识还不够全面，在审视自身和对照外部的时候希望受到同龄人的接纳和尊

---

① 王红星、海慧芝：《大学生极端行为案例分析》，49页，北京，人民卫生出版社，2010。

重，在建立新关系的时候也希望得到同学的接受、认可、尊重和关怀。

这个案例的悲剧还有一个至关重要的因素，就是当事人与他人的交往、沟通存在问题。在女子拒绝轻生男子的表白时，该男子便扬言要跳河自杀。随后这名男子(遇难者)朝河边走去，他的同伴都以为男子在开玩笑，没放在心上。这也说明，这名大学生在无法承受挫折的时候，已经适当地表露出自己的想法，但是没有获得其他同伴的关注，这与他以往的人际关系状态没有达到一定良好程度有关。如果他的同伴中有和他关系很好的同学，当其他人对他扬言轻生的想法认为是一个玩笑，没有认真去注意和理解他内心的感受的时候，他那个关系比较好的同学也许会察觉出他的问题，也就不会导致轻生的那名男子在无奈和无助的状态之下，偏激和冲动地解决问题。

大学生为情自杀的事件一直以来受到社会各界的高度关注。近几年来，数量众多的青年大学生自杀事件已越来越让人忧心忡忡，从中也反映出社会教育、学校教育和家庭教育存在着很多不足之处。

在第一个案例中，虽然曾某最后脱离了生命危险，但他这次自杀的举动给他的家庭带来了很大的创伤，也给老师和同学很大的震撼。案例描述当事人曾经因学习比较吃力，两次到学校心理室治疗，期间表现出的情绪比较悲观，出现过自我否定的情况。即便他曾经去过心理室接受心理辅导，但是他的心理状态没有得到调整，悲观的情绪没有得到真正的释放。这就说明学校心理辅导教育没有真正从根源上为学生解决问题。再加上后来他对异性表白被拒，更使他原本脆弱的心灵遭到更大的创伤，因此，才会酿成悲剧。

在第二个案例中，这名19岁的大学生同样是因为表白被拒，承受不住一时的心理压力而走上不归路。不同的是，他没有第一个案例中的当事人曾某那么幸运，他被救上来的时候就没有了生命迹象，最终离开了这个世界。19岁只是人生一个刚刚迈向成年的开端，他甚至没有好好感受过这个世界的美好，好好享受自己的人生，就这样为自己的人生画上了句号。

天灾致死无可奈何，人为而亡更让人伤悲。自杀令人心痛，生命不仅仅是属于自己的。《孝经》曾讲过："身体发肤，受之父母，不敢毁伤，孝之始也。"孝顺，最基本的就是要做到爱护自己的身体，因为身体不仅属于我们个人，而且它是父母所赐，不能轻易毁伤。而现在有些大学生，遇到一点困难，完全不顾及父母的感受，对自己的身体进行自残，甚至轻生。一个人的痛苦，不能伴随从高楼的跳下而得到解脱。那些痛苦在自己跳下的那一刻起已经转嫁，转嫁给了和自己有着相同血脉的人。不仅父亲和母亲伤心欲绝，其他亲人和朋友也会伤痛不已。天底下没有比生命更加可贵的。父母含辛茹苦地把孩子养大成人，对他们有深沉的爱和期望。他们遇到的挫折不过是感情上的挫折，这并不算很大的难关，他们连这点挫折都无法承受，以后就经不起更大的考验。所以对大学生来讲，要学会正确、合理地树立对自己、对他人、对社会的责任感、使命感，用一颗赤诚的爱心面对这个世界，培养自己坚强的意志去面对所有挫折，尽力展现自己完美的人生。尤其是在爱情的道路上，要把握自己的情感，建立健康的婚恋观，逐步成长。

第八章

大学生网络心理教育的实效性

随着科学技术的高速发展，网络已经得到普及与广泛应用，它与人们的生活日益紧密结合。这在当今大学生身上得到了充分展现，"90后"和"00后"可以说是出生在电子时代的人。大学生无疑是网络大军中的主力部分。一般情况下，学生进入大学后都会拥有自己的电脑，并且开通了上网功能。当然，现在越来越多的人更钟情于手机上网。在这信息繁杂的网络时代，大学生不仅要具有搜索、收集信息的能力，更应该具备分辨信息价值的能力。所有这些都在悄悄地改变着当代大学生的日常生活、学习、工作甚至价值观，那么，我们应该如何正确地对待网络及正确地使用网络呢？我们要清楚认识到网络对我们的利与弊，学会正确使用网络，发挥其积极的作用。

一、大学生网络心理及其教育存在的问题

今天，互联网已经成为大学生活的一个重要组成部分，与之相关，大学生的网络心理及其教育存在的问题都应引起人们的足够重视。

（一）大学生的网络心理需求

在信息网络迅速发展的今天，网络已经成为大学生活的一个重

要组成部分,但是,网络是一把"双刃剑",它给当代大学生的生活、学习带来了极大的便利,同时也带来了很多负面的心理影响。因此,整体上了解大学生的网络心理,有利于教育者针对大学生的网络心理问题开展网络心理健康教育。

1. 正面的网络心理需求

第一,工作、学习的实际需要。随着网络的普及,网络在高校教学过程中也充当着不可或缺的角色,老师和学生更倾向于利用网络来收集与学习相关的资料;同时,大学生的作业的完成也要借助网络这一工具,网络已经成为大学生学习的必备条件。网络具有丰富的信息资源,各种文化、思想、观念为大学生追求开放性文化和观念提供了平台。

第二,求知欲和好奇心的满足。网络以其独特的优势吸引着大学生,其优势主要体现在获得信息快、内容新、手段先进。这深深地引发了大学生的好奇心,引起了他们的关注和兴趣,同时也激发他们学习和掌握网络知识与应用技能的欲望。

第三,网络参与意识和自我实现欲望的增强。相对来说,大学生群体拥有更高的知识文化水平和更多可支配的时间,因此,大学生可以更广泛和深入地参与到网络中。中国互联网络信息中心的调查报告里设置的网络参与指标,如网络音乐、网络视频、网络游戏、QQ个人空间、微博、微信、论坛、网络购物等,大学生使用的总体水平很高。另外,网络是一个虚拟的环境。虚拟性是互联网的一个最重要特点,对互联网的虚拟性最形象的形容是"在网络上,没人知道你是一条狗"。也就是说,只要参与到网络中,人人都是互联网的主人,都可以做自己喜欢做的事,说自己想说的话。

2. 负面的网络心理需求

第一,猎奇心理。部分大学生上网是为了满足好奇心理,追求感官刺激,追寻一种在现实生活中难以了解、通过一些正当渠道难以获得的事物和信息,从而满足自己强烈的探索欲望,也使得他们的大学生活不过于单调乏味而充满新鲜感。通过网络,他们可以到别处去"看一看"。虚拟社区创造了一个从来没有过的生活环境，他们可以在那里"过一过"从来没有过的生活。这些都不同程度地满足了大学生探索外部世界的好奇心理。

第二，娱乐与排遣寂寞的心理。网络集文本、声音、图像等多媒体形式于一体，在很大程度上改变了目前的文化和娱乐形态，影响着人类的精神生活。而刚刚步入大学校门的学生，无法平衡理想和现实的差距，难免会觉得迷茫，于是他们希望在网络上找到精神依靠和思想寄托，参加游戏、聊天、听音乐、看在线电影等，从而获得精神上的满足与愉悦。因此，网络的自由性和互联网传播信息的高速性能满足当代大学生多元娱乐的心理需求。

第三，减压和发泄情绪的心理。情感宣泄是大学生网民的一种重要需要。网络交流和现实交流有很明显的区别，网络交流使用的是书面语言，而不是现实生活中面对面的口头语言，网络交流不仅有匿名性、互动性、开放性、自由度高等特点，而且网络交流时间延迟，可以给人一个缓冲地带，让人有思考时间。因此，在网络上，大学生们可以比在家里、学校里更随意地发表自己的意见，抒发自己的情感，表达自己的观点。当大学生在学校生活中经历了学习挫折、人际关系紧张、失恋、生活窘困、就业压力等烦恼时，他们可以通过网络这个虚拟社区来宣泄自己的不良情绪，向网友倾诉自己的不快。这就如人们喜欢唱卡拉 OK、喜欢运动一样，因为可以通过尽情地呼喊发泄心中的烦恼。网络给大学生倾诉和宣泄自己的不良情绪提供了一个机会和场所，上网成为大学生释放心理压力的一种很好方式。

第四，逃避现实的解脱心理。当代大学生正处在青年时期，这一时期人的感情比较丰富，而情感表达是大学生的一个重要的心理需求。通过上网来寻求人与人之间的关心，是一种潜藏在大学生内心深处的上网动机。另外，很多大学生在生活中会遇到各种各样的困难和挫折，而青年期的大学生的心智和思想尚未成熟，面对这些困难和挫折时，他们会感到很吃力。部分大学生在现实中受挫时，往往会选择到虚拟的网络环境中去倾诉和抒发自己的情感，互联网成为他们逃避现实、寻求自我解脱的一个场所。

第五，自卑心理。自卑是因不信任自己的能力，而用失败来衡量自己目前及未来的一种心理体验。它来源于心理上的消极的自我暗示。这种心理常见于那些初次尝试的大学生，当他们怀着兴奋与好奇的心理来到网上，但由于缺乏系统的网络知识和检索技能，操作不熟练，英语水平有限，与身旁那些操作娴熟的用户相比，水平较差，他们在羡慕的同时也产生了无形的心理压力。

(二)网络心理教育面临的挑战

网络为人类带来了诸多方便，同时也对人的心理健康形成了一定的冲击。网络及其所构筑的虚拟环境，具有很多与现实世界不同的特点，也给当代网络心理教育带来了很大的挑战。因此，清楚地分析网络心理教育过程中面临的挑战，有利于将网络心理教育工作推上一个新的台阶。目前的网络心理教育面临如下挑战。

1. 大学生的价值观念混乱

传统社会中，价值观念是依靠社会舆论和人的内心信念来维持的。传统社会由于交往面比较狭窄，在一定意义上是一个熟人社会。依靠熟人的监督，摄于价值观他律手段的力量，传统价值观得到较好的维护。在这一熟人社会里，人们的价值观较为自控，行为也相对严谨。然而，一旦进入谁也不知道交往对象是谁的网络领域，有熟人监督的防线便很容易崩溃，以致社会舆论、传统习惯的监督和评价作用消失殆尽。网络的发明者曾声称：网络是一个"自由、平等"的世界，是一片"没有政府、没有警察、没有军队、没有等级、没有贵贱、没有歧视"的世外桃源。但目前网络管理的不完善，再加上大学生对网络的特点、作用没有充分了解，传统价值观面临巨大挑战。具体表现如下。

第一，重技术，轻道德。随着电脑的普及，高超的电脑技术已越来越为大学生所膜拜。这导致一些大学生一味追逐技术的精湛，而缺乏对技术的评价。大学生痴迷地学习一切电脑技术，不择手段地练习和应用这些技术，而往往忽略了道德准则。他们以对高新技术的掌握为满足，往往为了学习高超的电脑技术不顾道德的约束。例如，把他人的相片处理得面目全非，随意传到网上以博取喝彩。为了显示自己的电脑技术，恶意制造、传播网络病毒，攻击各网站，并以此炫耀。大学生利用网络侵犯他人利益、危害网络社会的信息层出不穷，而传统的道德观念在人们对网络技术的一味追崇下悄然消失。

第二，重个人，轻集体。网络催生了人与人之间新的交流方式，人用网络交流工具代替了人与人之间的面对面交流，就算是一个寝室的大学生有时也不会面对面说话。这样的沟通方式虽然便捷，但是让很多大学生的心理在虚拟环境中日益封闭，人与人面对面沟通的能力大大退化。他们与人交往时，出现恐惧、自卑、害羞、封闭心理，宁愿缩在自己的个人世界里，慢慢变成社交缺失的人。随着信息技术的发展，由于长期沉迷于网络所形成的虚拟世界，越来越多的"宅男""宅女"正逐渐脱离现实世界，脱离社会人群，与集体交往的次数日益减少，逐步远离集体，其基本社交技能可能退化。

2. 大学生的心理浮躁

浮躁心理是一种由内在冲突引起的焦躁不安的情绪状态和人格特质。它通常表现为急躁、敷衍了事、怠慢、懒散等在工作和学习上的消极行为。不少研究将其界定为一种病态行为。这种病态心理在当今大学生身上表现得较突出。它对大学生的学习和生活产生了较大的消极影响。现实中的大学学习生活是艰苦而又枯燥的，而网络信息具有生动、形象、浅显易懂的特点，在获得大量信息的前提下还可以享受快乐。因此，一些大学生在学习和日常生活中就会对他人和事物缺乏应有的耐心，对问题缺乏深层次的思考，表现出急功近利的浮躁心理。例如，有的大学生迷信快捷的成功方式，迷信虚无的网络商机，以及新闻媒体渲染的网络精英，极少数人通过互联网一夜暴富，成为百万富翁。很多大学生视其为偶像，跃跃欲试，希望"一步登天"。他们往往忽视了自身的客观条件，不再去锻造自己，而是在网上盲目寻找所谓商机，希望以此迅速致富。

3. 大学生的生活受到网络冲击

网络最基本的功能是通信功能，还有一个重要的功能是资源共享。网络以强大的资源保证，为人们构筑了一个不同于现实且充满了诱惑的虚拟社区。在这个虚拟社区里，人们可以通过交友聊天、买卖等来满足自己的好奇心。这些特有的功能深深地吸引着广大大学生。同时，也有相当一部分大学生沉迷于网络游戏而不能自拔。有的人为网络游戏可以不吃不喝在网吧里待几天几夜。这无疑既浪费时间和金钱，又荒废了学业。还有很多大学生在回到现实生活之后，忍受不了现实世界和虚拟世界的巨大落差而产生了各种各样的问题。

4. 网络成瘾综合征

网络成瘾，主要是指人对网络过度依赖而导致的一种心理异常症状，以及伴随的一种生理性不适。在中国网民中，大学生正成为网络成瘾的高发人群。许多大学生因为网络游戏、上网聊天成瘾而不能自拔，甚至有的大学生的人生观和价值观发生了扭曲。大学生网络成瘾主要有以下几种类型。

第一，网络交际成瘾。网络拓宽了人们交流的时间和空间，其虚拟性使人们充分享受到言论自由的乐趣，这使不少大学生认为与网络中的人的交流沟通，比与现实世界的人交流沟通要容易。特别是一些社交障碍者，更喜欢到网络上寻找心理慰藉。由于自我控制能力不强，他们长时间沉溺于网上聊天，利用各种聊天软件及网站上开设的聊天室消耗时间，以网络社群的人际关系取代现实生活中的亲朋好友。这不仅浪费了他们宝贵的大学时光，而且造成了他们网络交际成瘾。他们上网聊天时精神振奋、思维敏捷，下网后精神萎靡，影响了正常的学习生活和社会交往，严重时还引起一些生理疾病，例如，视力下降、肩背肌肉劳损、免疫力下降等。

第二，网络游戏成瘾。在网络成瘾患者中，大多数是由于网络游戏而成瘾的。据中国互联网络信息中心统计，在中国，网络游戏玩家人数已达 700 万至 1000 万之多，其中大部分是年轻人，31.8%的人上网的重要目的是玩游戏。在网络游戏这样一个虚拟的空间里，一切都可以随心所欲，人们可以抛开现实生活中的种种烦恼。很多爱玩游戏的大学生在现实生活中都不太如意，虚拟的网络游戏世界则为其提供了一个很好的宣泄渠道，使其可以暂时忘记现实生活中的烦恼。

沉迷于网络游戏而被退学

【案例描述】李某，22 岁，大一的时候一场不成功的恋爱让李某深感受挫，他从此迷上了网络游戏。"大二这一年，基本没上过课，除了在寝室睡觉，就是在网吧里。"最疯狂的时候，他连续"备战"三天三夜，饿了就叫外卖。由于多门"挂科"，李某被留级。面对身边的陌生同学，他更无心上课，再加上父母总是打电话督促他学习，他产生了逆反心理，听到电话铃响就烦躁不安，接了电话就马上出去玩。在大二快接近尾声的时候，辅导员警告他有可能会被退学，李某才意识到问题的严重性，可是捧起专业课本。没上过课的他这时才明白根本"无力回天"，没过几天，李某被正式退学。

【案例分析】这一案例中的李某的心理是一种逃避现实的解脱心理。遇到一点点小挫折，他就萎靡不振了，为了寻求心理上的安慰，他迷上了网络游戏，选择到虚拟的网络环境中抒发自己的情感。在父母的督促下，他显得尤为烦躁，一而再地沉迷于互联网这个虚拟世界中，进而丢弃了自己的学业。这就告诫我们，在面对生活中的小挫折时，要勇于正视，而不是寻求网络这一虚拟的情感寄托。要正确地认知互联网，养成良好的上网习惯，合理地安排上网时间，养成健全的网络自我意识和网络人格，做一个合法、文明的公民。

第三，强迫性信息收集成瘾。这是指因惧怕所拥有的信息不足而不停地上网收集信息，收集的很多是无用信息。网络信息类别很多，数量巨大，质量好坏相杂，导致大学生经常无节制地上网浏览。有强迫性信息收集成瘾的人一般都有强迫症，互联网带给他们的不再是快捷、方便，而是种种心理上的困惑。

第四，网络色情成瘾。互联网的易介入性和管理体制的不完善，使得网络色情内容随处可见。无论是聊天网站还是收费网站，都可以看到一些色情话题、图片。有专家指出，每周花费11小时以上的时间用来浏览色情网站的人，就有网络色情成瘾的倾向。一些具有猎奇心理的大学生终日在这些网站上流连忘返，沉溺于网上的性爱影像、图片、小说等而不能自拔。网络色情在线活动严重影响大学生的学习、生活，以及与他人的正常娱乐关系。

二、大学生网络心理及其教育存在的问题的原因

大学生网络心理既然出现了问题，那么就会有导致问题出现的原因。原因可以分为主观原因和客观原因。大学生网络心理问题是一种复杂的社会现象，它由个体、家庭、学校及社会环境等多方面的因素共同构成。

(一)大学生自身的主观因素

第一，大学生的年龄一般在18～23岁，这一年龄阶段是个体由不成熟到成熟、由不定型到基本定型的重大转折时期，也是个体发展的一个关键时期。在这个阶段，大学生的好奇心、求知欲都很强，思维活跃，头脑敏锐，接受新事物快，但是他们的阅历浅，世界观、人生观和价值观都还没定型。因此，他们在网络这把双刃剑的影响下，很容易走向心理问题密布之路。

第二，目标定位的变化。高中阶段的学生学习生活的主要目标是考进大学，生活范围比较狭窄，人际交往简单；同学之间不容易闹矛盾，而且学生自由支配的时间很少，平时的生活轨迹是两点一线，除了去教室学习，就是回寝室休息。但是进入大学后，教学方法和学习方法与中学有着明显差异，大学就是一个小社会，生活环境和人际环境相对复杂，同时，学生自由支配的时间相对多，使得很多学生，尤其是大学一年级学生容易产生生活、学习、人际交往、情感等方面的苦恼，从而使得空虚感、挫折感增加，安全感和成就

感降低。另外，考上大学对很多学生来说就是实现了自己的人生目标，进入大学后，很多学生感到迷茫，找不到人生的奋斗目标了，再加上应试教育使很多学生失去了对学习本身的兴趣，不会花时间去钻研学习了。因此，很多大学生，尤其是大学一年级学生缺乏继续求学的动力，对未来的生活、职业均无目标设计。此时，网络就成了他们逃避现实、寻求安全感和成就感、充实生活的最佳选择。

第三，自控能力缺乏。自控能力是个人对自身心理和行为的主动掌握，坚持不懈地保证目标实现的一种综合能力。大学生自制能力普遍比较差，他们的认知和行为往往不能协调一致，知行脱节，表现为意志力薄弱，不能完全控制自己的行为。网络本身是一个极具诱惑力的刺激源，这会使一部分大学生由于自控力不足而发展成网瘾，学生主观上也希望能摆脱网瘾，但是由于自控能力缺乏而导致戒瘾失败。

第四，大学生认知结构发展滞后。认知结构就是学习者头脑中的知识结构。学习者的认知结构一旦建立，便成为他学习新知识的极其重要的能量或者因素。在大学时期，大学生的认知能力正趋于成熟，他们喜欢接受新生事物，对社会问题比较敏感，但是大学生的阅历浅，判断是非的能力不强，而网络空间的信息良莠混杂。这些对还没有很强的辨别是非能力和自控能力的大学生来说，都很容易产生不良的影响。

第五，个人交际能力差。大学阶段是一个关键的阶段，大学生人际交往意识非常强烈，交往领域扩大，这个年龄段尤其希望与异性交往，但又相对缺乏交际能力。有些大学生自私自利，不尊重人，让周围的人都无法与其靠近；有些大学生一直独来独往，不喜欢参与社交活动；有些大学生认知偏差，不讲交往的技巧，导致在人际交往中充满了困惑。总的来说，大学生的人际交往意识强烈，但在现实生活中没有得到相应的满足，这就使得他们把目光投向网络交往。网络交往是以人机对话的形式进行的，可以忽略我们所处的现实环境，与一个看不见的人通过网络进行思想上的交流。因此，这种交往方式可以在一定程度上缓解人们的心理压力，也可以使人们的交往需要得到一定的满足。

被网恋欺骗的女孩

【案例描述】胡某是某大学二年级学生，长相可爱，性格外向，讨人喜欢。她从大一开始逐渐接触网络，并开始网络交往，热衷于网络聊天。她和一个网上认识的男生杨某聊得投缘，从简单的网上交流逐渐发展到现实生活中的见面。经过几次相见，胡某觉得杨某就是自己心仪的对象，于是两人发展为情侣，网恋变成了现实中的恋爱。随着相处的时间越来越长，杨某的陋习逐渐显露，胡某发现他还在网上和其他女孩子谈情说爱。当她发现杨某一直骗她的时候，她内心很难接受这样的现实，慢慢地变得沉默寡言、抑郁，完全无心做任何事，甚至产生了轻生的念头。

【案例分析】胡某正是由于将虚拟和现实混淆在一起，不能正确地分辨事物的本质，忽略了网络本身存在的匿名性和多样性。她将自己的感情交给了一个内心勾勒出来的并不存在的人，通过长时间的相处后，发现此人并非自己所幻想的那样优秀，徒有其表。给胡某造成严重打击的是她发现该男生欺骗了她的感情，给她造成了严重的心理问题。再从杨某的角度进行分析，他通过虚拟网络对女生实施感情上的欺骗，从一个侧面反映出他在现实生活中是一个存在自卑心理的人。网络上的不良信息和错误的伦理观念，使得杨某错误地认为网络上的欺骗相对现实中的欺骗行为承担的责任更少，甚至不用承担责任。网络的匿名性使得广大青少年随意幻想，过分自信，以自我为中心。有些男生幻想自己是白马王子，有些女生幻想自己是"万人迷"，长期处于错误的幻想状态就是病态心理。

大学生要多在现实中交朋友，正确认识网络交往，通过集体活动、社会活动开阔自己的眼界，不要局限于虚拟网络中狭隘的世界观和人生观。要树立正确的人生理想，有目标才会有前进的动力。

(二)家庭因素的影响

1. 家庭教育失当

大学生网络成瘾与其所处的家庭环境和受到的家庭教育有很大的关系。当代社会，人们的观念发生了变化，人们更多地在意自身感受。首先，人们传统的婚姻家庭观念发生了变化，离婚率不断升高，不少大学生从小生活在单亲家庭中，缺乏完整的母爱和父爱，甚至生活在充满矛盾和硝烟的家庭中。家庭教育的缺失，导致他们不能正确地认识社会，常出现感情淡漠、空虚、孤独、抑郁等心理特征。此时，网络可以让他们抛开现实的烦恼，找到自己的尊严和快乐。其次，家长对孩子的行为过多干涉，孩子有过错时严厉惩罚，看不到孩子的优点，一味地否定孩子的优点，打击他们的积极性，给孩子过多的压力，不讲究对进入大学的孩子的教育管理方式。这时，孩子就只好寻求其他途径来满足自己的愿望和需求，网络就成为他们逃避现实的好去处。最后，家庭的关爱过度也会导致大学生网络心理问题的产生。当代大学生很多是独生子女，从小就被娇生惯养，集万千宠爱于一身，长辈们无论在物质上还是精神上都对他们慷慨大方，孩子从小想要什么就能得到什么，这就使得孩子们我行我素，随心所欲，缺乏感恩的心。这也是他们对网络形成依赖心理的一个重要原因。

2. 家庭经济条件的差异

目前中国的城乡差距依然明显，大部分农村学生到了大学才接触网络。一开始，他们对网络充满了好奇心，拥有电脑之后，他们就会花更多的时间去学习和使用网络。城里的大学生虽然较早接触网络，但一直受到父母的约束，一进入大学的校门，他们就像被放飞了的小鸟，有了自己自由支配的时间，再加上大学生活比较单一，所以就造成了他们对网络的依赖心理。

(三)学校教育的影响

1. 高校心理咨询工作欠缺

目前，高校思想教育体系缺乏专业化的心理咨询队伍，开展心理咨询工作的渠道、途径单一，以至于很多大学生不愿意走进心理咨询室的大门，所以大学生缺乏心理交流的对象，试图从网络中寻找到情感寄托，长期沉溺网络中而形成了对其的依赖心理。同时，学校的应试教育只重视智力教育，而没有将培养学生的心理素质渗透到其中，忽略了大学生健康人格的教育与培养。学校很重视大学生的成绩，对大学生犯的错误是一味地指责和批评，这样只会让大学生对学习更加反感，从而进一步将大学生推向网络这个虚拟世界，造成他们对网络的依赖心理。

2. 高校教育网站功能有限

高校教育网站功能有限，导致大学生网络心理教育采取传统的单向灌输模式，取得的教育效果不佳。大部分高校的教育网站是新闻信息发布，虽然内容显得很丰富，但主要是一些说教性的文章，大学生对这些信息不感兴趣，所以很少进这些网站。也就是说，这些网站存在着大学生的参与面小，内容综合性差，网上教育与现实教育严重脱节的问题。这些网站对大学生来说，缺乏吸引力和互动性，在很大程度上削弱了网络心理教育的实效性。

3. 学校对非官方网站缺乏控制力

随着网络信息技术的发展，个人申请开设网站及网页已经成为一种普遍现象。近年来，高校也有一些大学生利用学校的名义在校园网之外开设各种各样的论坛和网站。当然，这些网站租用了商业服务器，因此，它不受学校的管理，但能迎合大学生的口味和兴趣，发布一些吸引大学生注意力的信息，在大学生中的影响力逐渐扩大。这些非官方网站，注册人数动辄数千人，每天更新的内容很多，网站的点击量往往超过学校的官方网站。然而，这些非官方网站或论坛，由于主办者管理不善，疏于引导，从而导致不良信息泛滥，谣言四处飞，内容庸俗、低下，而学校又无法掌握管理权，使得大学生受到很大影响。这也是学校对大学生网络心理教育实效性不高的重要原因之一。

(四)社会环境的影响

第一，网络具有很多特点，如开放性、隐匿性、交互性、平等性等。这些特点能使大学生实现自我价值，得到他人的虚拟关怀，让大学生产生满足感，从而对网络产生心理依赖。校园文化环境也对大学生产生不良影响，如果学院、班级尤其宿舍中有多人沉迷网络，大学生们回到宿舍的第一件事就是打开电脑，沉迷于网络，与此相关的话题就会较多，共同语言也较多。另外，社会上部分成人甚至中老年人沉迷网络游戏、聊天，这种情况助推了大学生沉溺于网络。由于环境的变化，在一个新的环境中，有的大学生不善于自己独立生活，缺乏一定的交往技巧，稍微有一点困难和小挫折，他们就会很苦恼，不敢直面生活上的挫折，部分大学生会选择逃避面对，闯进网络这个虚拟世界中，形成网络依赖。

第二，高校周边环境复杂。高校周围有很多不合法的网吧，尽管文化、公安和城管等部门采取了不少措施对非法网吧进行取缔和打击，但业主为了既得利益，顽强抗拒，因此，高校周边的网吧往往是"野火烧不尽，春风吹又生"。更过分的是，有些网吧为网民提供含有赌博、反动、色情、暴力等内容的游戏。很多大学生沉迷于网络游戏，轻者在宿舍熬夜玩游戏或赌博，重者可以在网吧待几天几夜。这些对还没有足够抵制力的大学生来说，无疑具有很大诱惑力，但它们对大学生产生了严重的精神危害。另外，一些不法分子通过网络上传或发表一些不负责任的信息，这些很容易给大学生带来某些思想混乱。往往是这些不良信息，更容易诱惑大学生，使其对网络产生更大的好奇心，因此，这也是大学生依赖网络的重要原因。

第三，文化生活不丰富。高校有各种长假及周末，大学生余暇时间较多，而校园文化生活内容又比较单调，形式单一，满足不了大学生参与各种类型活动的需求，因此，在休息时间，部分大学生会感到空虚和无聊，需要找到合适的活动来消磨时间，上网是他们比较容易接受的消遣方式。

三、提高大学生网络心理教育实效性的对策

大学生心理健康问题一直以来备受高校及社会各界的关注。针对大学生心理健康教育问题，高校在师资、组织机构等方面做了大量工作。事实上，由于大多数大学生对心理咨询的认识有误区，主动看心理医生和进行面对面心理咨询的并不多，但是人的心理问题长期得不到解决，就容易进一步发展而导致心理障碍。因此，如何开辟心理健康教育新途径，更有针对性地对大学生开展辅导和咨询活动，预防和缓解心理问题，就成为高校工作的重要课题之一。大学生的网络心理及其教育的实效性，更是一个重要的研究课题。因此，随着网络技术的不断提高和互联网的迅速普及，探索大学生网络心理健康教育的途径就显得非常必要。

(一)大学生网络自我心理调节

1. 加强马克思主义基本原理的学习

大学生要自觉用马列主义、毛泽东思想和中国特色社会主义理论体系武装头脑，贯彻"三个代表"重要思想，深入贯彻落实科学发展观，坚定理想信念，树立正确的奋斗目标，从而树立正确的世界观、人生观和价值观，学会分析问题和解决问题的科学方法，明辨真假，分清是非，增强抵御网络环境负面影响的能力。

2. 树立正确的网络认识

人类要对自己的行为负责，大学生也要对自己的行为负责。防止大学生沉迷网络，大学生自身是关键。上网要有目的性和时间性，切忌盲目性和随意性。从网上汲取知识是大学生活的重要组成部分，是适应现代社会进步和发展的必然要求，但关键是要根据学习的要求和生活规律合理地安排上网的时间，养成有计划、有目的地上网的习惯。当代大学生要有高尚的情趣，以学业为主。上网的目的应该是为了更好地学习科学文化知识，而不是把上网作为逃避现实生活问题或消极情绪的工具。大学生的课余活动应以能提高自身身体和心理素质为方向。网络是新生事物，大学生应该在教师的指引下

探索网络知识。理想是青年的脊梁，但对理想的追求是具体体现在日常活动中，而不是体现在网络这个虚拟世界中。大学生应该将个人奋斗与社会的发展相结合，并具体落实到学习和生活中去。大学生只有树立了正确的网络认识，才能正确地使用网络，通过网络获取自己需要的资源，准确地把握自我，规划属于自己的未来。

3. 加强自身的心理品质和控制力培养

对一个人来说，只有自律才能既充分体现其自尊、自主和自由，又充分培养其自我控制力，养成良好的慎独习惯。在如今这个网络社会里，由于信息含量巨大，各种文化与价值理念交织纷纭，各种诱惑比比皆是。网络社会又是一个充满自由的多彩世界，大学生会因为认知偏差或侥幸心理而产生心理困惑与矛盾。在缺乏较强他律，甚至几乎没有感受到较直接的他律影响力的网络虚拟社会，自律就显得尤为重要了。大学生只有充分认识到这一点，才能更理性地对待生活中的一切困难，而不是任性地放纵自己，要以道德化的网络正常运作取代肆意践踏网络资源的行为，做一个有着良好的心理品质和自我控制力的优秀大学生。

4. 积极参加社会活动，逐步摆脱对网络的依赖

大学生自由支配的时间很多，大部分大学生室内活动较多，户外活动较少，模拟体验多，而生活体验相对少。大学阶段是人际交往能力和人际关系形成的重要时期。网络交往由于与传统的具有亲和力的面对面交往大不相同，所以往往难以形成真实、可信和安全的关系。网络具有跨越时空的特性，虽然实现了形式上的"天涯若比邻"，但是同时也会出现"相见不相识"的情况。因此，大学生在热衷网络交友的同时，也要提醒自己不要忽略与朋友相处的时间，学会区分虚拟社会与现实社会的不同，丢掉幻想，积极地投入学习生活中去。要勇敢地面对现实世界，积极参加各种丰富多彩的课余活动，积极参加增强人际关系沟通技巧的课程或活动，使自己能够提高沟通能力，并增进人际沟通方面的自信，多方面拓展自身的人际关系圈，形成健康的人际关系。要学会在现实中寻找意义和支持，重新

调整自己，保持网上和现实的平衡，充分体会现实世界的意义，多开展实际活动，在活动中陶冶情操并从中得到支持。

5. 主动寻求心理咨询机构的帮助

据了解，很多有网络成瘾倾向的大学生，觉得自己心理负荷太大，容易敏感、退缩和逃避，往往不愿意主动寻求他人或心理咨询机构的帮助。因此，网络成瘾的大学生大多数是老师和身边的同学发现后，建议其到心理辅导中心接受咨询的。其实，有网络成瘾倾向的大学生取得心理咨询机构的帮助，将是克服网络成瘾的有效途径。因为心理咨询人员会根据他们的成瘾程度，从专业角度有针对性地采取必要的心理咨询和治疗措施。比如，对求助者开展认知行为训练，或者采用现实疗法等一系列方式，使求助者面对现实，从而学会逐步解决自身的困扰。心理咨询和辅导是他们恢复身心健康的非常有效的途径。因此，有网络成瘾倾向的大学生不要选择逃避，要勇敢、积极、主动地面对自己的问题，做自己的主人。

当然，除了大学生本人之外，家庭、学校、社会也应该加大力量，为大学生创造良好的信息网络环境，使其真正成为大学生自我学习、自我提高、互相促进、共同进步的阵地。因为这不仅直接影响到大学生网民群体的网络意识和网络行为，而且对建设积极、健康的网络文化，促进信息网络的快速健康发展，在全社会形成良好的网络氛围具有重大的意义。

(二)构建和谐的家庭教育

家庭是孩子的第一所学校，父母是孩子的第一任老师。家庭教育是影响大学生网络心理的一个重要因素。家庭教育是一切教育的基础，其不仅是学校教育的基础，更是学校教育的补充，但我们的教育往往重视学校教育而忽视家庭教育。大学生的网络心理教育应该重视家庭教育，使其成为学校教育和社会教育的延伸和有益补充。

1. 构建富有情感的家庭教育

父母对子女的影响是毕生的，父母对子女不仅要负责物质上的供给，更重要的是精神上的引领及情感上的支持，而不是由于家庭不和谐等给子女带来一定心理上的压力。大学生正处于成长发育心理上的"断乳期",进入大学,突然离开家庭娇宠的环境,情感上与父母一时难以割舍,所以,父母要充分利用和孩子接触及在一起的时间去了解孩子真正的需要,尊重他们的个人选择。采取民主的管理方式,做到理解而不溺爱、民主而不放任、疏导而不压制,争取和孩子做朋友,和孩子谈心,给孩子树立一个乐观、积极的榜样。另外,随着社会的发展,价值观念的多元化,离婚率上升,但为了孩子的健康成长,父母应尽可能地给孩子一个完整的家庭。即使家庭破裂了,也要给孩子完整的父母之爱,努力构建一个民主、平等、和谐及富有情感化的家庭环境,让孩子有一颗健康的心灵,使其不会由于家庭问题而产生心理上的不愉快,进而把感情寄托于互联网这个虚拟的世界中。

2. 增进家庭与学校的沟通,建立家校互动机制

家庭教育是基础,学校教育是重点,因此,在对孩子的教育上,要加强家庭和学校的沟通。此时,学校就可以利用自己的网站与家长沟通。学校理应让家长了解学校的发展变化,参与学校的建设,把大学生在校的思想、学习、生活等情况告知家人;家庭也应把孩子在家的表现、动向及时向学校反馈。这样可以帮助学校和家庭更加充分地了解和把握大学生的思想动态,从而有针对性地调整教育的内容、方法和手段。

结合以上做法,学校应该建立一种有效的互动机制。学校教育具有计划性、系统性等特点,但是家庭教育具有亲切性和自由性的特点,如果两者能结合并进行有效的互动,就会丰富教育的内容和形式。首先,学校可以定期邀请大学生家长到学校座谈,了解大学生的情况,开展一些家庭教育讲座,聘请教育经验丰富的家长做大学生的义务辅导员等。其次,由于大学生来自五湖四海,家境各异,父母所受教育不同,学校可以根据大学生的家庭情况开展形式多样的教育工作。例如,组织大学生到偏远的山区农村家庭或者父母下岗家庭去体验不一样的生活;也可以组织大学生到教育背景较好的

家庭去感染和熏陶；还可以开展"家庭结对子"活动，一家帮一家。最后，可以结合当前社会的热点问题开展家庭辩论会，展示各自观点，从激烈的思想交锋中发现大学生的真实想法，从而加以引导，提高他们正确分析社会现象的能力。

3. 注重大学生的实践锻炼，提高其适应能力

美国家庭教育专家史蒂文先生认为，家庭教育最基本的内容不是教孩子掌握多少知识，而是教会孩子怎样与他人建立联系，处理生活中遇到的一些难题。家长要根据大学生的个性特点、生活习惯和兴趣爱好，创造条件，大胆地让大学生在生活中实践、锻炼，让他们独立面对困难、面对挫折，使他们能正确处理好人际关系，培养强烈的自主精神，养成良好的道德品质。可以结合各种主题教育活动，让大学生以家庭名义参与文明家庭、文明街道、文明卫生社区及社会主义新农村建设等活动，利用所学知识，积极倡导健康、文明的生活方式，带头营造积极向上的人文氛围，提高自身适应能力、号召能力、组织能力和社会活动能力。

(三)加强学校教育环境的调适

在当前由应试教育向素质教育转轨的过程中，心理健康教育占有极重要的地位。家庭教育固然重要，但当学生步入校门，学校教育在学生心理健康教育上也充当着重要的角色。学校应从课程设置、师资队伍、校园文化环境等各个方面，有针对性地开展心理健康教育。

第一，建立一支素质较高的网络心理健康教育工作队伍，是提高网络心理健康教育实效性的人员保证。网络心理健康教育工作队伍应该熟悉和掌握大学生心理健康的现状和发展规律，要有较高的心理健康教育理论水平，还要能够跟踪和了解网络发展的现状，熟练地运用各种信息网络技术，这样才能够保证网络心理健康教育工作有效地开展。所以，培养一支既具有较高的心理健康教育理论水平，了解和掌握大学生心理健康的现状和发展规律，又能有效地掌握网络技术，熟悉网络文化特点，能够在网络上进行心理健康教育

工作的队伍，是加强大学生网络心理健康教育实效性的人员保证。

第二，高校的一些职能部门参与网络心理健康教育管理工作，成立网络心理健康教育小组，是提高网络心理健康教育实效性的组织保证。高校开展网络心理健康教育，要增加一些投入网络心理健康教育管理的职能部门，成立网络心理健康教育管理和领导小组，加强对网络心理健康教育工作的开展。同时，需要配备专职工作人员协助进行教育，建立相应的管理制度。另外，要加大经费和设备投入，开设网上党校、网上团校、心理咨询、学生生活服务、校务公开征询等网上栏目，努力提高新形势下高校心理健康教育工作的实效性。

第三，建立、健全校园信息网，正确引导青年大学生获取网上资源的需求。建立一些比较完善的站点，多装一些最新软件，给大学生下载使用。将学校的宣传内容制成网页，这样既提高大学生浏览的兴趣，也达到了宣传的效果。另外，还要定期推荐一批好网址，以此指导大学生正确上网。同时，增加专业信息资源，可以在校园网中多设一些权威性的专业学术站点，设立一些有实在内容的专业学术主页，这样更有利于大学生学习专业知识。将网络有机地应用于教学过程中，在加快教学软件开发的同时，加强其在教学中的应用，尝试用网络教学代替部分课程，改善原来的教学方式。学校要调动教师利用网络教学的积极性，在教师中普及网络教学的基本知识，使他们在网上提供更多有用的信息。例如，将教学讲义发布在网络上，利用网络加强大学生与教师的联系，这样既可以加强师生的情感交流，又可以提高大学生的学习兴趣，一举两得。在校园网上开辟教师网页，让教师走进网络去了解大学生，师生之间可通过邮件等方式促进沟通；也可以通过网络收作业进行学术思想交流；还可以将网络应用于学校管理。一方面，学校可利用网络收集大学生对学校事务的建议，以及大学生关注的问题；另一方面，大学生可以利用网络了解学校的形势、政策法规。要在校园网上坚持和强化对大学生的社会主义意识形态教育，充分发挥多媒体技术图文并茂、声像交融、方便、及时的特点，把大学生的上网注意力吸引到正确的道路上来，增强大学生的抵抗力，克服上网引起的网络心理问题。因此，建立、健全校园信息网，对大学生进行网络心理教育是非常重要的。

第四，重视网络技术发展的新变化。在信息时代，网络技术是网络心理健康教育最基本的实现基础和运行机制。网络技术的发展和普及，也为加强和改进大学生网络心理健康教育工作带来了新的挑战。所以，高校心理健康教育工作人员应主动加强有关网络知识和技能的学习，开展形式多样、生动活泼的心理健康教育活动。在此基础上，心理健康教育工作者要善于利用新技术为大学生网络心理健康教育服务。各种信息软件，如博客、微博、微信等，使每一个心理健康教育工作者都具备了在网上建设教育基地的能力。网络技术是一个不断发展着的技术群，各种显性、隐性的网络心理健康教育活动都依托这个技术群而发生、开展。不同的技术手段及其蕴含的理念对大学生的影响各不相同，因此，必须加强对网络技术理念的深入研究，立足于大学生成长、成才的需求，为大学生网络心理健康教育提供技术保障。

第五，坚持网络教育与传统思想政治教育相结合。2007 年 4 月，中共中央政治局召开会议研究加强青少年体育工作和网络文化建设工作。会议指出，大力发展中国特色网络文化，加强网络文化建设和管理，充分发挥互联网等信息网络在我国社会主义文化建设中的重要作用，有利于提高全民族的思想道德素质和科学文化素质，有利于扩大社会主义精神文明的辐射力和感染力，有利于构建社会主义和谐社会。因此，我们必须以积极的态度、创新的精神，大力发展和传播健康向上的网络文化，切实把互联网建设好、利用好、管理好，特别是要为青少年成长创造文明、健康的网络环境，在全社会树立良好的网络道德风尚。① 拓宽网络心理健康教育新途径，要贴近大学生，关注校园和社会现实，体现教育性、服务性、娱乐性与时代性、交互性、多样性的统一，围绕大学生的实际，力求做深、做精网络心理教育，做新、做好服务和娱乐，寓教育于娱乐，寓教育于服务。

网络心理健康教育工作的节奏要与日常思想政治工作相协调，在大学生成长的不同时期和阶段，有针对性地与他们通过网络进行交流与沟通。在入学教育、大学生活规划、评优奖励、贫困生资助、课程学习、心理辅导、素质拓展、就业指导与服务等环节，紧跟大学生思想动态，把握大学生思想活动脉搏，使网络心理健康教育与日常思想政治教育相互补充，相互促进，相得益彰，产生共振。

---

① 《中共中央政治局召开会议研究加强青少年体育工作和网络文化建设工作》，www.zunyi.gov.cn/sy/zyyw/201504/t20150407_12807.html，2017-06-29。

第九章

大学生求职心理教育的实效性

就业问题一直贯穿于大学生的整个求学生涯，无论是过去的"学而优则仕"还是现在的市场竞争，都在强调大学生的就业问题。大学生作为新时期社会主义建设的重要接班人，是一个有理想、有道德、有文化、有纪律的高素质群体。他们在追求自身理想的过程中面临着诸多挑战和机遇，这个过程往往伴随着许多心理压力和心理问题。这些心理问题的产生一般来自主体与客体之间的矛盾，例如，现实与理想、目标与自身的能力等。高等学校在传授先进科学知识、培育高素质人才的同时，必须积极引导、教育大学生有健康的求职心理。事实上，当下学校对大学生求职心理教育的效果是值得深思的。

一、大学生求职心理及其教育存在的问题

(一)认知心理问题与教育引导不够

所谓认知心理问题，指的是大学毕业生在就业过程中，对自己、对行业、对社会环境的认知出现了偏差。大学生群体中存在着的认知心理问题主要包括以下两方面：自我认知不准确；对外围环境认知不准确。

1. 自我认知不准确

"认识你自己。"这是雅典德尔菲神殿上刻的一句话。古代先哲经常以此自省。这句话蕴含的哲理也值得我们学习，特别是对正在求职的毕业生而言。在求职过程中，我们每个人都应该准确地认识自己，熟悉自己的兴趣和能力，明白自己的就业方向，找准自己的定位，对自己的专业优势有个清楚的了解，明白自己能够干什么和不能干什么，找出自己的特长，这就是所谓自知之明。通过对自己的了解，我们有了较强的目标性，这样就能对自己进行合理定位，充分发挥自己的优势。在实际生活中，很多大学生在就业过程中总是不能做到对自我准确定位和认知，不能对自己做出较客观的评价。自我认知不准确带来的结果可能就是这样两个极端：要么觉得自己什么事情都不如他人，怀疑自己的能力，不敢主动参与到社会竞争中去，这也就是我们所说的自卑心理；要么就是对自我的认知严重高估，认为自己各方面能力都很强，这也就是我们所说的自负心理。

（1）自卑心理

所谓自卑心理，指的是一种个性上的弱化，具体表现就是自信心、自尊心的缺乏，是个人由于自己能力上的缺陷而产生的心理上的轻视。从总体上说，自卑是在自我评价和自我意识方面都偏向于消极的思考。自卑的人往往对自己的能力、形象、品质都缺乏自信，过低地评价和看待自己，总是以己之短和他人的长处进行比较。这样的人时刻活在不顺心和自卑中。一个人如果从内心对自己进行了否定，他的创造力和智慧就难以正常发挥。准确地说，自卑心理广泛存在丁人群中，只是轻重不同而已。过度的自卑常常会使自己感到孤寂和绝望，精神状态也是萎靡不振。

在毕业生人群中，持有这样心态的大学生主要有以下几类：一是部分专科生。在进行招聘时，相当一部分企业单位更偏重学历，对能力的考核则排在其次。他们宁愿录用能力差的本科生，也不愿意录用综合素质相对较强的专科生。这样的硬性标准直接将专科生拒之门外，结果就是专科生的就业情形普遍不够理想。另外，部分专科生对自己的期望值较高，不愿意下基层，或者去二、三线城市，面对与本科生、研究生的竞争，他们很容易觉得低人一等。二是部分女生。由于受到中国传统家庭文化的影响，加上女性本身的生理和心理特点，一些女大学生在求职过程中常常受到用人单位的冷落，有些单位甚至明文规定只招收男性。另外，部分女大学生依赖性较强，在处理这些挫折时显得手足无措。面对一系列社会现实，女大学生往往会产生自卑心理。三是部分缺乏社会资本及来自农村的学生。在当前社会转型还未完成，用人制度和市场机制尚不健全的情况下，在大学生就业过程中，特殊的社会资本往往能起到很大的作用。在特殊社会资本的帮助下，即使一名大学生表现平平，能力一般，他也能在一个较好的单位工作。这对没有特殊社会资本或来自农村的大学生而言，显然是不公平的，其带来的负面影响也是显而易见的。四是部分学习成绩不佳和受过处分的"问题毕业生"。这些毕业生在其推荐材料上往往存在着在校时的一些污点，他们害怕用人单位用异样的眼光打量，在求职时总显得没有底气和信心。

自卑心理所带来的消极影响较大，带有这种负面心理的毕业生在求职时往往表现得缺乏自信，对待竞争也往往表现得畏缩，不敢走上社会，习惯生活在自己的世界中，生活在自己的生活圈子里。在他们的世界里，自己的能力、成绩甚至家庭背景样样都不如他人。他们过多关注了自己的短处，对自己的长处往往忽视。他们特别在意周围人的眼光，自身也变得敏感和多疑，在用人单位的面试环节，他们往往不能展现自己出色的一面，面对面试官的询问，自己也往往会显得没有底气。这样的人很容易埋没在众多求职者中，极大地影响自身的求职之路。

（2）自负心理

与自卑心理相反，自负心理一般来自于个体对自己能力的高估，它也是一种缺乏对自身实际进行客观分析的表现。产生自负心理的人群不同于上述自卑心理的人群，自负心理一般产生于名牌大学的学生或高学历人群。这一人群往往生活在光环之中，他们的人生一般顺风顺水，较少遇到挫折。在求职过程中，他们往往觉得自身的能力和学历都足够胜任这一职位，找一份工作就是信手拈来的事。这类毕业生对自己的定位较高，一般人看来较不错的单位在他们看来也只能算一般，在求职过程中，往往会对用人单位提出一系列要求。这种好高骛远和不切实际的要求，使得他们在求职道路上走得磕磕绊绊。本来有许多就业机会摆在面前，自己不加珍惜，一旦理想和现实之间出现了差距，这类毕业生在心理上极有可能出现失落和悲观，最严重的结果就是对未来绝望。

2. 对外围环境认知不准确

所谓对外围环境认知不准确，指的是毕业生在求职过程中对大的就业趋势和心仪的就业单位的环境认知不够准确。毕业生在求职过程中，往往因为对就业形势的分析和认识不够深刻，人云亦云。随波逐流的大有人在，他们没有对自己就业行业或者职位的明确定位：同学去了互联网公司，自己也跟着去；别人考公务员和事业单位，自己也跟着报考。他们觉得这样的就业是一种潮流，而工作强度相对较大、工作环境较一般的单位，他们宁愿在家待业也不想委曲求全。但是他们对互联网公司或政府职能部门的认识不够深刻，掌握的信息不够全面，加上对自身专业优势的把握不够清楚，造成就业信息和选择的模糊，错失众多就业机会。

大学生能够正视自己的优势和能力，充分认识到自己的不足，这样的客观认知对自己的求职过程具有重要的导向作用。对自己有正确的认知，就是清楚地明白自己能干什么，适合干什么，对自己的就业方向和目标有个清晰的认识。与此同时，大学生还应对当前的就业环境和就业形势有一定程度的了解，摆正自己的态度，这样才不会对就业的期望值太高，而导致现实上的心理落差。

(二)情绪心理问题与教育针对性不强

我们将大学生求职期间出现的情绪问题和情绪波动称为情绪心理问题。我们要重视大学生的情绪问题，因为它可以反映大学生的心理健康问题。大学生在求职过程中出现的情绪心理问题，主要有以下三种：焦虑、抑郁、患得患失。

1. 焦虑

在求职前期，焦虑是大学生普遍存在的心理现象，它是因为担心自身不能达到预期目标，或者因为自身原因导致求职失败而形成的。这种不安心理其实源于对自身的不自信，是外界挫折引起的心理冲突现象。首先，读书数十载，大学生渴望在社会上实现自己的人生价值，一朝踏入社会，各方压力袭来，担心自己在校的理想不能实现，不能找到心仪的就业单位，这时就容易产生焦虑心理。其次，毕业生普遍重视毕业后的第一份工作，将其提升到人生道路的高度，所以担心求职过程中出现的失误，担心一次失误会给自己的人生带来不可挽回的损失，这样也较容易出现焦虑心理。最后，部分大学生因为自身原因，例如，专业较冷门，有生理缺陷，综合能力不强，专业知识不扎实等，导致在毕业前工作还没落实。这部分大学生表现得更为焦虑。这种心理现象带来的危害是显而易见的，会导致大学生心理压力过重、注意力分散、意志消沉等。

2. 抑郁

压抑，从本质上来说是一种精神状态，它最主要的表现就是情绪低落、沮丧、自责。大学生在求职过程中，往往伴随着挫折和失败，自己的才能得不到用人单位的认可，这样的情况会导致大学生心理上的紧张和压抑。在现实生活中，大学生的求职之路都是较坎坷的，在不断的碰壁过程中才能找到合适的就业单位。在这一过程中，大学生遭受着身体和心理上的双重折磨。特别是在心理上，求职不顺利的大学生一次又一次地受到打击，这样的过程对心志不坚定的大学生来说，往往会导致他们愁眉不展，郁郁寡欢，意志消沉，严重的话，会影响到他们正常的求职活动和身心健康。

3. 患得患失

大学生求职，基本上是广撒网，采取"海投"的方式进行简历投递。有些"这山望着那山高"，抱着骑驴找马的心态来寻找用人单位，大学生先草草地签了一个单位，然后继续寻找待遇或前途更好的单位。这样的结果就是很容易卷入违约纠纷，自身的诚信和学校的形象也会受到很大的影响。上述这些现象都属于患得患失心理问题的具体表现。这样的心理使得大学生在求职过程中当断不断，模糊了自己的就业方向，从而错失许多就业良机。患得患失心理带来的直接影响是用人单位的入职计划和学校的上报就业计划得不到有效实施，同时透支了大学生个人的信用额度。

(三)社会心理问题与教育不全面

社会心理学是探讨人们的想法、感觉及行为如何因他人行为或想象行为的存在而受到影响的社会心理研究。大学生就业的社会心理问题是大学生在就业过程中受到社会或他人的影响而产生的心理问题。

1. 从众心理

所谓从众心理，指的是个体在群体压力下，个人认知、信念、行为与群体多数人保持一致。从众心理的产生是因为大学生没能充分认识自身的具体情况，如个人爱好、自身专业、自身的综合能力等，这些个人特质在一定程度上确立了单个人的独特性。在择业过程中，忽视自身的独特性，随大流地选择沿海城市、金融行业、公务员等，是缺乏全盘考虑的表现。他们没有认识到自身的独特性，没有结合自身的兴趣和能力，往往在择业过程中经受不必要的挫折。另外，随着精英文化如"数字精英""管理精英"等的流行，大学生普遍受这些文化的影响，在价值层面也逐渐显示出自身追求的单一化。这样很容易导致个人特质的同化，忽视自身的创造性和独特性。从总体上说，大学生正处于人格的完善和成熟期，这一时期容易受到外界思想和价值观的影响。在大学生求职期间，学校和社会应该适当引导大学生树立正确的求职就业观。

2. 攀比心理

大学生求职过程中还存在着一定的攀比心理。这种心理指的是大学生未能从自身的实际情况出发，不能抛开自己的优势，而盲目地与他人进行比较的心理。它本质上属于一种盲从的心理。其具体表现就是：大学生不从自身实际需要和单位需要出发，盲目投递简历，拿别人的求职目标来要求自己；部分大学生总觉得要在大城市安家立业，不然就没有面子。这些大学生没有从个人背景、生活习惯和综合能力角度来考虑自身的特殊性。这些特殊性在一定程度上也决定了大学生求职目标的多元性。年轻人好面子，争强好胜，可他们没有意识到个体的特殊性决定了他们的求职目标是没有可比性的。这种盲目攀比的心理会直接影响自身的就业方向和选择，不合理的定位往往使自己与合适的就业岗位失之交臂。

3. 嫉妒心理

所谓嫉妒心理，指的是大学生在求职期间，通过比较，发现他人的长处和优势，自己将这些长处和优势视为对自己的威胁，从而抱着敌视和羡慕的复杂心理情绪。这样的情绪在大学生求职期间虽非普遍，但是确实存在。这样的情绪影响着大学生的人格发展。在求职道路上怀揣这样心理的大学生常常感到心理不平衡，对待他人取得的成功往往持否定态度，甚至在极端情况下，为了求得自身的心理安慰，部分大学生会通过诽谤、诬陷、报复的方式来发泄自身的不满。在求职过程中，这种心理的具体表现为：看到他人求职的综合素质强过自己，找到的单位也比自己好，自己先是羡慕，然后可能伴随心理落差带来的痛苦，最后就是强烈的不甘心，这种不甘心导致的就是背后拆台行为。另一个表现就是当别人取得一定成功时，自己不是在旁祝福，而是说风凉话，冷言冷语。嫉妒心理的危害是很大的，它严重影响了自身的人际关系，使得团体内部人心不稳，甚至影响自身求职行为的顺利进行。

二、大学生求职心理及其教育存在的问题的原因

因为就业形势严峻、就业竞争激烈，虽然学校采取了一些措施进行教育引导，但效果不佳，仍然有些大学生在求职过程中存在焦虑、抑郁等一系列心理问题。导致这些教育效果不佳的原因是综合性的，包括社会、高等学校、家庭及个人四个方面的影响因素。

(一)社会因素

1. 政府

政府作为国家行政机关，应当在社会各项事务中起到宏观调控和指导作用，把握主要方向。可现实情况是政府在大学生就业问题上存在着失责、越位等现象，具体表现如下。

(1)相关法律制度不健全

大学生就业的法律制度不完善，不能促进和帮助大学生就业，影响了他们的正常就业。1949年以来，我国大学生的就业制度经历了"统包统配"、一定范围内的"双向选择"与"双向选择、自主择业"三个发展阶段。后来，政府变革了就业制度，导致大学生就业形势也发生了变化。由于现在政府把经济增长放在第一位，忽视了人才的供给，这就导致经济增长和就业岗位的增长之间出现了缺口，即就业岗位供不应求的状况，所以大学生的就业情况不理想。虽然《中华人民共和国劳动法》等法律中涉及了大学生就业的问题，但这些法律条款对大学生现存的就业问题的表述太笼统、不全面。同时，就业政策正由国家包分配向以市场为导向转变。在这个过程中，由于政策不完善，政府往往把就业问题推给市场，以此来逃避和推卸责任。

在大学生就业过程中，政府常常会在不该履职的范围内履职，在不该管辖的范围内管辖。比如，在高校的招生、专业设置等问题上，政府仍然控制着这些权利，高校不能按照自己的需求来招生，不能按照市场的需求来设置专业。还有些地方政府出台了地方保护主义政策，以生源地、性别、外语语种等条件来限制大学生就业。例如，上海市曾出台了一项政策——"严格控制非上海生源大学生留沪"，这项政策不仅侵害了大学生的选择权利，也侵害了用人单位的自主用人权利。

(2)就业政策不完善

在不同时期，国家的就业政策是不同的，国家根据社会需要和经济的发展需要，以毕业生的资源配置为原则，对毕业生就业进行调控和约束，对毕业生的流向产生着巨大影响。目前我国有关大学生就业的政策主要有九个方面：权利维护政策；就业准入政策，其中包括地区准入政策与职业方面的就业准入政策；宏观调控政策；市场规制政策，国家出台了一系列政策维护大学生就业市场的安全与稳定；招考录用政策；派遣、接收政策；指导服务政策；创业扶持政策；社会保障政策。除了上述法律法规，地方政府也根据本地的特殊环境和经济发展趋势制定了相应的地方性就业政策。

当然，从就业政策的出台可以看出政府正在努力解决大学生就业问题，但是由于种种因素的制约，一方面，政府往往不能实现大学生就业政策中设计的预期目标，例如，与大学生就业管理工作相关的各部门没有做到有效协调和配合，一些部门没有履行自己的职能；另一方面，许多政策仅仅是一纸文书，并没有解决实际中的问题。因此，政府应该付诸行动，有责任把这些政策落到实处。

(3)社会保障体系不完善

我国劳动力市场有主要和次要之分，社会保障体系也因此产生了主次之分。在我国沿海经济相对发达的地区，社会保障体系发展较早，也普遍受到人们的重视，这样的社会保障体系发展得较成熟和完善。而在经济较落后的地区，社会保障体系的覆盖面是较低的，它的发展明显落后于经济发达地区。从总体上而言，我国的社会保障体系相对薄弱，具体表现在以下几个方面：首先，我国的养老保险基金缺口较大，对参保对象的补偿能力不足。其次，相对于我国庞大的就业人口，社会保障的覆盖面不够广，一部分人根本享受不到相关社会保障。社会保障体系的不完善导致了社会保障地区间的差异，促成了大学生就业跟风的现象。例如，大学生热衷于党政机关、事业单位和国有大型企业的工作岗位，因为这些单位能够提供完善的社会保障。在一心求稳的国人面前，这样的条件是很诱人的。因此，有学者指出，大学生就业出现的体制性矛盾理应由劳动保障部门埋单，教育部门反而过多地承载了舆论的批评和指责。

2. 经济

(1)经济增长

一个国家的经济组织结构和经济增长速度直接决定了社会工作岗位的数量，而工作岗位的数量直接决定了社会对劳动力的需求总量。如果我国每年的 GDP(国内生产总值)增长率保持在 7％～8％的水平，就业弹性保持在 0.1 左右，则每年可新增就业岗位 900 万个左右。可见，没有国民经济的快速发展，也就没有就业扩大的空间。①

(2)市场经济调节作用的影响

随着我国市场经济的不断发展，高校毕业生的就业选择也越来越市场化。大学生就业作为市场经济体系的一个组成部分，必然会受到市场的引导。这在就业关系上体现为：大家都选择报考从前的热门专业，导致毕业时热门专业的求职者数量供大于求，使热门专业在接下来几年甚至十几年变成冷门专业；相反，之前的冷门专业的求职者数量供不应求，使冷门专业变成热门专业，使下一批学生报考此专业。这样不断地循环，引发供求结构性矛盾。

(3)机关及企事业单位改革

近些年，政府改革机关部门，精减工作人员，这些被精减人员多数选择进入企事业单位就职。而事业单位本身也是定编定岗招募人员的，国有大中型企业也存在人员过多、包袱过重的状况，所以这些单位也开始实行裁员。市场经济的运行就是一个优胜劣汰的过程，因为经营不善导致企业倒闭的案例比比皆是。企业在自身遇到生存危机时，对劳动力的需求肯定也是有限的，这就很难给大学生提供顺畅的就业之路。②

----

① 蔡昉：《2002 年：中国人口与劳动问题报告——城乡就业问题与对策》，北京，社会科学文献出版社，2002。

② 张鹏：《我国大学生就业难问题探析》，硕士学位论文，东北师范大学，2008。

3. 社会文化

(1)就业歧视

市场数据显示，我国大学毕业生在就业时会遭遇初次就业歧视，而且这种现象变得越来越严重。例如，在南京市 2006 届毕业生的人才市场招聘会中，有 40％的用人单位在招聘宣传资料中提到不公平的录取要求。初次就业歧视可以分为以下几种：容貌歧视、身材歧视、年龄歧视、户籍歧视、性别(女性)歧视、学校歧视。这几种歧视类型的严重程度大致可以得出这样一个排序：一是容貌歧视，严重程度为 94.9％，即在 100 个雇主中有 94.9 个"不会"或"不太会"选择容貌不佳的求职者。二是身材歧视，严重程度为 77.40％。三是年龄歧视，严重程度为 59.23％。四是户籍歧视，严重程度为 51.37％。五是性别(女性)歧视，严重程度为 42.50％。六是学校歧视，严重程度为 36.28％。[①]

(2)社会支持

相关研究表明，个体需要应对社会上各种各样的压力，而在某种程度上，社会的支持可以有效增强大学生的心理承受能力，缓解大学生的就业压力。从社会资本的角度来看，大学生本身就是社会资本的一部分，他们是社会的劳动力，能够为社会创造财富和价值。社会对大学生的就业采取支持态度，可以避免资源的浪费。

4. 用人单位

随着国内大学的扩招，大学生就业由"卖方市场"转向"买方市场"，有些用人单位盲目提高用人标准。研究表明，现在用人单位不断追求名牌效应，在招聘时会对名牌大学的毕业生青睐有加，但是这个现象不利于普通大学毕业生的就业。

各国一直以来都在努力增加市场上的就业机会，同时鼓励大学毕业生进行自主创业，为此，政府也出台了一系列政策。在这方面

---

① 赵耀：《中国劳动力市场雇用歧视研究》，博士学位论文，首都经济贸易大学，2006。

做得比较好的国家有美国、英国和日本。这三个国家都注重结合企业、政府、高校和学生个体的特点，发挥他们各自的优势，并通过改革教育体系、改进市场机制、刺激自主创业等方式，在有效推动大学生就业这项工作上取得了不俗的成绩。这是中国政府可以借鉴的地方。

(二)高等学校因素

教育可以改变国家和个人的就业形势。学校教育对大学生就业的影响深远，具体包括以下几个方面。

1. 扩招

高等学校扩招的趋势仍在继续，导致现在大学生的数量不断增加，大学学历的含金量不断下降。加上学校师资力量不足以应对扩招的规模，教师没有时间不断地学习新知识来更新自己的知识库，没有充分的时间和精力准备上课内容，教学质量降低。另外，高校每学期的评估体制，对教师的评价标准出现了偏差。因为科研能力较强的优秀教师致力于科研，必然没有很多精力投入教学工作，使得这些优秀教师的先进思想不能很好地传递给学生。以教学为主的教师又很难腾出大量时间在学术科研上，自己没有吸收最前沿的学术思想，也使教学质量和教学效果受到了影响。

2. 课程设置与市场需求不对接

我国缺乏根据市场需求对人才需求的预测和规划，高等教育的学科结构和培养模式也不完善。许多高校根据热门专业来设置学科专业，在专业的设置和课程的安排上存在较大的盲目性。例如，现在的会计、金融、经济等专业毕业的大学生在市场上存在供大于求的现象，计算机软件开发等专业的大学生又存在供不应求的现状。有研究认为，很多高校没有根据市场的需求来进行专业设置和课程设置；对大学生的就业指导安排不到位；在统筹规划上还做得不够完善；许多就业指导机构设置不健全，对具体的指导方法和路径认识不够明确。①

3. 大学生培养质量下降

有研究表明，学校理论教育与校外实践教育的脱节，导致部分高校的大学生实习锻炼的机会较少，在毕业来临之际，许多用人单位会担心大学生的实践和动手能力而不敢接收应届毕业生。② 一方面，当今高校普遍重视大学生的理论学习，强调大学生对专业知识的掌握，着力加深大学生知识面的深度。另一方面，大部分高校忽视了大学生实践能力的锻炼，忽视了大学生综合素质的提高。在高校文、理分科的教学制度下，大学生的知识结构也存在不合理现象。大学生的培养是要面向社会、面向市场的。高校大学生的实习期一般仅为一个月，在实习单位所学的知识是很难消化和运用的。随着我国市场经济的深化，人才的竞争日益激烈，许多用人单位也逐渐意识到大学生实践能力的重要性，对应聘者实践能力的要求也逐渐提高，面向市场的大学生不得不以此为导向，对自身的能力查漏补缺。所以，这样的变化对大学生的就业造成了一定影响。

4. 就业指导机制不完善

当前的就业指导主要集中在学校机构的设置和调配上，该领域出现的问题主要有以下几个：一是指导机构不够健全，这是硬性问题。部分高校没有成立专门的就业指导机构，就业指导一般由分管学生的部门领导兼任。二是对大学生的就业工作认识不到位。在部分学校领导看来，毕业找工作是大四学生应该关心的事情，所以，相关的就业指导课程也是在最后一个学期开展，而就业指导的相关课程讲解也是由该指导中心的老师完成，学校师生的参与度不够。三是学校对就业知识和内容的理解不够深入。在大部分高校看来，大学生的就业指导工作就是就业信息的发布、招聘会在校内的举行、

---

① 罗慧慧：《大学生就业难的原因及对策分析》，硕士学位论文，华中科技大学，2006。

② 胡环宇：《大学生就业心理研究》，硕士学位论文，武汉大学，2005。

就业协议书的签字盖章。这样的指导形式较为单一，内容也不够丰富。专门的指导一般也就是形式上设置就业咨询，或开展几次就业指导讲座，而学校从事就业指导工作的专业教师屈指可数。

国外在人才培养和就业指导方面的成就可谓硕果累累，有许多地方值得我们学习和借鉴。例如，模拟公司日常操作实践教学，培养实践动手能力强的大学生；项目导向的实践教学，通过明确目标、分割任务等环节，培养大学生的自学能力；行动导向的教学法，教师给予适当引导，大学生积极主动参与，培养大学生的创新思维和协作能力等。随着社会的发展，教学模式也在不断发展与丰富，下面列举国外常用的几种经典实践教学模式。德国采用的"企业主导型"模式，通过大学生在企业中的实践，体会企业的日常操作流程，达到锻炼大学生能力的目的。加拿大的"competency based education"（能力本位教育）模式，从大学生的职业需要出发，有针对性地为大学生提供职业能力学习的帮助，通过科学的管理和评价达到对大学生职业能力的培养。美国较流行的教学模式是"社区学院多元开放型"，这种突破年龄与民族、时间与地域限制的开放性教学模式有利于学院与社区的相互融合，加强大学生与社区的交流。日本的"职业训练"教学模式和韩国的"产业教学"模式也是亚洲颇具代表性的教学模式。上述教学形式都注重培养大学生的实践动手能力，为毕业生提供了很好的就业指导，能帮助他们顺利就业。

（三）家庭因素

毫无疑问，家庭对个人的影响是至关重要的。个人人格的形成、行为语言和习惯的产生都受到家庭文化的熏陶，而上述方面出现问题的时候，也可以从中找到原因。家庭因素主要有以下几个方面的表现。

1. 家长的期望

俗话说"望子成龙，望女成凤"，家长把自身未完成的梦想和家族的希望都寄托在孩子身上，认为读了书就应该找份体面的工作。大多数家长认为最好的就是成为国家的公职人员。这样的思想有意识地引导了孩子的就业观，也是造成现阶段大学生就业难的原因之一。

2. 教育投入与期待

接受高等教育对普通家庭来说是一笔不菲的费用，目前大学四年一般需要 4 万元到 5 万元的费用，有的家庭不得不借债供孩子上学。大学生毕业时就会权衡利弊，认为由于自己读书，导致家庭出现了债务危机，自己必须通过工作来回报家庭在教育上的投资。工作待遇越高，收回当初的教育成本的时间肯定就会越早。所以，大学生在就业过程中慎之又慎的态度就可以理解。

3. 父母教育水平及职业

相关研究表明，父母本身的受教育水平和其从事的职业会对子女的就业产生一定的影响。一般来说，受教育水平低的父母比较看重子女工作的薪资高低，这一点在农村体现得较明显，因为农村人口受教育水平普遍较低，对职业的前景和公司的发展都不了解，他们只能直观地从工资高低来判定这份工作的性价比，从而影响子女的就业意向。但是，受教育水平较高的父母会比较看重子女学历的提高和职业的前景，子女在职业选择上会受到父母的影响，例如，父母都在做会计，他们的子女也很有可能做会计。

(四) 个人因素

1. 观念滞后

观念滞后指的是大学生就业观念的滞后。大学生就业观念的滞后主要有以下几个方面的表现：大学生对当前的就业形势认识不够深刻；普遍存在从众心理；对自身的期望值过高。在传统意识里，大学生是天之骄子，是社会的精英阶层，这样的思想或多或少地影响着大学生的就业期望。

目前，大学毕业生就业观念中的误区主要集中在以下几个方面：大部分大学生认为就业应该去大城市；有些大学生抱着找"铁饭碗"的心态寻找工作，希望"一劳永逸"；有些大学生依赖思想严重，找工作希望"走后门，走关系"；有些大学生偏向于工作环境好的单位，而不愿意发扬艰苦奋斗的作风。由于岗位的职能不同，部分大学生偏向有一定职权的单位；部分大学生偏向福利待遇好的单位。上述问题都是大学生就业观念滞后或不正确而产生的，要解决这些问题，学校和社会必须重视大学生就业观的正面引导。①

2. 认知因素

大学生的认知因素主要指的是大学生在就业过程中对就业形势、对职业、对自身的判断和认识，前文中对此已有论述。当代大学生在认知方面存在着一定的问题，这些问题对大学生的求职之路造成的影响也是十分明显的。这些问题具体表现为：自我认知不准确，对社会认知、职业认知不准确。

大学生自我认知不准确的两个最主要表现就是自卑心理和自负心理。自卑从本质上来说就是自己对自己的不信任，这种不信任主要指对自己能力的轻视。自负心理则与之相反。自负心理是未能对自身的能力产生客观认知，高估自己的表现。这种心理一般产生于重点大学学生或高层次人才中。

对社会认知和职业认知不准确就是对外围环境的认知不够清楚，大学生总是凭借自己的臆想来断定一个公司的好坏，或者随大流地去大城市。这些大学生不能对自身专业的社会需求做透彻的分析，不能对自身能力有清楚的了解，不能对当前的就业环境有大致的把握，这些都导致了他们求职之路的不顺畅。

三、提高大学生求职心理教育实效性的对策

大学生求职心理教育问题的解决对策可以从政府层面、高校层面、家庭层面和学生自我调节层面来进行规划和思考。通常，针对性较强和应用性较广的就是从高校层面和大学生个人层面来思考。下面结合案例从这两个方面探讨。

---

① 白玉芳：《大学毕业生就业影响因素的比较分析——以人力资本和社会资本的比较为例》，硕士学位论文，山西大学，2008。

跨专业求职被拒的困扰

【案例描述】又是一年毕业季。小王本身是刑法专业的一名学生，但是他本人对计算机有着较强的兴趣和爱好，在大学期间，他凭借自己的努力考取了计算机一级证书，但在求职期间，他出现了求职焦虑现象，经常晚上不能入睡。一方面，他向往上海这样的一线城市，并对该城市的外企情有独钟；另一方面，他对职业的定位一直是网络工程师。可是因为他"半路出家"，加上他本身简历制作得不规范，没有凸显自己对这份工作胜任的资质，面试官对他的知识背景关注较多，问的问题也较为专业，而他通常在面试过程中因为紧张而脑海一片空白，以致面试结果不理想。这时的他总会想起自己的父母，强烈的内疚感和负罪感填满心头。周围同学投来的目光也让他备受煎熬。同时，在校外报的计算机补习班也让他感觉压力很大，老师授课的内容，他也是一知半解。这一系列因素都让他对自己产生了怀疑，怀疑自己的择业方向是否出现了偏差，怀疑自己的能力是不是真的有问题。

【案例分析】从上文可以得知，面对就业的激烈竞争，不少大学生或多或少地存在一定的求职心理障碍，如上述案例中的小王，焦虑、自卑、抑郁伴随着他的整个求职过程。面对这样的问题，我们应该寻找它出现的原因。下面，笔者就上述案例分析其产生的原因。

1. 择业观存在不合理之处

从上述案例可以看出，小王的择业是以一线城市为中心，以外企中的网络工程师为目标职位，这样的要求对半路出家的非专业人士小王来说，无疑是高难度的。在上海这样的一线城市，人才济济，外企一般是以英语为工作用语，这些对小王来说都无形地增加了他的心理压力。从这个方面来讲，小王不能对自身的优势和劣势有深刻认识，而这是最重要也是最难的，也是他求职屡屡碰壁的最主要原因。他应该对自己合理定位，合理要求。

2. 求职准备不够充分

一般来说，求职者在面试之前都要制作一份针对该行业该公司的专业性简历，在面试之前要对该职位和该公司有一个清楚的背景了解。而上述案例中，小王简历制作不够规范，并未凸显自身的优势，对专业性的问题也没有多做准备。面试官一问，他就脑海一片空白，这显然说明他在面试之前对本职位的专业性问题不够了解。在面试官看来，这是对本轮面试的不尊重。我们应该避免这样的错误。企业的职位不同，更多的是关注面试者的综合素质，包括领导力、执行力、团队协作精神等。小王在制作简历时应该凸显自己在这些方面的优势。另外，小王应该针对行业和公司的不同，制作一定量有针对性的简历，在面试之前，要对本行业、本公司、本职位做足功课，认真翻阅有关资料，做到知己知彼。未能清楚地了解简历的制作特点和公司背景，是他求职心理障碍产生的又一原因。

3. 负性后果高估

所谓负性后果高估，指的是严重高估了事情发生所带来的负面后果。每个大学生都会经历面试被拒的过程，找工作的过程就是一个不断自我认知、自我完善的过程，在一次又一次被拒之后，充分对自己进行反省和总结，不断改善，最终可以找到自己满意的工作。从案例中可以发现，小王的求职过程刚好与之相反。在被拒之后，他并没有对自己进行反省，而是又一次投向另外一家公司，这样的结果可想而知。他在受挫之后开始怀疑自己的能力，怀疑自己的人生方向，将一次的求职失利上升到未来人生的高度。这一系列思考无形地加剧了他求职心理问题的产生和发展。

【解决措施】我们分析了小王求职失败的种种因素，包括择业观的不合理、求职前准备不充分、负性后果高估。针对这些因素，我们必须从以下几方面着手，对小王出现的求职心理问题进行有针对性的调适和辅导。

1. 肯定成绩，恢复自信

首先，我们要全面对小王进行评析，在帮助他认识到自己的不足的同时肯定他在校期间的努力，以助其恢复自信。在校期间，在许多大学生对自己未来的人生感到迷茫的时候，小王根据自己的兴趣爱好，在保证自己专业成绩不落后的情况下学习了计算机知识，这是值得我们学习和鼓励的。在学校学习的同时，他还参加了校外计算机辅导班，并考取了计算机一级证书，这对一个文科类专业的大学生来说是相当不容易的。它反映了小王身上刻苦学习、时间管理能力较强、有上进心等优秀品质。因此，学校老师和家长应该肯定小王取得的成绩，引导他走出求职所遇到的心理困境。

2. 协助认识自我，引导合理定位

在上述案例的分析过程中，我们看到小王在求职受挫后，对自己就业的方向产生了怀疑。我们可以借助六环岛游戏对其进行职业兴趣和能力的探索，让其根据自己的特质做一个SWOT（优势、劣势、机会、威胁）表格，分析自己胜任这份工作的优势和劣势。在此基础上，帮助他分析上海的网络工程师行业就业形势，并就这一职位对个人能力的要求进行分析，对比小王自身的能力，促使其发现自己的不足，对工作和个人有重新定位和思考。鼓励他去二线城市，从基层做起，在公司认真学习，在自己能力和经验都得到极大提高后，再考虑转战上海的外企，圆自己的职业梦。在此期间，要让他认识到，任何迂回都是为了更好地实现昨日的梦想。

3. 职业生涯人物访谈

职业生涯人物访谈是向实际从事某一职业的人了解该职业的技能要求及生涯发展通道。小王可以就网络工程师这一职位，向行业资深人士请教，了解一名网络工程师应具备的能力。通过资深人士的经验分享，小王能够清醒地认识到在求职过程中遭遇挫折是普遍现象。职业生涯的分享，应有助于小王走出受挫的心境，更加自信地迎接未知的挑战。

4. 求职技能指导

对求职中的大学生而言，加强求职技能的指导往往会对他们的求职生涯起到事半功倍的效果。学校就业指导中心可以定期举行相关的求职技能讲座，讲座的内容和重点可以围绕以下几个方面进行：首先，关于如何制作简历。一份好的简历可以将你的重要特质清晰地展现在面试官面前。所以，针对这一情况，小王可以在求职前对不同企业的要求准备多种不同版本的简历，有针对性地根据不同企业的特质来设计自己的简历，切忌"海投"。其次，要加强网络申请技能的训练。现在的企业招聘多以网络招聘的形式举行，而在网上进行申请是求得工作的第一步。所以，学校就业指导中心要加强对大学生网络申请技巧的训练。最后，在面试之前，要对该企业的文化进行了解，将自己的职业发展与企业的发展和文化有机融合，同时要注重面试中的礼仪，努力将自己最好的一面展现给面试官。

【案例总结】通过上述小王的案例，我们发现当今大学生就业过程中产生的一系列心理问题被忽视，高校心理教育有必要开展大学生职业道德、就业心理素质和择业观三方面的培训和教育。加强大学生在求职期间的心理健康问题教育，需要从大学生和学校两个方面着手。

从学校层面考虑，学校首先应该完善就业指导工作体系，增强就业服务专业化水平。就业指导并不是单纯地传播招聘信息，而是根据大学生本身的特长和潜质加以引导和培养。时刻关注市场信息，将大学生的培养与市场相结合，把大学生就业工作融入他们的学习、素质培养各方面，从而使就业指导工作的成效更加明显。其次，学校要加强市场研究及预测，调整专业设置。从总体上看，高校的课程设置不太合理，老师的授课内容较陈旧，大学生学习最多的是理论知识，实践方面的学习很少，学校的培养目标与市场需求并不匹配。这些都对大学生的就业造成了一定影响。最后，学校有必要开设职业生涯课程并组织相关活动，引导大学生积极参与课程的体验。通过对职业兴趣、性格、价值取向及各种职业能力的分析，大学生们应充分认识自我，客观评价自我，了解职业规划的重要性，掌握规划自己职业方向和目标的技巧，从而合理地定位人生。

从大学生层面讲，大学生首先要树立正确的就业观念。案例中的小王热衷于一线城市的外企，向往大城市和高薪。这反映出部分大学生的就业观念正逐步市场化和功利化。随着时代的发展，"铁饭碗"已经逐渐市场化，不再像过去那么稳定，对追求高薪的大学生的吸引力减弱。当代大学生要积极转变就业观念，响应国家的号召，到西部、到农村、到基层去锻炼自己，为国家发展尽自己的微薄之力。其次，大学生应该锻炼能力，积累经验。在校期间，大学生应该积极参与社会实践，如专业实习、党委团委活动、社区活动等，通过一系列活动培养自信心，正确地认识自己和评价自己，最后了解这个行业，从而克服自己的求职心理障碍。

第十章

大学生生命心理教育的实效性

　　大学生生命心理教育是指以大学生为教育对象，通过各种恰当的教育方式，引导大学生认识生命，尊重生命，欣赏生命，敬畏生命，珍爱自己与他人的生命，学会积极地生存、健康地生活、独立地发展，由此获得身与心的和谐，幸福地学习与生活，提高生命质量，积极创造与提升生命的价值的教育过程。当今社会是经济高速发展、社会急剧转型的时代，大学生们面临的各种压力也在逐渐增加。在学习压力、就业压力、感情压力及生存压力等多重压力的共同作用下，部分大学生出现了自残、自杀、杀人等各种不珍爱生命、不尊重生命的行为。因此，对大学生进行生命心理教育，帮助他们学会珍惜自己与他人的生命，尊重生命，欣赏生命，敬畏生命，促进他们的身心和谐发展，是目前我们必须认真对待的重要任务。然而，由于各种原因，当下对大学生进行生命心理教育的效果不甚理想。为了使大学生获得全面、自由的发展，必须加强对大学生进行生命心理教育的实效性研究。

一、大学生生命心理及其教育存在的问题

(一)高校系统化生命心理教育较少

我国高校依然是以应试教育为主,高校设置的专业主要是为了让各个大学生掌握谋生的本领,侧重于对大学生进行专业理论知识的教育与专业技能的训练。部分大学生因为平时翘课或者本身学习跟不上,甚至"挂科",而给自己造成更大的压力。这种教育实际上并不能使大学生获得幸福与快乐,反而在很大程度上给他们造成了许多困扰,成为他们的生命之痛。我国高校进行大学生心理健康教育的内容与课程大部分没有形成一个完整的系统,也没有把大学生生命心理教育的理念融入日常教育与管理中,内容相对零散地存在于相关课程教育里,如"大学生心理健康教育""生死哲学与生命教育""大学生安全健康教育""环境保护教育"等。"生死哲学与生命教育"课程也只是在个别高校中开设,并没有形成一个完整的系统,而且这种课程也没有专门针对大学生的生命心理课程。大学生心理健康教育一般是通过运用心理学方面的知识,对大学生在学习、生活、情感、就业等方面存在的心理问题给予帮助和引导,预防大学生自杀、他杀与暴力行为的产生。大学生安全健康教育则主要是在生理方面教育学生,例如,如何预防艾滋病及其他传染性疾病,如何进行生命急救,如何对待性等,教育他们建立正确、健康的性道德观。这些内容与方式的初衷都不是为生命心理教育服务的。大学生生命心理教育是一个系统化的项目,而这些零散的教育方法与方式破坏了生命心理教育的系统性,一些关于生命心理教育深层次的内容被忽略,例如,对死亡的认知教育,对生命意义与价值的内化等,这些不系统的知识不利于大学生健全人格的培养。

(二)高校临时性生命心理教育较多

大部分普通高校以培养大学生的社会竞争力、实现大学生的就业率为目标,所以,都较片面地强调对大学生传授专业知识与提升工作技能,而不考虑对大学生个体内心应有的关注与尊重,忽略对

大学生个性、情感、心灵的教育和人格的统一。这些都只是简单地把大学生当成机器，让他们被动地接受知识和技能，这样最终导致他们缺乏对生命的理解与认知，难以形成正确、科学的价值观、人生观、生命观而处于焦虑之中。之所以会出现以上现象，除了普通高校对生命心理教育缺少系统教育外，还因为高校大多只是进行临时性生命心理教育。一般高校只是开设一些临时性的专题讲座来进行生命心理教育，而不是把生命心理教育作为大学生的重要课程并把其纳入高校日常管理。目前，从各个高校的课程设置体系中，我们可以看到大部分高校并没有开设相关专门课程。只有部分高校开设了独立的生命教育课程，比如，长春医学高等专科学校将"生命教育课"开设成全校必修课，广州大学开设了"生死学"选修课，广东财经大学开设了"生死学与生命教育"全校公共选修课，江西师范大学开设了"生命教育与生死哲学"的全校公选课，浙江大学则将"生命学与生命教育"作为全校公选课，云南思茅师范高等专科学校开设了"生命、生存、生活"的"三生教育"课，吉林大学开设了"生死哲学与生命教育"课程等。从上面的举例中，我们可以看到，学校开设生命教育多是以选修、讲座等方式出现，针对的教育对象很狭窄，惠及的大学生很少。因此，各个高校采取这种普遍的临时性生命心理教育现象也是常见的。

（三）高校生命心理教育消极应对多

我国高校进行大学生生命心理教育基本上是为消极地应对一些突发的恶性事件采取的一种应急教育，而不是在日常教育中积极引导他们建立健康、健全的人格，重视培养他们深刻的生命观。很多高校会在一些恶性事件如大学生自杀、杀人、吸毒、暴力等事件发生后，实施生命心理教育来应对，这样的教育效果并不理想。进行大学生生命心理教育，除了要在日常教育中让他们多接触、了解与生命相关的理论知识外，也应当给他们树立热爱生命、自强不息的励志例子。此外，还应该强调到具体的实践中去真切体验生命、感悟生命。各高校应在校园积极开设以生命为主题的教学课程，开展形式多样、内容丰富的社团文化活动，营造尊重生命、敬畏生命的校园文化。

二、大学生生命心理及其教育存在的问题的原因

大学生生命心理和生命教育的现状问题不是一朝一夕产生的，造成大学生漠视生命及生命教育的原因是很多的。主要原因有四个：大学生自身面临各种压力；高校对大学生生命心理教育没有足够重视；大学生生命心理教育在家庭教育中的不当与缺失；社会环境对大学生生命心理教育的不良影响。

(一)大学生自身面临各种压力

大学生面临的压力主要是来自学习、人际、情感、就业和日常经济方面。相关调查报告显示，学习、就业和经济三个因素给大学生造成的压力比其他因素大。这几种压力综合在一起，形成了大学生自残、自杀、伤人、杀人的诱因，由此也构成了大学生生命心理教育问题产生的因素之一。

1. 大学生面临的学习压力

由于高校扩招，越来越多的大学生有更多的机会接受高等教育，各高校对大学生在学业成绩方面也有相匹配的要求，"挂科"的大学生必须补考，补考还不及格的大学生毕业时要"清考"，"清考"还不及格的大学生只能结业而不能毕业，这就是所谓"宽进严出"，所以大学生的学习压力也在日渐增大。另外，由于大学与高中的生活环境、学习氛围和学习方法不尽相同，很多中学时期的优秀学生可能难以适应大学新的学习环境，学习跟不上，产生厌学情绪，有些干脆经常旷课，导致"挂科"，"挂科"多了，最后担心无法获取学位证书，压力过大，因而产生自杀的意念和行为。其中一些较高学历的硕士研究生和博士研究生的能力达不到学校要求，开题报告和毕业论文不能顺利通过，这些都给他们心理造成很大的压力，部分心理承受能力差的大学生就会选择极端方式来获得解脱。再加上现在社会就业形势严峻，为了自己将来就业能比别人多一些优势，很多大

学生选择考各种各样的证书，如会计从业资格证、证券从业资格证、教师资格证、BEC（商务英语证书）等证书，这样无形中也给他们自己增加了更多的学习压力。可见，学习和毕业压力大是导致大学生漠视生命和生命心理教育的原因之一。

2. 大学生面临的人际交往压力

大学生来自全国各个地方，有着不同的家庭背景、不同的风俗习惯、不同的生活方式、不同的性格特征，因为上同一所大学相聚在一起，但他们之间的差异极容易导致生活和学习中的冲突与矛盾。一些大学生的自我适应能力不够好，性格较内向，不喜与人交流，又不懂得自我调节，看到别人都融入了大学生活，为自己还不适应而感到着急、焦虑。另外，有调查发现，宿舍中因日常生活琐事争吵导致矛盾升级的现象较普遍。当代大学生大多是独生子女，在宿舍的集体生活中，他们也以自我为中心，对别人与自己的要求都很高，且自尊心强，不能接受别人的批评和指责。有的大学生因为有明显的自闭心理，在与人际交往中频频出现障碍。有的大学生情感细腻，心思敏感，与同学之间在言语上有轻微的冲突，就会冲动地做出伤害自己与他人的极端行为。另外，有些大学生处理问题的方式和独立生活的能力也令人担忧，他们可能因为心胸比较狭隘，猜疑心重，在与老师和同学交流的过程中不能很好地沟通，所以遇到矛盾就会钻牛角尖，自我扩大对立面，走极端，感觉身边的人总有意地针对自己，不理睬自己，最后加大自身的压抑和无奈，导致悲剧发生。因此，处于长期的人际压力之下，容易使大学生出现抑郁症，这也是大学生采取极端方式摆脱压力的重要原因。

3. 大学生面临的情感压力

情感压力也是大学生自残、自杀及杀人的主要因素。情感压力一方面表现为恋爱的感情问题。大学生在大学期间会对异性产生好奇、欣赏和爱慕，有些大学生在表白受到拒绝后，因面子问题或一时受不了打击而选择自杀或杀人。而一些已经踏入爱河的大学生情侣们，在谈恋爱中大多追求浪漫，他们跟着自己的所谓"感觉"走，对未来憧憬着。他们想象中的美好一旦消失，就想分手。大学生在恋爱期间容易对男友或女友产生较大的情感依赖与心理依赖，一旦与恋人分手，接受不了现实，有的会采取自杀，甚至与恋人同归于尽的方式来威胁和报复。如果女大学生在恋爱中意外怀孕，而男友又不管的情况下，女大学生的情绪没有得到亲人、朋友和老师的及时安慰时，悲剧就会发生。之所以会出现这些情况，是因为大学生心理还不够成熟，还没有足够的能力去适应这种情感压力。情感压力的另一方面表现为友情、亲情问题。有些大学生沉迷于恋爱的"两人世界"或者专业课程的学习，平时很少与同学或朋友沟通；有些大学生因为家庭原因，如单亲家庭等，在生活中容易与家人、朋友或同学发生各种各样的矛盾，在处理与亲人、朋友或同学的关系时，也容易采取极端态度。由此可见，大学生面临的情感压力是他们漠视生命和生命心理教育的原因之一。

4. 大学生面临的就业压力

高校逐渐扩招，大学每年毕业的人数也随之增多，部分大学生面临着"一毕业就失业"的尴尬局面。大学生就业难已经成为广泛的社会问题，这是因为人才与用人单位之间的"双向选择"对当代大学生的综合素质提出了更高要求。现代社会科学技术迅速发展，科技知识也爆炸性增长，各行业入门的条件越来越高，而大学生们在大学里学的那些专业知识是纯理论上的知识，并没有真正去实践操作，这与用人单位需要的务实性人才相冲突。另外，部分大学生被西方的享乐主义、拜金思想迷惑，一味地追求体面、高薪的工作，一般的带体力的辛苦工作又不愿意接，找不到"好"工作，就会给他们自身造成压力。女大学生在就业方面会比男生相对困难些，因为社会上很多招聘单位考虑到女大学生进入单位后立即面临结婚生育的现实问题，他们宁愿选择条件一般的男学生而放弃综合能力强的女大学生；加上很多女大学生学习成绩比较好，都希望进入事业单位、国企等工作，但是她们在就业过程中很难达成心愿。也就是说，在找工作过程中，女大学生处于不利境地，多种原因致使她们面临着比男性大学生更大的就业压力，当她们感到前途渺茫、绝望时也会用极端方式去解脱。总而言之，大学生面临的就业压力也是大学生漠视生命和生命心理教育的原因。

5. 大学生面临的日常经济压力

相关调查显示，来自贫困家庭的大学生都顶着高学费带来的经济压力，因为他们部分是通过亲戚、朋友借钱来交学费的，部分则是通过贫困生借贷的方式来交学费。此外，贫困家庭的大学生和家庭富裕的同学在家庭背景、消费理念、生活方式和为人处世等方面有较大的不同，部分大学生因虚荣心而与他人盲目攀比，也有部分大学生因为生活拮据，买不起名牌，不能像其他同学那样常去旅游等而产生自卑心理。因家庭贫富而引起的各种落差让他们在心理上承受着巨大的压力，有些贫困大学生不能正确认清自己的优势和困境，不能平衡这种因家庭原因带来的落差，缺少勇敢和坚毅的精神，产生极端自卑心理，最终选择自杀等方式来逃避现实。所以，大学生面临的经济压力也是大学生漠视生命和生命心理教育的一个原因。

除了上面说到的五种影响大学生生命心理的主要原因，还有其他因素，例如，家庭因素（父母离异等）的影响，学生自身生理及精神疾病方面的影响等，都会影响他们的生命价值观。况且，由于中国实行计划生育，大部分大学生是独生子女，他们是父母的掌声明珠，是温室里的花朵，在成长过程中基本没经历什么挫折，所以他们的抗挫折能力大多较差。

(二)高校对大学生生命心理教育不够重视

大学生漠视生命和生命心理教育的原因之一是高校对大学生生命心理教育的不作为，这主要表现为：大学生生命心理教育教学团队的匮乏，大学生生命心理教育的经费投入不足，大学生生命心理教育研究的薄弱，高校对大学生生命心理教育有效制度保证的缺乏，高校生命教育中死亡教育的缺失。

1. 大学生生命心理教育教学团队的匮乏

因为受教育体制与传统文化思想的影响，中国高等教育内容上以学生为主体的生命心理教育在实践领域很少。高校教育主要以学科专业知识的教育为重点，教育学生"何以为生"的本领，而不是"为何而生"的人生思考，忽略了对生命尊重的教育，没有引导大学生学会对自己的生命与人生负责。高校这种只追求知识和技能的教育使大学生学会了谋生的知识和技能，却缺乏对生命意义的理解和欣赏。这正如弗洛姆所批判的：我们教育的目的，主要在于造就对社会机器有用的公民，而不是针对学生的人性发展。这种教育方式将会对大学生未来的人生产生极大的危害。

除了这种传统教育体制原因，还因为目前我国高校中缺乏相当数量的生命心理教育的高素质师资队伍，特别是缺乏专门针对大学生生命心理教育研究的高素质教师。大部分教师在上课过程中，只是单纯地对学生完成科学知识的教育而忽视精神和心理上的引导与教育。此外，由于中国生命心理教育起步较晚，对大学生生命心理教育的研究比较少，而大学生生命心理教育面对的对象又多，内容涉及面很广，所有这些问题交织在一起，直接影响大学生生命心理教育的开展与落实。因此，高校大学生生命心理教育教学团队在数量方面的不足和质量方面的不高，是影响大学生生命心理教育实效性的重要原因。

2. 大学生生命心理教育的经费投入不足

高校的每一项教育活动都需要资金的投入，如果缺乏必要的资金投入，就无法正常开展教育活动。大学生生命心理教育也一样。这个教育项目如果没有得到教育部门的重视，没有足够的经费支持，就无法有序开展。就目前而言，很多高校对大学生生命心理教育的资金投入都是缺乏的，每年高校教育经费预算中，几乎没有单列出大学生生命心理教育活动经费。在经费上得不到保证，大学生生命心理教育，特别是大学生命教育工作就无法提到议事日程，政策性保障也就缺失了。大学生生命心理教育需要高校内部多职能部门、各院系、全体教职工共同参与。然而，资金的匮乏，使大学生生命心理教育即使有了计划，也成了无源之水，无本之木。因此，大学生生命心理教育的经费投入不足就成为大学生生命心理教育问题解决的绊脚石。

3. 大学生生命心理教育研究的薄弱

中国大学生生命心理教育的研究起步较晚,从量的方面来讲,研究成果相对偏少。到目前为止,在中国知网(www.cnki.net)的检索中,以"生命教育"为关键词的论文有3473篇;以"大学生生命教育"为篇名的论文有1112篇。相对比较完整、系统的论述一般见于博士研究生和硕士研究生的学位毕业论文;著作类可查到的也相对较少。从质的方面而言,主要成果还是偏重于从宏观方面进行研究,但研究成果大多雷同,例如,研究大多停留在对生命心理教育内涵的界定、体系的建构、实施途径等方面的探讨,而对大学生生命心理教育的较好的研究成果则寥寥无几。其实,我们换一种角度看的话,可以发现,如果大学生生命心理教育研究搞得成功,学者们对大学生生命心理教育的研究也能有新的进展。

除了以上情况,中国大学生生命心理教育研究的薄弱之处还体现在生命心理教育资源的开发不够,主要表现在:缺少系统、科学的生命心理教育教材;生命心理教育实践活动得不到具体的落实;网络建设薄弱,生命心理教育宣传不到位。这些对高校大学生生命心理教育都产生了直接的影响。

4. 高校对大学生生命心理教育有效制度保障的缺乏

我国目前的集权式行政管理方式规定了广大高校也是集权制的高校行政体系,这实际上也决定了大学生生命心理教育的广泛实施具有很强的行政依赖。有学者认为,我国生命教育可以说是一个草根性工程,我国高校大学生的生命教育,包括大学生生命心理教育主要源于教师和学术机构的自发努力。① 国家行政部门的重视,方针、政策的保障,尤其是国家和省市教育部门政策方面的支持,是

---

① 侍海艳:《大学生生命教育中的问题与成因分析》,载《哈尔滨职业技术学院学报》,2014(2)。

生命教育，尤其是大学生生命心理教育能够广泛深入开展的根本保障。

以云南省为例。云南省于 2008 年提出并实施"生命、生存、生活"的"三生教育"，在短短两年时间内，"三生教育"已在云南省各级各类学校中普遍实施。云南省相继出版了"三生教育"教材，成立了"三生教育"的实践基地。[①]　云南省推出的"三生教育"之所以能够快速开展，是因为当地省级教育厅的重视及政策上的支持。云南省自提出"三生教育"以来，该省教育厅就连续出台了关于"三生教育"的文件，并在教育厅成立"三生教育"领导小组。这些文件的颁布和领导小组的建立，都给当地生命教育的建设与发展提供了莫大的保障。具有行政效力的文件为云南省"三生教育"的实施提供了制度性的保障，保证了活动广泛、顺利地开展。这些是一般学术机构及民间力量难以做到的。由此可知，大学生生命心理教育的广泛、深入开展，同样离不开国家和省级行政部门的大力支持，要以国家的政策和行政力量为保障。

5. 高校生命心理教育中死亡教育的缺失

我国当下的教育中，教材几乎不涉及死亡的概念，只有部分大学生心理健康教育教材里面谈到一点关于大学生生命心理教育的内容，但是也没有关于生与死的专项教育，这方面的内容基本上是空白的。死亡让我们感到恐惧的一个重要原因是死亡的无法经验性。由于死者不能复生，没有人能够告诉我们死亡究竟是什么样的感觉，人们能感知到最多的是亲人、朋友离去之后，留给活着的人的无限悲伤。正因为死亡是令人伤心而神秘的事实，我们对它充满好奇和恐惧。大学生对死亡感到恐惧也是可以理解的。

但是，如果大学生过度恐惧死亡，则会给他们造成很大的危害，因为这不仅直接危及大学生对待生活的幸福感，还不利于他们形成

---

① 侍海艳：《大学生生命教育中的问题与成因分析》，载《哈尔滨职业技术学院学报》，2014(2)。

积极的人生态度。甚至，从更高的意义来说，会影响大学生对精神生命的正确追求。要引导大学生正确地看待死亡，同时，对死亡的适度紧张感可以让大学生更加珍惜生命，让大学生抓紧生命中的每一分每一秒，去做有意义的事，去丰富自己的人生。由此可见，在高校教育中补入"死亡教育"课程是必要且迫切的。

(三)大学生生命心理教育在家庭教育中的不当与缺失

大学生生命心理教育问题产生的原因之一是大学生生命心理教育在家庭教育中的不当与缺失。这与家长的教育观念和教育方式有着极大关系。

1. 大学生生命心理教育在家庭教育中的不当

家庭是社会的细胞，大部分个体生活在家庭中，在家庭中最先受父母的影响，父母的生命观和生命行为对子女起着无形的教育作用。很多家长望子成龙，望女成凤，把金钱、功名等看作个体成功的标志；对孩子的教育是考上名牌大学，找份好工作，拥有高薪水、大别墅、小轿车，才能算是成功人士。这样的家庭教育只是把子女作为赚钱谋幸福的工具去培养，忽略对他们的理想信念、健全人格、生命价值等的教育和引导。物质上的高期望值与精神需求的低期望值，让入世较浅的大学生很容易认为这些外在的物质就是人生的全部意义。此背景下的传统家庭教育容易导致大学生缺乏正确的生命观，做出错误的生命行为。

2. 大学生生命心理教育在家庭教育中的缺失

大学生生命心理教育在家庭中除了表现为不当教育，还表现为生命心理教育在家庭中的缺失。它具体表现为家庭环境中父爱、母爱的缺席。在近二十年及今后更长的时间里，中国家庭由于离婚、进城务工、工作调动等人口跨区域流动(尤其以农村和中小城市务工人群的流动为主)，留守儿童和单亲家庭的孩子人数越来越多。在这其中，大部分孩子由于缺少父爱、母爱，缺乏对生命心理教育的认识，不懂得如何与人交流，当他们遇到人际冲突和心理障碍，又得不到周围人的帮助时，就会陷入困境，极容易对社会产生厌恶感，缺少对亲人的眷念，漠视生命，最终走上绝路。因此，应重视家庭中的生命心理教育。

(四)社会环境对大学生生命心理教育的不良影响

大学生生命心理教育问题存在的其中一个原因是社会环境对大学生生命教育的不良影响。这主要表现为社会转型时期的负面影响与社会价值取向偏离的影响。

1. 社会转型时期的负面影响

中国社会正处于转型时期，即计划经济体制转向市场经济体制转变，以及社会结构的变动时期。在社会转型和社会结构变化时期，社会经济快速发展，人们的生活方式、行为方式及思想观念都发生了巨大变化，这对大学的各个方面的影响是巨大的。人们的生活水平得到了极大的提高，思想上得到了解放，对文化需求呈现多样性，对生活的内容也要求丰富多彩。同时，我们也看到，社会上的各种诱惑增加了，人们无时无刻不面临着各种各样的选择与考验，人们的生命也陷入各式各样的困惑中，这使大学生的生命观与生命教育问题也受到社会转型时期的各种负面影响。

2. 社会价值取向偏离的影响

随着社会主义市场经济的发展和网络时代的到来，各种新思想、新事物不断出现，给传统价值体系带来了巨大的冲击。越来越多的人在物质和金钱的欲海中沉迷，精神沦落。这些社会价值取向的偏离对大学生的价值观产生着强烈的冲击。

一方面，影视、报刊、网络论坛中不断充斥着拜金主义、享乐主义和极端个人主义。例如，某些电视节目中的女嘉宾提出"宁在宝马里哭，也不愿意在自行车上笑"的荒谬论断；又如，某些武打影视作品中流传着"脑袋掉了碗大的疤，百年后又是条好汉"的视死如归、不尊重生命的态度。种种问题让部分大学生产生困惑，甚至怀疑对生命的终极目标、生命存在的合理性和价值，产生模仿自杀或杀人的行为，有些大学生甚至以此为乐。

另一方面，大学生的个性发展需要与社会性的矛盾冲突，使得他们面临巨大的舆论压力、道德压力等。人要谋得自身发展，但又不得不适应社会，满足社会的道德规范。因为为了维持社会的正常运转，人不得不在一定程度上压抑个性的空间，但这种压抑达到一定极限时，人就会出现内心的不快乐，就会认为自己应该处于更中心、更本位的地位。这种不快乐会使大学生形成悲哀的想法，觉得生命没有什么意思，不如早点解脱。这是一种极其不负责的想法，是对生命的污染和浪费。

三、提高大学生生命心理教育实效性的对策

通过对大学生生命心理教育现状及存在的问题的原因分析，可以看出，进行大学生生命心理教育路径研究，对帮助大学生拥有健康的生理和心理，提高大学生的生命质量，促进他们快乐、健康地生活，感悟生命价值和真谛有积极的意义。提高大学生生命心理教育实效性的具体做法有以下几个：构建大学生健康的自我生命世界；加强生命心理教育师资队伍建设和培训；积极构建和完善生命心理教育课程体系；打造并完善大学生生命心理教育动力系统。

(一)构建大学生健康的自我生命世界

哲学关于自我的三大认识问题是"我是谁""我从哪里来""我要到哪里去"。人在生命历程中最重要的是自我生命世界的构建，而最大的障碍就是自己。构建大学生健康的自我生命世界需要让大学生正确地认识自己，积极地接纳自己并努力提升自己，从而证实自己的生命价值。构建大学生健康的自我生命世界是践行大学生生命心理教育的重要底径。

1. 教育大学生正确地认识自我

构建大学生健康的自我生命世界，需要教导他们学会正确地认识自我。大学阶段是大学生生理与心理逐渐成熟的黄金时期，高校生命心理教育应当引导他们在社会各种生命现象的基础上，进行对生命价值与本质等的更深入思考，构建大学生坚实的生命价值体系。世界上找不到完全一样的两片叶子，也没有完全相同的两个人，就

是孪生的也会表现出各自不同的性格、生命特征。生命认知的一个基础环节就是正确地认识自己的生命。正确认识自己的生命，意味着我们要承担起探索并发展属于自己特征的东西的责任，要成为自己，成就自己。进行大学生生命心理教育，要引导大学生发展自己生命个体的独特性，要成为真正的自己。

2. 引导大学生学会积极地接纳真实的自己

构建大学生健康的自我生命世界，需要教导他们学会积极地接纳真实的自己。大学生正处于人生最美好的青春期，应当教育他们发现自己的优点与长处，也客观地评价自己的缺点与不足，理解自己，肯定自己，欣赏自己，并积极改正自己的缺点，努力完善自己，做到自主、自立、自强。勇于接纳真实的自己，能促进大学生学会理解别人，学会积极地看待世界上的所有生命，尊重生命，热爱生命，敬畏生命。

3. 教导大学生不断提升自我

构建大学生健康的自我生命世界，需要教导大学生不断提升自我，发展自我，投身于社会的建设，努力实现自己的生命价值与生命意义。实现自身的生命意义与价值是人能实现其他一切社会价值的基础与前提。自我生命价值与社会生命价值是人的生命价值的两个方面。一方面，要教育大学生爱惜自己的身体，保存自己的生命；另一方面，要教育大学生保存生命并不是生命价值的最终目的，实现生命的社会价值才是生命价值的最终目的。现实生活中，部分大学生得过且过，没有理想，没有目标，主要是因为他们缺乏对生命的社会价值与意义的追求。因此，要引导大学生树立崇高的、正确的生命价值观，积极探索生命的意义，不断提升自我，努力完善自我。

（二）加强生命心理教育师资队伍建设和培训

生命教育课程的开发与实施、生命教育实践活动的开展，都离不开生命心理教育的人力资源，即离不开生命心理教育师资队伍。面对我国大学生庞大且每年剧增的人数，以及他们的生命现状和生命心理教育状况，要落实大学生生命心理教育课题，我们必须从建设与培养高校生命心理教育师资队伍方面着手。加强高校生命心理教育师资队伍建设和培训，需要从数量和质量两个方面进行。

1. 增加生命心理教育师资队伍人员数量

针对数量庞大的大学生生命心理教育对象群体，要保证生命心理教育的丰富内容和有效开展方式，我们必须在各高校建立一支数量一定、相对稳定的生命心理教育师资队伍，在数量上保证大学生生命心理教育普及的师资力量。目前，全国各高校很少配备关于生命心理教育专业的师资，对大学生进行生命心理教育工作的多是由辅导员兼任的。但是，高校辅导员自身具有很大的局限性。首先，他们管理的学生人数较多，一般一个辅导员对应一个学院的整个年级，他们很难关注到每一位学生的生命观、价值观是否有偏差，这种一对多的学生管理模式对他们开展大学生生命心理教育也是不利的。其次，辅导员日常的琐碎工作较多，无暇顾及大学生生命心理教育工作的开展。最后，辅导员的个人知识有限，他们往往是从不同专业中选拔出来的，多数没有生命心理教育专业知识学习的背景，这对高校开展大学生生命心理教育也是不利的。因此，要保证大学生生命心理教育在全国的顺利开展，不仅要加强高校辅导员生命教育与心理教育知识的学习，还要在各高校增加对大学生进行专职生命心理教育的教师人数。

2. 提高生命心理教育师资队伍质量

要搞好生命心理教育师资队伍建设工作，还必须在高校培养一支素养高、能力强、人格魅力大的生命心理教育骨干师资队伍。我们知道，生命心理教育不同于其他常规教育，它对进行大学生生命心理教育的教师个人的生命素养等各方面的要求比较高，教师的人格魅力及道德水准对大学生生命心理教育效果有直接的影响。试想，我们的生命心理教育教师自身对生活、对人生都没有深刻的体验与感悟，不知生命的意义与价值是什么，那又怎么能正确地教导我们的学生树立正确、积极的生命观、价值观呢？因此，高校生命心理教育教师除了要掌握关于大学生生命心理教育的专业知识，还要有一颗热爱自己的学生、热爱自己的事业的心，真正以与大学生平等地进行情感与心灵的交流为乐。研究表明，乐于并善于与大学生进行心灵交流，与他们分享自身对美好生活和生命体验的教育工作者，往往是很受大学生欢迎的，而这种方法得到的关于大学生生命心理教育的效果也是最好的。因此，进行高素质生命心理教育教学能力的师资培养，对开展大学生生命心理教育，培养大学生认识生命、热爱生命、敬畏生命的生命态度，提高他们的生命心理教育质量具有重大意义。

（三）积极构建和完善生命心理教育课程体系

除了要加强生命心理教育师资队伍建设和培训，我们还必须积极构建和完善大学生生命心理教育课程体系，这样才能更好地落实大学生生命心理教育工作。我国高校普遍以满足社会发展需要而培养专业人才为主导方向，在大学生的课程设置上基本以专业理论知识教育和专业技能训练为主，那种专门为完善大学生的人格、培养大学生积极的生活态度、关注大学生心灵与生命的人性关怀教育课程比较少。因此，为落实大学生生命心理教育，必须在各高校积极构建和完善生命心理教育课程体系。高校生命心理教育课程体系可以分为理论课程与实践课程两种，这两种课程体系互为补充，共同构成了完整的生命心理教育课程体系内容。

1. 构建和完善大学生生命心理教育理论课程体系

构建和完善大学生生命心理教育理论课程体系对落实大学生生命心理教育十分重要。构建和完善大学生生命心理教育理论课程体系可以从构建和完善大学生显性生命心理教育理论课程和隐性生命心理教育理论课程两个方面入手。

（1）构建和完善大学生显性生命心理教育理论课程体系

显性课程也叫显在课程、官方课程、正规课程，指为达到一定的教育目标而将其正式列入各学校教育教学计划的各门学科课程。大学生显性生命心理课程教育是指为让大学生了解生命、珍爱生命、热爱生命、敬畏生命，学校开设的正规的生命心理教育课程。大学生显性生命心理教育课程渗透的知识内容能让全体大学生了解生命心理教育的知识体系，形成对生命心理教育的感性认知。这是落实大学生生命心理教育的基本环节，也是实施大学生生命心理教育的重要内容。

前面提到，目前我国开设了显性的生命心理教育课程与专题的高校主要有：广州大学的"生死学"（2000年起），浙江大学的"生死学与生命教育"（2005年底起），江西师范大学的"生命教育与生死哲学"（2006年起），广东财经大学的"生死学与生命教育"（2009年起），吉林大学的"生死哲学与生命教育"（2010年起）。另外，2010年，北京师范大学成立了生命教育研究中心。除了以上显性生命心理教育课程及研究机构外，高校还可以尝试开设专门研究死亡的死亡教育课程。死亡是万物生命自然历程的一个环节，对大学生进行死亡教育，能让他们认识到生命的不可逆性，尽量避免死亡，正视死亡，克服死亡恐惧，树立健康的死亡观，从而更加珍惜生命、热爱生命、敬畏生命。这些显性课程及专题能将正面的、积极的生命观传递给大学生，帮助他们树立正确的生死态度，对落实大学生生命心理教育起着十分重要的作用。

进行大学生显性生命心理教育课程体系建设，还应在特殊的节日，如端午节、五四青年节、女生节等节日采取形式多样的生命教育主题活动、讲座，引导大学生掌握生命理论知识，树立正确的生命观，把认识生命、珍爱生命、敬畏生命的教育深入骨髓。高校应定期邀请生理学、心理学、社会学、生物学和医学方面的名人名家做生命心理教育专题讲座。因为名人名家对宣传与引导大学生生命心理教育具有更积极的榜样示范作用，对传播和示范生命存在的意义和价值就更有说服力。同时，密切结合大学生成长的身心特点，积极开展生命健康、安全、法制、环保、爱情、家庭、事业等与大学生生命心理教育有关的主题讲座，例如，预防艾滋病的展览等，让大学生获得多样的生命体验，对人生有进一步理解。还可以适当让大学生们聆听完名家的报告、讲座，参加完活动展览后撰写心得体会，从而升华大学生对生命存在的认识。大学生显性生命心理教育课程中的显性专题活动讲座，对落实大学生生命心理教育有积极的作用。因此，必须鼓励各高校积极构建并完善大学生显性生命心理教育课程体系。

(2)构建和完善大学生隐性生命心理教育理论课程体系

隐性课程教育是与显性课程教育相对而言的。隐性课程倾向于通过非正式的教育活动，传授非学术性知识，潜移默化地引导学生接受正确的教育，从而达到教育的目的。大学生隐性生命心理教育课程通过非正式的教育活动，潜移默化地引导大学生接受正确的生命教育观点，从而达到教育他们珍爱生命、树立正确生命观的目的。大学生隐性生命心理教育课程的实施，可以通过具体的隐性课程的实施与学校人文环境的设计进行。在具体的隐性生命心理教育课程的实施过程中，教师上其他学科课程时，可通过不同的渗透方式对大学生进行正确生命观的引导。例如，在"大学生心理健康教育""职业生涯发展规划""思想道德修养与法律基础""社会学概论"等课程中采取融入式生命教育。在学校人文环境中潜移默化地影响大学生的生命观，例如，在班风校风、校纪校规、校园文化中渗透大学生生命心理教育的人文气息，甚至学校建筑的建设和课室的环境布置都可以蕴含生命心理教育的内容。大学生隐性生命心理教育课程体系能使大学生的生命心理教育取得更好的效果，且影响作用更普遍、更持久。

2. 构建和完善大学生生命心理教育实践课程体系

落实大学生生命心理教育课题，不能仅从理论课程进行，还必须构建实践课程体系，让大学生参加生命心理教育相关课外实践活动，真正在实践中感受生命的可贵，感悟生命的意义和价值。高校可定期举行地震、火灾等的实战演练，实地教导大学生如何使用灭火器等，从而在具体活动中加强他们的防火、防震、防灾意识。高校还可以通过举办课外活动和生存拓展训练，例如，进行集体探险、露营等活动，让大学生体验成功、体验苦难，从而更加爱惜自己的生命，尊重他人的生命。组织大学生参观监狱、戒毒所、看守所等，帮助他们树立法律意识，增强法制观念。组织大学生参观育婴室、产房、手术室、殡仪馆等，了解生命的起源与终点，孕育生命的艰辛，理解生命的可贵。组织大学生到一些传统的德育基地参观，如烈士陵园、革命纪念馆、名人故居、博物馆等，让大学生学会欣赏生命，懂得生命的价值与意义。组织大学生积极参加公益活动，扶贫助困，进行支教活动，引导大学生学会关爱和施予，从而增强生命的责任感，体验和感悟生命的快乐。同时，鼓励大学生进行社会调查，到用人单位实习，了解社会对人才的需要，明确自己的人生理想与事业的奋斗目标和方向。鼓励大学生到敬老院、福利院、特殊学校等做志愿者，获得关于人生价值的真谛，做到真正认识生命、敬畏生命。高校构建和完善大学生生命心理教育实践课程体系，对进行大学生生命心理教育有极大的推动作用。

(四)打造并完善大学生生命心理教育动力系统

大学生生命心理教育是学校、家庭与社会积极互动的系统工程。要真正落实大学生生命心理教育，促进大学生树立正确、健康、科学的生命观，需要打造并完善大学生生命心理教育动力系统。这不仅需要高校进行系统的生命教育，还需要社会和家庭的合力支持。社会各界必须密切配合，共同担负起公民教育责任，才能共创大学生生命心理教育的光明前景。

1. 打造并完善社会生命心理教育的动力系统

大学生生命心理教育既是学校的教育，也是社会的教育，而大学生的生命观教育是一个应当引起全社会各方面共同关注的教育。打造并完善大学生生命心理教育的社会动力系统，需要倡导政府、社会团体、企业、社区等机构发挥应有的作用，推动大学生生命心理教育实现全民教育。

第一，政府相关教育部门应当重视大学生生命心理教育，成立专职或挂靠的生命心理教育机构，制定相应的教育制度与教育课程。

西方国家重视生命心理教育的开展与落实，从国家政策层面的高度来保证与推动生命心理教育的开展，并实施形式多样、主题不同的生命心理教育活动，取得了较好的成果，为中国实行大学生生命心理教育提供了一定的借鉴。此外，中国香港与台湾的高校生命心理教育开展得也较好，这也是香港特别行政区政府和台湾当局高度重视的结果，其相应的教育机构研究也为生命心理教育进行了详尽的规划，推动各种有效的教育资源，集中为生命心理教育服务。目前，我国只有部分高校成立了生命心理教育中心，但在教育课程的设置上并没有包含专门的生命心理教育学科课程，"生命教育与生死哲学"等课程只在少数高校以校内公共选修课的形式进行，课程能惠及的大学生人数是极少的。这意味着，只有很少的大学生能够学习到关于生命心理教育的知识，而且选修课程所能达到的效果是远远比不上必修课的。同时，部分高校中此类自发的生命心理教育课程还容易受到各种因素的影响，造成这些课程只注重形式而忽略内容。因此，为落实大学生生命心理教育，国家行政部门应该依法制定有针对性的制度与方案，成立专门或挂靠的生命心理教育机构。教育部门则应争取把大学生生命心理教育纳入各高校的教学计划，切实推动大学生命心理教育的发展与完善。

第二，发挥各相关社会团体与媒体的作用，积极推进大学生生命心理教育活动的开展与宣传。"2002 年的年末，香港特别行政区成立生命教育中心，以社区和中小学为主要阵地开展生命教育，高校、非政府机构和大众传媒则是生命教育的主要力量。"[1] 各个社会团体，如红十字会、公益基金会、志愿者组织、各医疗保健机构等，都应尽他们的能力，收集各种资源为大学生生命心理教育服务。同时，政府也应在政策上给予支持。大众传媒和网络则要进行主流价值观的宣传，引导公众树立正确的、健康的生死观。此外，社会各

---

[1]　许若兰、郭朝辉：《论生命教育的缺失与构建——和谐社会主义呼唤生命教育》，载《成都理工大学学报（社会科学版）》，2007(3)。

企业与单位应尽可能地为大学生提供更多实习、实践的岗位；进行员工招聘时，可以考虑在选拔的参考指数中加入求职者的生命价值状况指标，对大学生生命心理教育给予充分支持。

第三，社区也可以为大学生生命心理教育提供教育场所。社区要把生命心理教育与道德教育、环境保护、心理健康、法制普及等结合起来，让生命心理教育的内容与形式更丰富多样，也更贴近生活，从而达到对大学生进行生命心理教育的目的。另外，还可以充分利用社会图书馆、博物馆等文化场所对大学生进行正确生命观的熏陶教育，这样可以巩固社会环境中的生命心理教育力量，营造良好的社会人文环境，为大学生树立健康的生命观营造良好的社会氛围。

2. 营造家庭生命心理教育动力系统

(1)家长要树立正确的生命心理教育理念

第一，家长要教育孩子坚持正确的生死观。家长在教育孩子时应当在合适的时间与场合，如清明节等，与孩子直面探讨关于生死的观点，而不是回避生与死，尤其是"死亡"这一话题。生、老、病、死是大自然生命的常态，且大学生已经是成人了，家长要相信他们能够理解并接受。有关学者研究发现，与长辈聊过生死话题的大学生更能坦然接受生与死。第二，家长要教育子女树立全面的成才观。家长教育孩子，既要重视知识的传授，也要重视道德的养成，培养孩子遵纪、守法、诚实、守信、宽容、奉献等美好品德，教育他们努力成为德才兼备的人才。

(2)家长要以身作则，发挥自身表率的作用

我们最早的教育来自家庭，来自父母。家长是孩子的第一任教师，对子女的影响是最深远的。因此，家长要身体力行，例如，要诚实守信，踏实做事，尊重生命，珍爱生命，保持乐观的生活态度等，给孩子做个好榜样，培养孩子克服挫折与困难的精神。家长要努力为孩子营造一个温馨、有爱、幸福、民主的家庭氛围，教育孩子做一个快乐、幸福的人。宽松、融洽、幸福的家庭氛围能给孩子带来幸

福、快乐的生命体验，能让孩子树立积极、乐观的生命态度。尽管部分大学生是生活在不那么富裕的家庭，但是如果他们在温馨、幸福、民主的家庭氛围中长大，那么他们也会容易感到幸福和快乐。

3. 打造并完善高校生命心理教育的动力系统

大学生的生命心理教育仍然是以高校教育为主要方式。完善高校生命心理教育的动力系统要与社会和家庭生命心理教育融合起来。

(1)高校要增设生命教育研究中心，进一步完善心理辅导体系

一方面，我国部分高校已经开设生命教育研究中心，如北京师范大学。但是，面对庞大的生命心理教育对象，只有少部分高校重视仍然是远远不够的，所以需要在高校中增设生命教育研究中心，在研究与实践上推动大学生生命心理教育的发展。另一方面，应在高校切实开设常规性心理咨询室，并开设专门的大学生心理健康辅导部门，辅导有心理问题的大学生，同时做好大学生日常心理健康方面的宣传和教育。目前，心理辅导部门的覆盖面还是不够广，应要求学校在每个学院乃至每个班集体中都设立心理咨询室，并任用有经验的老师负责给学生进行心理与思想辅导工作。另外，目前很多大学生对心理咨询室有误解，这就导致即使大学生有心理问题，碍于面子，宁可自己闷在心里，也不去求助。所以，大学生要端正对心理咨询的认识；学校要把心理咨询工作由被动转为主动，比如，举行大型咨询活动，及时发现有心理问题的大学生，让辅导员、大学生干部深入大学生群体进行调查研究。同时，高校要进行辅导员的生命教育与心理教育培训，并配置专门的教师对大学生进行生命方面的教育，例如，前面提到的必修课与选修课相结合，理论课堂教育与社会实践课程互补的形式。

(2)高校要把生命心理教育落实到具体的生命教学课程中去，并依托高校德育课程进行渗透教育

一方面，高校生命心理教育课程是专门对大学生进行生命观方面的课程教育，关于生命教育的"生死哲学""生死学与生命教育"等课程是直面"生"与"死"的教育，最能激发大学生对生命的思考，收

到的教育效果也是相对较好的。因此，要搞好大学生生命心理教育，高校必须重视并认真开展高校生命心理教育课程。另一方面，由于德育课程自身的特点，高校还可以依托德育课堂中的思想政治教育、职业生涯规划、心理学课程、审美教育等对大学生进行健康生命观的渗透教育，把生命心理教育真正落实到高校的教学课堂中去。

（3）高校生命心理教育系统需要与社会、家庭接轨

在社会方面，如上文所述，大学生面临的就业压力较大，且大部分表现为就业岗位缺失和专业不对口。面对此种情况，高校可以对大学生进行相关培训，帮助他们更好地应对就业问题。此外，还要利用社会力量形成良好氛围和有效机制，教育大学生利用法律途径维护自己的合法权益，并及时对有精神创伤的大学生开展危机干涉。学校与社会通力合作，共同推动大学生生命心理教育的发展。在家庭方面，高校应利用现代信息化技术，开通链接高校与家长信息交流的渠道，让家长能随时随地参与学校的管理，了解子女在学校的情况。当然，在这个过程中，学校和家庭的沟通也是很重要的。只有家长积极配合，才能更好地提高大学生的生命质量，推进大学生生命心理教育工作的顺利进行。

上海复旦大学发生的投毒案及其评析

【案例描述】2013 年 4 月，上海复旦大学发生的投毒案，使人不得不反思对大学生进行生命教育的重要性。投毒案中，林森浩与黄洋都是复旦大学上海医学院 2010 级硕士研究生。他们住在同一个宿舍，林森浩因口常琐事对黄洋不满，逐渐怀恨在心。2013 年 3 月 29 日，林森浩在宿舍听黄洋和其他同学调侃说愚人节即到，想做节目整人。林森浩看到黄洋笑得很得意，联想起其他学校用毒整人的事件，便计划投毒整黄洋，让他难受，结果导致了黄洋中毒身亡。

【案例分析】案例中因大学生宿舍中的小事情而酿成如此悲剧，一个很重要的原因是大学生们没能构建健康的生命价值观，没能认识到他人与自己的生命是平等的，是珍贵的，是值得我们敬畏的。

对大学生中此类不尊重自己与他人生命的案例，要从构建大学生健康的自我生命世界抓起，努力为大学生提供强大的、高素质的生命心理教育师资队伍，积极构建和完善大学生生命心理教育课程体系，打造并完善大学生生命心理教育动力系统，特别注重社会、家庭、高校三者合力的动力系统的重大作用。只有如此，才能真正搞好大学生生命心理教育，把生命心理教育工作真正落到实处。

后　记

《新时期大学生心理健康教育实效性研究》是我主持的广东省哲学社会科学"十二五"规划 2012 年度学科共建项目的结题成果。课题立项文件为粤社科规划办通［2013］20 号，批准号：GD12XMK04。经过近三年的努力，我们完成了该项目的研究。

参加本项目研究和编著的课题组成员所在的单位有广东财经大学、重庆工商大学、广州珠江职业技术学院等，课题组成员有刘苍劲、江传月、谭德礼、简福平、黄兆鹤、李凯杰、吕莎、廖劲瑜、邱金鸿、王德维、吴水英、王佳佳、胡冰等。本书由我拟出研究计划和全书编著提纲，简福平、江传月协助修改提纲，各位作者分工完成。本书的出版得到北京师范大学出版社的全力支持，特别感谢中国职业技术教育学会李小鲁副会长、北京师范大学出版社祁传华编辑的帮助。本书引用了国内学术界的部分研究成果，大多注明了出处，极少数无法找到原始出处的，在此说明，并致谢。另有几个全文引用的案例，请作者看到后联系我，以便寄奉稿酬。

本书由于研究条件的限制，加上经费缺少，难免存在不足和失误，诚请读者批评指正。

刘苍劲

2017 年 8 月于广州